Zürcher Bibelkommentare AT 17

Annette Schellenberg Kohelet

Zürcher Bibelkommentare

herausgegeben von
Thomas Krüger, Konrad Schmid, Christoph Uehlinger (AT)
Andreas Dettwiler, Matthias Konradt (NT)

Annette Schellenberg

Kohelet

T V Z Theologischer Verlag Zürich

Bibliografische Informationen der Deutschen Nationalbibliothek

Die Deutsche Nationalbibliothek verzeichnet diese Publikation in der Deutschen Nationalbibliografie; detaillierte bibliografische Daten sind im Internet über http://dnb.d-nb.de abrufbar.

ISBN 978-3-290-17714-0

Inhaltsverzeichnis

Vorwort

Dieser Kommentar ist nicht von einer «neutralen» Exegetin verfasst, sondern von einer, die das Koheletbuch über alles liebt: Schon früh haben mich die Reflexionen Kohelets in ihren Bann gezogen – insbesondere, weil Kohelet so «unfromm» ist, dabei bei allem Realismus aber nicht dem Pessimismus verfällt, sondern im Gegenteil zu Gelassenheit und Lebensfreude aufruft. Dieser Kommentar hat mir die Gelegenheit gegeben, erneut über dieses faszinierende Buch nachzudenken. Ich danke den Herausgebern der Zürcher Bibelkommentare, dass sie mich mit dieser ehrenvollen Aufgabe betraut haben. Grosser Dank gebührt weiter Marianne Stauffacher und Samuel Arnet vom TVZ, die mich durch ihre gewohnt verlässliche verlegerische Betreuung vor manchem Fehler bewahrten.

Den Richtlinien der Zürcher Bibelkommentare entsprechend ist dieser Kommentar (fast) ohne Fussnoten verfasst. Dennoch habe ich in ihm natürlich nicht nur an meine eigenen Arbeiten zum Koheletbuch angeknüpft (vgl. insbesondere meine Dissertation zur Erkenntniskritik Kohelets und den Kurzkommentar im dreibändigen Kommentar zur Zürcher Bibel), sondern auch wesentlich von Einsichten anderer Exegeten/Exegetinnen profitiert. Im Literaturverzeichnis am Ende dieses Buchs habe ich die wichtigsten von ihnen aufgelistet. Hier im Vorwort möchte ich Choon-Leong Seow, Michael V. Fox, Thomas Krüger und Ludger Schwienhorst-Schönberger besonders erwähnen. Ihre Kommentare gehören zum Besten, was zum Koheletbuch geschrieben wurde, und entsprechend sind viele ihrer Einsichten in diesem Buch wiederholt. Unter ihnen sei Thomas Krüger nochmals eigens hervorgehoben, hat er als mein ehemaliger Doktorvater meine Sicht des Koheletbuchs doch ganz besonders geprägt.

Die (fett gedruckte) Übersetzung in diesem Kommentar ist diejenige der Zürcher Bibel (2007). Übersetzungsschwierigkeiten und -alternativen werden in den anschliessenden Kommentierungen besprochen. Auch bei der Bestimmung der Abschnittsgrenzen (und den entsprechenden Überschriften) folgt dieser Kommentar dem Vorschlag der Zürcher Bibel (mit der einen Ausnahme, dass 2,1–11 als eigener Abschnitt abgesetzt ist). Zu Beginn jedes Abschnitts wird jeweils ein kurzer Gesamtüberblick gegeben, danach erfolgt die Kommentierung Vers für Vers.

Vorangestellt ist dem Kommentarteil eine längere Einleitung, in der u. a. ein Gesamtüberblick über Kohelets Theologie gegeben wird (s. u. S. 19–29). Insbesondere für Leserinnen und Leser, die mit dem Koheletbuch noch weniger vertraut sind, stellen diese Überblicke über die Hauptthemen des Koheletbuchs eine wichtige Ergänzung zu den Kommentierungen einzelner Verse dar. Über das Inhaltsverzeichnis sind die relevanten Abschnitte leicht auffindbar.

Altorientalische Texte sind in der Regel nach der von O. Kaiser u. a. herausgegebenen Sammlung «Texte aus der Umwelt des Alten Testaments» (TUAT) zitiert. Stellenangaben ohne Nennung eines Buchs beziehen sich immer auf das Koheletbuch.

San Anselmo (Kalifornien), im Januar 2013
Annette Schellenberg

Einleitung

Wie nur wenige andere Bücher der Bibel scheidet das Koheletbuch die Geister. Während sich die einen fragen, was solch ein pessimistisches und säkulares Buch im Kanon zu suchen hat, preisen die anderen seine Lebensfreude und seinen Realismus. Neben Unterschieden in den Erwartungen verschiedener Leserinnen und Leser ist die Diskrepanz dieser Einschätzungen ein Stück weit auch im Buch selbst begründet, denn in diesem finden sich zahlreiche Widersprüche und Ambivalenzen. Diese können unterschiedlich erklärt werden (s. u. S. 13–16), und entsprechend ergeben sich unterschiedliche Lektüren. Manche dieser Erklärungen überzeugen mehr als andere; letztlich aber kann keine von ihnen die Widersprüche und Ambivalenzen aus der Welt bzw. dem Buch schaffen – zum Glück nicht, schliesslich bestimmen sie den Charakter des Koheletbuchs wesentlich mit. Zusammen mit den Hauptthemen, die in zahlreichen Punkten höchst modern bzw. zeitlos sind (s. u. S. 21–29), machen sie die Beschäftigung mit dem Koheletbuch zu einer Herausforderung, der zu stellen sich immer wieder von Neuem lohnt.

Name des Buchs, Kanonizität und Stellung im Kanon

Ausser als «Kohelet» ist das Koheletbuch auch als «Ecclesiastes» und «Prediger» bekannt. Diese beiden letztgenannten Namen sind Versuche, das hebräische Wort *qōhælæt* ins Lateinische bzw. Deutsche zu übersetzen. *Qōhælæt* bzw. (in vereinfachter Umschrift) Kohelet ist derjenige, dessen Worte im Koheletbuch gesammelt sind (vgl. die Überschrift in 1,1), bzw. derjenige, der sich in diesem Buch in Ich-Rede an die Zuhörerschaft richtet (vgl. 1,12). In 12,8 (und vermutlich ursprünglich auch in 7,27) ist das Wort *qōhælæt* mit Artikel geschrieben, was darauf deutet, dass das Wort zunächst kein Eigenname war. Von der Form her ist *qōhælæt* ein Partizip feminin des Verbs *qhl*, das «sich versammeln» (so im Nifal) bzw. «versammeln, einberufen» (so im Hifil) bedeutet. Vermutlich war das Wort eine Funktionsbezeichnung («der Versammler»), die dann zum Eigennamen wurde. An was für eine Versammlung (vgl. das Substantiv *qāhāl*) dabei gedacht ist und welche Funktion Kohelet in ihr hat, bleibt offen. War Kohelet ein Teilnehmer oder Vertreter dieser Versammlung (so «Ecclesiastes» = Teilnehmer an der Volksversammlung)? Oder war er jemand, der zu dieser Versammlung gesprochen hat (so «Prediger»; 12,9)? Oder geht es gar nicht um eine Versammlung von Menschen, sondern um das (Ver-)Sammeln von Worten (vgl. so 12,9–10)? Gegen diese letzte Deutung spricht der sonstige Gebrauch des Verbs *qhl*.

Wie auch immer es sich verhält, klar ist, dass Kohelet im Koheletbuch mit Salomo identifiziert wird, denn nur dieser «Sohn Davids» war «König über Israel in Jerusalem» (vgl. 1,1.12). Wie das Sprüchebuch (bzw. manche seiner Teile, vgl. Spr 1,1; 10,1; 25,1), das Hohelied (vgl. Hld 1,1) und die deuterokanonische Weisheit Salomos erhebt das Koheletbuch damit den Anspruch, von diesem israelitischen König verfasst zu sein, der für seine Weisheit bekannt ist (vgl. 1Kön 3,4–15.28; 5,1–14; 10,23–24). Im Koheletbuch erfolgt dieser Anspruch zwar gebrochen (s. u. S. 11–13), dennoch hat er wohl wesentlich dazu beigetragen, dass das Buch kanonische Autorität erlangen und bewahren konnte. Aus rabbinischen Quellen weiss man, dass sich die Rabbinen Hillel und Schammai gegen Ende des 1. Jh. n. Chr. darüber stritten, ob das Koheletbuch inspiriert war (bzw. ob es «die Hände schmutzig macht», weil es heilig ist). Schammai argumentierte dagegen, u. a. mit Verweis auf die Widersprüche innerhalb des Koheletbuchs und seinen «häretischen» Charakter. Dass die Frage letztlich im Sinn Hillels entschieden wurde (so u. a. um 90 n. Chr. auf der «Synode» von Jamnia, deren Bedeutung aber nicht überbewertet werden darf), hängt neben der Verbindung mit Salomo wesentlich auch damit zusammen, dass es den Befürwortern des Koheletbuchs gelang, dieses «orthodox» auszulegen. Besonders hilfreich war dabei 12,12–14, der «fromme» Schluss des Koheletbuchs, der vermutlich auf einen Redaktor zurückgeht (s. u. S. 16–17), der sich schon früh darum bemühte, die Orthodoxie des Buchs zu erweisen. Im Zuge solch orthodoxer Interpretationen wurde das Koheletbuch z. T. massiv gegen den Strich gelesen, etwa wenn 1,3 dahingehend interpretiert wurde, Kohelet rede hier nur negativ über den Bereich «unter der Sonne» und die dem Menschen eigene Arbeit, verweise damit implizit aber positiv auf den Bereich «vor der Sonne» und die Arbeit mit der (präexistenten) Tora. Wer das Koheletbuch derart (um-)interpretiert, verkennt dessen Charakter, der doch wesentlich von der kritischen Auseinandersetzung mit frommen bzw. traditionellen Ansichten mitbestimmt wird. Dennoch war die Kanonisierung des Koheletbuchs kein Missverständnis. Es trägt nämlich nicht nur zur Vielfalt bei, die für diesen Kanon – d. h. die gesamte Hebräische Bibel, und insbesondere auch die Tora – charakteristisch ist; darüber hinaus bestehen auch enge inhaltliche Verbindungen zu zahlreichen anderen Büchern (aus allen Teilen) dieses Kanons, darunter durchaus auch übereinstimmende (s. u. S. 29–31).

In der Hebräischen Bibel gehört das Koheletbuch zum dritten Teil des Kanons, den «Schriften», die neben den weisheitlichen und poetischen Büchern (Hiob, Ps, Spr, Koh, Hld) der christlichen Bibeln auch Rut, Klgl, Est, Dan, Esra, Neh und 1–2Chr umfassen. Schon früh kamen dabei Rut, Hld, Koh, Klgl und Est nacheinander zu stehen (daneben sind aber auch andere Reihenfolgen bezeugt). Im Mittelalter verfestigte sich die Tradition, diese fünf Bücher als die fünf *Megillot* (Schriftrollen) an den grossen jüdischen Jahresfesten zu lesen. Das Koheletbuch ist dabei dem Laubhüttenfest (*Sukkot*) zugeordnet, dem Herbstfest zur Weinernte. Vermutlich war diese Verbindung ursprünglich ein Stück weit zufällig, denn die anderen Bücher waren bereits den anderen Festen zugeordnet. Später wurde sie dann auch inhaltlich zu begründen versucht, etwa mit Verweis auf das Wissen um die Vergänglichkeit oder den Aufruf zur Lebensfreude.

Verfasser und zwei verschiedene Erzähler

Wer ist dieser Kohelet, dessen Aussagen so unterschiedlich interpretiert werden? Die kurze Antwort ist: Nicht nur einer, sondern zwei – nämlich Kohelet, der König, und Kohelet, der Weise –, und von diesen zwei sind weiter der Verfasser und allfällige Redaktoren des Buchs zu unterscheiden.

Auf die Frage nach allfälligen Redaktoren des Buchs soll weiter unten eingegangen werden (s. u. S. 16–17). Unabhängig von der Frage, ob manche Verse oder Abschnitte des Koheletbuchs später hinzugefügt wurden, ist hier zunächst viel grundlegender darauf aufmerksam zu machen, dass Kohelet nicht der Verfasser des Buchs ist, sondern der Erzähler. Wenn sich in einem Text ein «Ich» zu Wort meldet, kann dieses «Ich» identisch sein mit dem Verfasser, ist es in vielen Fällen aber nicht. (Die «Bekenntnisse des Hochstaplers Felix Krull» etwa sind nicht von Felix Krull geschrieben, sondern von Thomas Mann, und «Mobby Dick» nicht von Ishmael, sondern von Herman Melville). Dass diese Unterscheidung von Verfasser und Erzähler auch im Koheletbuch eine Rolle spielt, zeigt sich insbesondere im ersten Kapitel: Zunächst nämlich fällt hier auf, dass in den ersten Versen in der 3. Person über Kohelet gesprochen wird (vgl. 1,1–2; so auch in 7,27 und 12,8–10) und sich Kohelet erst in 1,12 in Ich-Rede selbst vorstellt. Weiter signalisiert die Identifikation Kohelets als «Sohn Davids, des Königs in Jerusalem» (vgl. 1,1) bzw. «König über Israel in Jerusalem» (vgl. 1,12), dass hier mit der Rolle Kohelets gespielt wird: Ein Sohn Davids mit Namen Kohelet ist aus der Tradition nicht bekannt, vielmehr ist überliefert, dass der Sohn Davids, der König über Jerusalem wurde, Salomo hiess. Auch im weiteren Fortgang setzt das Koheletbuch ähnlich ambivalente Signale hinsichtlich der Identität Kohelets: In 1,12–18 und 2,1–11 besteht kein Zweifel, dass das sprechende «Ich» ein König ist und in 2,12(ff) lässt der Verweis auf den «König» diese Identifikation zumindest noch zu. Im weiteren Fortgang aber deutet nichts mehr darauf, dass hier ein König spricht. Die Aussagen erweisen das «Ich» bzw. Kohelet – der Name wird in 7,27 und 12,8(–10) wiederholt – vielmehr als einen (z. T. auch herrschaftskritischen; vgl. 4,13; 8,9; 10,4–7) Weisen, und als «Weiser» wird er in 12,9 auch bezeichnet.

Aus all dem lässt sich zunächst schliessen, dass zwischen Kohelet, dem König, und Kohelet, dem Weisen zu unterscheiden ist. Exegeten/Exegetinnen sprechen in diesem Zusammenhang häufig von einer «Königsfiktion» und bringen damit nicht nur zum Ausdruck, dass die salomonische Verfasserschaft des Koheletbuchs fiktiv ist (zur Datierung s. u. S. 39–41), sondern v. a. auch, dass der Verfasser des Koheletbuchs mit verschiedenen Rollen spielt: Zu Beginn des Buchs schlüpft er in die Rolle Salomos bzw. des «Sohns Davids» (vgl. 1,12) und rühmt sich im Stil altorientalischer Königsinschriften seiner Taten. Die Hinweise auf besondere Weisheit (vgl. 1,16; 2,9), grossen Reichtum (vgl. 2,8–9) und zahlreiche Frauen (vgl. 2,8) erinnern dabei an Salomo, zumindest die ersten beiden Punkte sind aber für altorientalische Herrscher insgesamt typisch (so auch die Hinweise auf Luxus, Bautätigkeiten und königliche Gärten; s. u. S. 32).

Die besondere Affinität altorientalischer Könige zur Weisheit erklärt, warum in zahlreichen Weisheitsschriften aus Ägypten und Israel Könige als Verfasser oder Adressanten genannt sind (vgl. aus Ägypten die Lehre des Amenemhet und die Lehre für Merikare). Entsprechenden Angaben ist nicht prinzipiell zu misstrauen – tatsächlich war der königliche Hof der Ort, wo Weisheit gepflegt wurde und Weisheitsbücher in der Ausbildung der Elite gebraucht wurden. Während in solchen Fällen der Unterschied zwischen königlicher Autorenschaft und königlicher Autorisierung noch fliessend war, wurden in anderen Fällen auch nicht königlich autorisierte Schriften als Werke von Königen ausgegeben, um ihnen grössere Autorität zu verleihen. Zu dieser Gruppe gehören die drei «salomonischen» Bücher der Hebräischen Bibel, nämlich das Sprüchebuch, das Koheletbuch und das Hohelied (das allerdings keine eigentliche Weisheitsschrift ist), sowie aus dem griechischen AT die Weisheit Salomos.

Beim Koheletbuch fällt allerdings auf, dass die Verbindung mit Salomo gebrochen ist – nicht nur wird Salomo nicht genannt, der König vielmehr als Kohelet vorgestellt, die Königsfiktion wird auch nur in den ersten beiden Kapiteln des Buchs aufrechterhalten. Ein genauerer Blick auf diese ersten beiden Kapitel und ihr Verhältnis zum Rest des Buchs zeigt zudem, dass die Unterschiede nicht nur die Fiktion eines königlichen Sprechers betreffen, sondern tiefer gehen. Anders nämlich als die Weltsicht Kohelets, des Weisen, ist die Weltsicht Kohelets, des Königs, durch und durch pessimistisch. Immer wieder kommt er zu vernichtenden Urteilen (vgl. 1,14.17; 2,1.11.15.17.19.21.23.26). Diese Urteile sind eng verwoben mit Aussagen zur Macht des Königs, die zwar grösser ist als die Macht anderer, aber trotzdem begrenzt bleibt. Auch im weiteren Fortgang des Koheletbuchs geht es um die Grenzen des Mach- und Erkennbaren, und auch hier finden sich z. T. pessimistische Urteile. Kohelet, der Weise, spricht dort aber auch davon, dass man seine Grenzen akzeptieren und ob des Absurden in der Welt das Schöne nicht übersehen soll. Aus dem Rückblick lässt sich die Königsfiktion damit als eine Kritik an der Position des Königs verstehen. Der Verfasser des Buchs äussert diese Kritik nicht direkt; an keiner Stelle sagt er, dass er die Urteile des Königs nicht teilt. Indem er die radikalen Schlussfolgerungen ausformuliert und mit den hohen Erwartungen des Königs in Verbindung bringt, deutet er aber an, dass weniger die dem Menschen gesetzten Grenzen das Problem sind, sondern in erster Linie falsche Erwartungen.

Während die These einer Königsfiktion, nach der das «Ich» des Königs in 1,12ff vom «Ich» Kohelets im Rest des Buchs zu unterscheiden ist, insgesamt plausibel ist, bleibt die Bestimmung des Endes der Königsfiktion schwierig. Der letzte explizite Hinweis darauf, dass ein König spricht, erfolgt in 2,12. Die folgenden Verse aber fahren im gleichen pessimistischen Stil fort, und möglicherweise spielt der König auch in 2,25 nochmals auf seine besondere Stellung an. In 3,1 beginnt deutlich eine neue Einheit, und ab hier trifft man häufig auch auf positive Aussagen. Entsprechend gehen zahlreiche Exegeten/Exegetinnen davon aus, dass die Königsfiktion in 2,26 endet. Der Verfasser selbst aber markiert den Übergang der Ich-Rede des Königs zur Ich-Rede Kohelets, des Weisen, nicht eigens – vielleicht, weil er in manchem doch auch mit dem übereinstimmt, was er bzw. Kohelet in der Rolle als König sagt.

(In Klammern sei hier angefügt, dass die These einer Königsfiktion entscheidende Konsequenzen für das Gesamtverständnis des Buchs hat. Je nachdem, ob man scharf zwischen Kohelet, dem König, und Kohelet, dem Weisen, unterscheidet und Letzteren von den Aussagen von 1,12–2,26 distanziert oder aber diese als die Meinung Kohelets, des Weisen, versteht, präsentiert sich die Weisheit Kohelets und damit das Koheletbuch in einem anderen Licht. In diesem Kommentar wird der erste Weg beschritten. Der Transparenz halber sei aber offengelegt, dass vom Text her lediglich klar ist, dass es zwischen 1,12–2,26 und dem Rest des Buchs Widersprüche gibt [und dass das «Ich» des Königs lediglich in 1,12–2,26 zu hören ist; zu diesen und weiteren Widersprüchen im Koheletbuch ausführlicher s. u. S. 13–16]. Dass diese im Sinn einer Kritik Kohelets, des Weisen, an Kohelet, dem König, zu erklären sind, ist eine Hypothese; im Text selbst wird dies nicht explizit gesagt).

Nicht zuletzt das Spiel mit der Rolle des Königs erinnert daran, dass auch zwischen Kohelet (dem Weisen) und dem Verfasser des Buchs zu unterscheiden ist. Derjenige, der das Koheletbuch herausgibt, signalisiert an dessen Anfang und Ende durch die Rede in der 3. Person (vgl. 1,1–2; 12,8–10), dass er selbst nicht Kohelet ist. Manche haben argumentiert, es handle sich hier um den Unterschied zwischen Kohelet, dem Verfasser des Buchs, und dessen Herausgeber bzw. Redaktor. Solche Sprecherwechsel müssen aber nicht zwingend mit unterschiedlichen Verfassern zu tun haben. Wie in der modernen Literatur ist auch in der Antike das «Ich» eines Texts keineswegs immer mit dem «Ich» des Verfassers dieses Texts identisch (vgl. im AT z. B. das Deuteronomium, das nicht von Mose verfasst ist). Von daher versteht man Kohelet besser als Sprecher des Koheletbuchs und macht sich klar, dass damit über den Verfasser des Buchs noch nichts gesagt ist. Da man über diesen Verfasser allerdings nicht mehr weiss, als sich aus seinem Buch erschliessen lässt (zur Frage der sozialen Stellung s. u. S. 18–19) und sich in diesem Buch keinerlei Hinweise finden, dass er sich von Kohelet (dem Weisen) distanziert, erweist sich die Unterscheidung in der konkreten Auslegung als irrelevant, so wichtig sie theoretisch bleibt. Entsprechend ist im Folgenden der Einfachheit halber auch nur selten vom Verfasser die Rede, sehr viel häufiger aber von Kohelet, wobei es in solchen Fällen eigentlich stets präziser heissen müsste: «Kohelet, wie ihn der Verfasser präsentiert».

Widersprüche und Charakter des Buchs

Im vorangehenden Abschnitt wurde dargelegt, dass das in 1,12–2,26 Gesagte wohl nicht der Meinung Kohelets (des Weisen) bzw. des Verfassers des Buchs entspricht, dass hier vielmehr aus der Perspektive eines Königs formuliert wird, um die Begrenztheit seines Denkens zu demonstrieren (s. o. S. 11–13). Neben der Tatsache, dass sich die Fiktion, wonach das sprechende «Ich» ein König ist, nur in 1,12–2,26 fassen lässt, sind es v. a. Widersprüche zwischen diesem Abschnitt und dem Rest des Buchs, die die These einer «Königsfiktion» plausibel erscheinen lassen: Während sich der König negativ über das Scheitern der menschlichen Bemühung um Erkenntnis äussert (vgl. 1,13; 2,22–23.26), nimmt Kohelet die Begrenztheit menschlichen Erkennens gelassen (vgl. 3,10–11; 8,16–17); während der König kritisch über die Freude spricht (vgl. 2,1–2), ist sie Kohelet besonders wichtig (vgl. 3,12.22; 5,18; 8,15; 9,7; 11,9); während das Wissen um die Sterblichkeit den König dazu bringt, das Leben zu hassen (vgl. 2,17–18), ist es für Kohelet ein Grund, das Leben zu geniessen (vgl. 5,17; 8,15; 9,7); während der Gedanke, dass das Gute aus Gottes Hand kommt, für den König unerträglich ist (vgl. 2,24), freut sich Kohelet über dieses «Geschenk» (vgl. 3,13; 5,18); während es den König empört, dass er am Ende seines Lebens alles einem Nachfolger überlassen muss (vgl. 2,18.21), findet es Kohelet tragisch, wenn ein Mensch niemanden hat, mit dem er sein Gut geniessen kann (vgl. 4,8). Nach der oben dargelegten These, wonach scharf zwischen Kohelet, dem König, und Kohelet, dem Weisen, zu unterscheiden ist, sind diese Widersprüche kein Problem, vielmehr zeigen sie, an welchen Punkten Kohelet, der Weise, die Ansichten des Königs kritisiert.

Alle «Probleme» bzw. Besonderheiten des Koheletbuchs hat man mit der Unterscheidung zwischen Kohelet, dem König, und Kohelet, dem Weisen, allerdings noch nicht erklärt, denn auch Koh 3–12 ist kein widerspruchsfreier Text. Widersprüchliche Aussagen finden sich etwa zu den Fragen, ob Weisheit ein Vorteil ist (vgl. 4,13; 6,8; 7,5.11–12.19; 8,1; 9,11.13–18; 10,1.10.12), ob Ungerechtigkeit bestraft wird (vgl. 3,17; 5,5; 7,15–18; 8,10–14; 9,2–3; 11,9), wie die Frau (vgl. 7,26; 9,9) und wie Trauer/Freude zu beurteilen sind (vgl. 7,2–6 mit den zahlreichen positiven Aussagen).

Daran, wie man diese Widersprüchlichkeit erklärt, entscheidet sich auch, wie man den Charakter des Koheletbuchs versteht. Folgende Erklärungsmodelle sind möglich:

(1.) Die Widersprüche im Koheletbuch sind kein Problem, weil es nie als ein zusammenhängendes Buch konzipiert war, sondern eine lose Sammlung von «Sentenzen» ist. Die unterschiedlichen Sprüche und Reflexionen stammen aus unterschiedlichen Zeiten und Situationen. Vor allem in früherer Zeit wurde in diesem Zusammenhang z. T. auf die Biografie Kohelets verwiesen und argumentiert, im Buch spiegle sich die Entwicklung seines Denkens.

(2.) Die Widersprüchlichkeit des Buchs erklärt sich damit, dass dieses von verschiedenen Personen geschrieben wurde. Nach einer ersten Spielart dieser Erklärung sind manche Verse und Abschnitte als literarisch sekundär auszuscheiden. Die meisten Exegeten/Exegetinnen stimmen diesem Vorschlag beim Epilog zu (wobei manche noch zwischen zwei Redaktoren unterscheiden). In der Tat unterscheidet sich 12,9–12 vom Rest des Buchs – nicht nur insofern, als dass hier in der 3. Person über Kohelet gesprochen wird (vgl. so auch in 1,1–2; 7,27; 12,8), sondern v. a. auch durch den Inhalt, der in manchem «frömmer» klingt als die sonstigen Aussagen Kohelets. Weil dieser Schluss mit einem Verweis auf das Gericht Gottes endet (vgl. 12,14), erklären sich manche Exegeten/Exegetinnen auch weitere Verse, in denen der Gerichtsgedanke anklingt oder die sonst traditioneller sind als der Rest des Buchs, als spätere Ergänzungen, die auf denselben Redaktor zurückgehen (vgl. so

z. B. Crenshaw, der neben 1,1 und 12,9–14 auch Teile aus 2,26; 3,17; 8,12–13 und 11,9 für sekundär hält und diese Möglichkeit auch für 1,2; 5,18; 7,26 und 12,8 erwägt). Einige wenige andere Exegeten/Exegetinnen rechnen mit noch massiveren Überarbeitungen des Buchs (so z. B. Rose, nach dem lediglich Teile aus 1,1.4–7.9.12.14.17–18; 2,12–14.16.20; 3,9–12; 8,9.15; 12,10.13 zum ursprünglichen Bestand des Buchs gehören, alle weiteren Verse aber Ergänzungen sind, die in zwei Phasen hinzugefügt wurden).

Nach einer zweiten Spielart des literarkritischen/redaktionsgeschichtlichen Modells sind es nicht jüngere Ergänzungen, die vom Grundbestand des Koheletbuchs zu unterscheiden sind, sondern ältere Textstücke, die der Verfasser in sein Werk integrierte. Denkbar wäre etwa, dass dem Verfasser die Gedichte 1,3–11; 3,1–9 und 12,1–7 (oder Vorstufen) vorlagen; vorgeschlagen wurde eine solche Erklärung auch für 9,7–10 und 11,7–12,7. Im Fall der genannten Passagen ist mit dieser Theorie allerdings wenig gewonnen – sie passen bestens zum Rest des Buchs. Interessanter ist demgegenüber die These, dass manche der traditionellen Sätze nicht die Meinung Kohelets wiedergeben, aber auch nicht spätere Ergänzungen eines Redaktors sind, sondern im Gegenteil ältere Aussagen anderer sind, die Kohelet zitiert, um sie kritisch zu widerlegen. Konkret erwogen wird diese Theorie etwa für (Teile von) 2,13–14; 4,5; 6,7; 7,1–12; 7,19; 7,26; 8,2–5; 8,12–13; 9,16.18.

(3.) Die Widersprüche gehen auf Kohelet selbst zurück und sind von ihm gezielt eingesetzt. Insgesamt besitzt dieses dritte Erklärungsmodell die grösste Plausibilität, weshalb es in jüngerer Zeit in der einen oder anderen Spielart auch von den meisten Exegeten/Exegetinnen vertreten wird. Gegenüber den anderen beiden Modellen hat es den Vorteil, dass es die Widersprüchlichkeit des Buchs nicht nur erklärt, sondern ihr auch Sinn abgewinnen kann. Das lässt sich auch in Kombination mit der zweiten Spielart des literarkritischen/redaktionsgeschichtlichen Modells erreichen; das Gewicht verschiebt sich dabei aber von der Frage, welche Aussagen auf Kohelet zurückgehen und welche Zitate anderer sind, auf diejenige, warum Kohelet Meinungen aufnimmt – oder selbst Aussagen formuliert –, die mit anderen seiner Aussagen in Spannung stehen. Im Einzelnen haben verschiedene Exegeten/Exegetinnen unterschiedliche Erklärungen gegeben, wie die Widersprüche und Spannungen im Koheletbuch zu interpretieren seien. Manche verstehen sie als ein rhetorisches Mittel bzw. eine Eigenart der Argumentationsweise Kohelets (so z. B. Hertzberg mit der These von Zwar-aber-Aussagen). Manche versuchen, zwischen Kohelets Meinungen und traditionellen Meinungen zu unterscheiden und argumentieren, dass Kohelet Letztere aufnimmt, um sich kritisch mit ihnen auseinanderzusetzen (so z. B. Michel). Manche betonen, die Widersprüche und Spannungen seien sachgegeben, d. h. darin begründet, dass Kohelet die Komplexität der Welt von verschiedenen Seiten her zu begreifen versucht (so z. B. Fox). Und manche argumentieren, Kohelet formuliere bewusst offen, um so auf die Komplexität der von ihm geschilderten Probleme aufmerksam zu machen und die Rezipienten/Rezipientinnen in den Interpretationsprozess einzubinden (so z. B. Krüger).

Auch wenn diese Ansätze unterschiedliche Aspekte betonen und im Einzelnen zu unterschiedlichen Interpretationen geführt haben, so stellen sie doch keine Alternativen dar, zwischen denen es grundsätzlich zu unterscheiden gälte. Sie alle sehen Richtiges, und je nach Passage hilft der eine oder andere Aspekt für das Verständnis weiter. Insgesamt ist klar, dass Kohelet sich mit der Komplexität der Welt auseinandersetzt (vgl. z.B. 7,15; 9,11), dabei verschiedene Meinungen gegeneinander abwägt (vgl. z.B. 7,16–18) und sich auch mit solchen auseinandersetzt, mit denen er nicht übereinstimmt (vgl. z.B. 6,11–12). In welchen Fällen er selbst eigene Meinungen differenziert (vgl. z.B. 9,16–18) oder aber Meinungen anderer kritisiert (vgl. so nach der Interpretation dieses Kommentars bes. 7,1–12 sowie 1,12–2,26), ist oft nicht eindeutig. Nicht zuletzt darum fasziniert sein Buch und regt mit seinen Offenheiten zu immer wieder neuen Interpretationen an. Ob Kohelet bzw. der Verfasser des Buchs das bewusst so wollte, lässt sich mit Sicherheit nicht mehr sagen. Angesichts seines Spiels mit der Rolle des Königs (vgl. 1,12ff) ist es aber zu vermuten.

Einheitlichkeit

In den vorangegangenen Abschnitten wurde verschiedentlich die Frage angesprochen, ob das Koheletbuch literarisch einheitlich sei oder nicht. Meines Erachtens ist das der Fall – mit Ausnahme von 12,9–14, dem Epilog, der wohl später hinzugefügt wurde. Hier seien die wichtigsten Punkte nochmals zusammengefasst.

Dass in den ersten und letzten Versen des Buchs in der 3. Person über Kohelet gesprochen wird (vgl. 1,1–2; 12,8–14), während sich dieser im Rest des Buchs in Ich-Rede zu Wort meldet, besagt über die Zugehörigkeit dieser Rahmenverse zum Grundbestand noch nichts. Solche Personenwechsel sind in der Antike gang und gäbe. In manchen Fällen haben sie mit der Entstehungsgeschichte der Bücher zu tun (vgl. z.B. die Prophetenbücher), in anderen aber nicht (vgl. z.B. das Deuteronomium). Die Entscheidung hängt auch damit zusammen, als wie authentisch man die Ich-Rede einschätzt bzw. ob man das «Ich», das sich in einem Text zu Wort meldet, mit dem «Ich» des Verfassers gleichsetzt oder nicht. Da im Koheletbuch mit der Identität Kohelets gespielt wird, liegt es hier näher, zwischen Kohelet und dem Verfasser des Buchs zu unterscheiden (s. o. S. 11–13). Ist Kohelet aber «nur» der Erzähler des Buchs, nicht aber dessen Verfasser, spricht formal nichts dagegen, dass die Verse in der 3. Person über ihn vom selben Verfasser geschrieben wurden wie der Rest des Buchs.

Während bei der Überschrift des Buchs (vgl. 1,1) und dem Rahmen mit der Motto-Aussage (vgl. 1,2; 12,8) auch inhaltliche Gründe nicht dagegen sprechen, dass die Verse vom gleichen Verfasser geschrieben sind wie der Rest des Buchs, sieht das beim Epilog (vgl. 12,9–14) anders aus. Insbesondere im zweiten Teil dieses Epilogs (vgl. 12,12–14) werden Gedanken betont, die sonst zwar auch vorkommen, aber nicht im Zentrum stehen (Gottesfurcht; Gericht Gottes). Umgekehrt werden andere Gedanken, die im Koheletbuch sonst zentral sind, hier nicht mehr wiederholt (vgl. Grenzen des Erkennens; Lebensfreude). Diese Beobachtungen deuten darauf hin, dass diese letzten Verse des Buchs tatsächlich später hinzugefügt wurden. Ob der ganze Epilog auf einen Redaktor zurückgeht oder sogar auf zwei (vgl. 12,9–11; 12,12–14), wie z. T. vorgeschlagen wird, lässt sich meines Erachtens nicht mehr entscheiden. So oder so haben diese letzten Verse dem Buch zwar einen Schluss gegeben, dessen Frömmigkeit nur bedingt zum Vorangehenden passt, vermutlich aber haben sie gerade damit entscheidend dazu beigetragen, dass es trotz seiner «Weltlichkeit» Gehör fand und kanonisiert wurde (s. o. S. 10).

Obwohl nicht auszuschliessen ist, dass der Redaktor, der dem Buch den Epilog beifügte, auch sonst noch einige Ergänzung machte, zwingt innerhalb des Buchs nichts zu einer solchen Annahme. Wohl finden sich auch hier Verse, die traditioneller klingen als der Rest des Buchs. Wie oben dargelegt, prägen entsprechende Spannungen und Widersprüche den Charakter des Koheletbuchs entscheidend mit und sind wohl bewusst eingesetzt (s. o. S. 13–16). Entsprechend sollte man sie nicht redaktionell «auflösen». Wenn schon ist eher zu überlegen, ob Kohelet an manchen Stellen nicht ältere Meinungen zitiert bzw. Aussagen macht, die mit seiner eigenen Meinung in Spannung stehen. Das ist m. E. sehr wahrscheinlich. Inwiefern es sich dabei um echte Zitate handelt oder lediglich um Aussagen, die Kohelet selbst in Anlehnung an Meinungen anderer formuliert, lässt sich nicht mehr entscheiden (vgl. ähnlich auch bei den sprichwortartigen Aussagen; vgl. z. B. 1,15; 9,4). Letztlich ist die Frage irrelevant. Kohelet zitiert diese Meinungen nicht, weil jemand anderer sie sagte, sondern weil er sie in seiner eigenen Argumentation braucht.

Gattung(en) und Sitz im Leben

Die Überschrift des Koheletbuchs (vgl. 1,1) führt dieses als eine Sammlung von «Worten» Kohelets ein. Sowohl dem Inhalt als auch der Form nach sind viele dieser Worte «weisheitlich», sodass man das Buch insgesamt am besten als *Weisheitslehre* versteht. An typisch weisheitlichen Formen finden sich im Koheletbuch Sprichwörter (vgl. z. B. 1,15.18; 9,4), Lehrsprüche (vgl. z. B. 2,14; 5,2; 10,1), Mahnsprüche (vgl. z. B. 4,17; 7,16–17; 11,1–2) und Besser-als-Sprüche (vgl. z. B. 4,6; 5,4; 7,1). An kleineren Formen sind weiter Vergleiche (vgl. z. B. 2,13; 7,6; 9,12), Fragen (vgl. z. B. 1,3; 2,19; 4,8), Glückwünsche und Weherufe (vgl. z. B. 4,10; 10,16–17) sowie eine Beispielerzählung (vgl. 9,14–15) zu nennen. Als längere Einheiten stechen die drei Gedichte (vgl. 1,3–11; 3,1–9; 12,1–7) hervor.

Kohelet greift auf diese geprägten literarischen Formen zurück, um in kürzeren und längeren Reflexionen seine z. T. unkonventionellen Gedanken zu entfalten. Viele dieser Reflexionen sind als Ich-Rede formuliert, was dem Buch den Charakter einer *autobiografischen Erzählung* verleiht. In der Regel beschränkt sich das erzählerische Moment auf Berichte Kohelets über seine Beobachtungen («ich sah ...»), seine Überlegungen («ich dachte mir ...», «ich sagte mir ....», «ich nahm mir zu Herzen ...») und seine Erkenntnisse («ich erkannte ...», «ich sah ...»), zweimal spricht er auch davon, dass er etwas versuchen wolle (vgl. 2,1; 7,23). Ausgeprägt ist das autobiografische Moment einzig in der Königsfiktion von 1,12–2,26, in der Rolle des Königs nämlich berichtet Kohelet nicht nur von seinen Reflexionen, sondern auch von seinen Unternehmungen und seinen Gefühlen. Formal erinnert dieser Teil des Buchs an altorientalische Königsinschriften (s. u. S. 32). Da die königliche Identität Kohelets fiktiv ist (s. o. S. 11–13; s. u. S. 39), ist in diesem Teil klar, dass es sich um eine *fiktionale* Autobiografie handelt. Je nachdem, wie man das Verhältnis zwischen dem «Ich» Kohelets und dem «Ich» des Verfassers des Buchs versteht (s. o. S. 11, 13), gilt dieses Urteil auch für den Rest des Buchs.

Wie oben besprochen, ist das Koheletbuch wesentlich dadurch bestimmt, dass Kohelet seine Einsichten nicht einfach gradlinig präsentiert, sondern unterschiedliche Gesichtspunkte erörtert und dabei z. T. auch Meinungen anderer zitiert bzw. nachahmt, um diese zu kritisieren oder zu relativieren. An diesem Punkt erinnert das Koheletbuch an die *Diatriben*, die populär-philosophischen Reden, die seit dem 3. Jh. v. Chr. von Stoikern und Kynikern gebraucht wurden, um (wohl weniger das breite Volk, sondern vornehmlich) Schüler zu belehren. Mit den Diatriben verbindet das Koheletbuch auch weitere Gemeinsamkeiten, etwa das betonte Hervortreten des sprechenden «Ichs» und die direkte Anrede der Zuhörer. Ob diese Gemeinsamkeiten reichen, um das Koheletbuch selbst als eine Diatribe zu verstehen, ist in der Forschung strittig.

Die Frage nach der Gattung des Koheletbuchs ist nicht zuletzt auch im Blick auf den sog. *Sitz im Leben* relevant, hinsichtlich der Frage also, in welchem Kontext man sich den Gebrauch des Koheletbuchs (und ähnlicher Schriften) vorzustellen hat. Unter Verweis auf die Ähnlichkeit mit den ägyptischen Harfnerliedern (s. u. S. 34–35) wurde überlegt, ob das Koheletbuch in den Zusammenhang von *Symposien* gehört, den Veranstaltungen, bei denen die Teilnehmer – vornehmlich Männer der Oberschicht – miteinander assen und tranken und sich dabei mit geistiger Unterhaltung (wie Liedern, Reden, Rätseln etc.) vergnügten und weiterbildeten. Tatsächlich lässt sich für die meisten Passagen aus dem Koheletbuch gut vorstellen, dass sie im Rahmen eines Symposions vorgetragen wurden. Für die Gesamtkomposition aber fehlen aus dem Symposions-Bereich Parallelen. Die Klassifizierung des Koheletbuchs als Weisheitsschrift und die Ähnlichkeit mit Diatriben weisen eher auf den *Schulkontext*. Dazu passt, dass Kohelet primär junge Männer anspricht (vgl. 7,26–28; 9,9; 11,9–10; 12,1) und dass im (allerdings wohl sekundären) Epilog das Stichwort «mein Sohn» fällt (vgl. 12,12), mit dem in der Weisheitsliteratur der Schüler angesprochen ist (im gleichen Vers ist allerdings auch kritisch vom «Studieren» die Rede). Auch die wiederholten Anweisungen, wie man sich in der Gegenwart des Königs und anderer Herrscher zu verhalten hat (vgl. 8,2–5; 10,4.20), passen zur These, dass das Koheletbuch im Unterricht zum Einsatz kam, war (Aus-)Bildung in der Antike doch denen vorbehalten, die entweder von Geburt zur Oberschicht gehörten oder durch ihren Beruf als Schreiber zu Angehörigen der Elite wurden. Umgekehrt passt manches im Koheletbuch allerdings auch schlecht zur These, dass es in der Ausbildung der Elite gebraucht wurde. Zu nennen sind hier Kohelets Kritik an der traditionellen Weisheit (s. u. S. 29–30), seine Kritik an der Oberschicht und besonders den Herrschern (vgl. 4,13–16; 9,17; 10,5–7.16–19; weiter 5,8; 8,9 sowie die implizite Kritik am König in 1,12–2,26), seine Beobachtungen zum Elend der Unterschicht (vgl. 4,1–3; 5,7), seine Beispiele, in denen die Geringen die Helden sind (vgl. 4,13–14; 9,14–15), seine Ermahnungen, die sich (mit Ausnahme jener zum Umgang mit Herrschern) nicht besonders an Menschen der Oberschicht richten und in manchen Fällen sogar eher an einfachere Menschen gerichtet zu sein scheinen (vgl. bes. 5,7; 11,6). Insgesamt bleibt so die Frage der *sozialen Stellung* Kohelets und seiner Adressaten in der Schwebe. Dennoch bleibt es dabei, dass Kohelets Reflexionen den Geist anregen und zumindest in diesem Sinn eine Lehre sind. Dem entspricht, dass Kohelet im Epilog als «Weiser» bezeichnet wird, der «Erkenntnis lehrte» (vgl. 12,8). Ob sich dieser Unterricht auf die Elite beschränkte oder aber das Volk einschloss, wie es in 12,8 heisst, muss offenbleiben.

Aufbau

Die Grobstruktur des Koheletbuchs ist klar: Die Reflexionen Kohelets (vgl. 1,3–12,7) werden von einem Motto gerahmt (vgl. 1,2; 12,8), dem eine Überschrift (vgl. 1,1) vorangestellt bzw. ein Epilog (vgl. 12,9–14) nachgestellt ist. Darüber hinaus fehlen klare Signale zur Gliederung. Dennoch ist es natürlich möglich, verschiedene Teile voneinander zu unterscheiden – verschiedene Exegeten/Exegetinnen haben diesbezüglich unterschiedliche Vorschläge gemacht (ein guter Überblick findet sich im Kommentar von Schwienhorst-Schönberger). Solche Vorschläge sind interessant, weil sie die Aufmerksamkeit darauf lenken, dass manche Themen in gewissen Abschnitten des Buchs stärker im Vordergrund stehen als in anderen. Letztlich aber bleiben all diese Vorschläge gesucht bzw. sehr subjektiv. Während die Abgrenzung der kleineren Einheiten im Koheletbuch in der Regel leicht fällt, ist keine Gesamtstruktur zu erkennen, in der sich unterschiedliche Hauptteile klar voneinander abgrenzen liessen.

Themen

Dass sich im Koheletbuch keine eindeutige Struktur erkennen lässt, hängt auch damit zusammen, dass Kohelet über komplexe Themen nachdenkt. Solche Themen lassen sich nicht linear verhandeln, sind doch verschiedene Aspekte eng miteinander verknüpft. Entsprechend kommt Kohelet auf manche Themen mehrfach zurück und hebt dabei unterschiedliche Aspekte hervor.

Konkordanz von wichtigen Wörtern

Als Einstieg seien im Folgenden einige der im Koheletbuch besonders wichtigen Wörter und die entsprechenden Belegstellen aufgelistet. Leitend sind dabei die hebräischen Wörter und Wortfamilien. Als Übersetzungen sind die Grundbedeutungen gegeben. Im Deutschen finden sich z. T. auch andere Übersetzungen (und in einigen wenigen Fällen bleiben die hebräischen Wörter unübersetzt).

«böse/schlimm» (*ra'*): 1,13; 2,17; 4,3.8.17; 5,13; 6,2; 8,3.5.9.11–12; 9,3.12; 12,14; «Bosheit/Unglück» (*rā'ā*): 2,21; 5,12.15; 6,1; 7,14–15; 8,6.11; 9,12; 10,5.13; 11,2.10; 12,1.

«essen» (*'kl*): 2,24–25; 3,13; 4,5; 5,10–11.16–18; 6,2; 8,15; 9,7; 10,16–17.

«ewig/endgültig» (*'ōlām*): 1,4.10; 2,16; 3,11.14; 9,6; 12,5.

«finden/begreifen» (*mṣ'*): 3,11; 7,14.24.26–29; 8,17; 9,10.15; 11,1; 12,10.

«flüchtig/nichtig» (*hæbæl*): 1,2.14; 2,1.11.15.17.19.21.23.26; 3,19; 4.4.7–8.16; 5,6.9; 6,2.4.9.11–12; 7,6.15; 8,10.14; 9,9; 11,8.10; 12,8.

«Freude» (*śimḥa*): 2,1–2.10.26; 5,19; 7,4; 8,15; 9,7; «sich freuen» (*śmḥ*): 2,10; 3,12.22; 4,16; 5,18; 8,15; 10,19; 11,8–9.

«Frevler» (*rāšā'*): 3,17; 7,15; 8,10.13–14; 9,2; «Unrecht» (*ræša'*): 3,16; 7,25; 8,8; «ungerecht sein» (*rš'*): 7,17.

«fürchten» (*jr'*): mit Gott als Objekt: 3,14; 5,6; 7,18; 8,12–13; 12,13; sonst: 9,2; 12,5.

«geben» (*ntn*): mit Gott als Subjekt: 1,13; 2,26; 3,10–11; 5,17–18; 6,2; 8,15; 9,9 (?); 12,7.11; in Wendungen wie «vornehmen/zu Herz nehmen» etc.: 1,13.17; 7,21; 8,9.16; 9,1; sonstige: 2,21; 4,17; 5,5; 7,2; 10,6; 11,2; «Geschenk»: 3,13; 5,18 (*mattat*).

«Gerechter» (*ṣaddīq*): 3,17; 7,15–16.20; 8,14; 9,1–2; «Gerechtigkeit» (*ṣædæq*): 3,16; 5,7; 7,15.

«Gericht/Recht» (*mišpāṭ*): 3,16; 5,7; 8,5–6; 11,9; 12,14; «richten» (*špṭ*): 3,17.

«Geschick»: 2,14–15; 3,19; 9,2–3 (*miqræ*); «treffen»: 2,14–15; 9,11 (*qr'*).

«Gewinn/Vorteil» (*jitrōn*): 1,3; 2,11.13.; 3,9; 5,8.15; 7,12; 10,10–11; (*jōtēr*): 7,11; (*kišrōn*): 5,10 (vgl. weiter *jōtēr* adverbiell gebraucht in 2,15; 6,8.11; 7,16; 12,9.12).

«Gott» (*'ælōhīm*): 1,13; 2,24.26; 3,10–11.13–15.17–18; 4,17; 5,1.3.5–6.17–19; 6,2; 7,13–14.18.26.29; 8,2.12–13.15.17; 9,1.7; 11,5.9; 12,7.13–14.

«Greifen nach Wind» (*rᵉ'ūt rūaḥ*): 1,14; 2,11.17.26; 4,4.6; 6,9; (*ra'jōn rūaḥ*): 1,17; 4,16 (ohne «Wind» weiter 2,22).

«gut/Gutes» (*ṭōb*): 2,1.3.24.26; 3,12–13.22; 4,3.6.9.13; 5,4.17; 6,3.9.12; 7,1–3. 5.8.10–11.14.18.20.26; 8,12–13.15; 9,2.4.7.16.18; 11,6–7; 12,14; (*ṭōbā*): 4,8; 5,10.17; 6,3.6; 7,14; 9,18; «gut gehen/erfreuen» (*jṭb*): 7,3; 11,9.

«Herz» (*lēb*): 1,13.16–17; 2,1.3.10.15.20.22–23; 3,11.17–18; 5,1.19; 7,2–4.7.21–22.25–26; 8,5.9.11.16; 9,1.3.7; 10,2–3; 11,9–10.

«hören» (*šm'*): 1,8; 4,17; 7,5.21; 9,16–17; 12,13.

«Mensch/Menschen» (*'ādām*): 1,3.13; 2,3.8.12.18.21–22.24.26; 3,10–11.13.18–19.21–22; 5,18; 6,1.7.10–12; 7,2.14.20.28–29; 8,1.6.8–9.11.15.17; 9,1.3.12.15; 10,14; 11,8; 12,5.13.
«Mühe/Arbeit» (*'āmāl*): 1,3; 2,10–11.18–22.24; 3,13; 4,4.6.8–9; 5,14.17–18; 6,7; 8,15; 9,9; 10,15; «sich abmühen» (*'ml*): 1,3; 2,11.19–21; 5,15.17; 8,17.
«Mühe/Treiben» (*'injān*): 1,13; 2,23.26; 3,10; 4,8; 5,2.13; 8,16.
«Reichtum» (*'ōšær*): 4,8; 5,12–13.18; 6,2; 9,11; «reich/Reicher» (*'āšīr*): 5,11; 10,6.10.
«sehen» (*r'h*): 1,8.10.14.16; 2,1.3.12–13.24; 3,10.13.16.18.22; 4,1.3–4.7.15; 5,7.12.17; 6,1.5–6; 7,11.13–15.27.29; 8,9–10.16–17; 9,9.11.13; 10,5.7; 11,4.7; 12,3.
«suchen» (*bqš*): 3,16.15; 7,25.28–29; 8,17; 12,10.
«Sonne» (*šæmæš*): in der Wendung «unter der Sonne»: 1,3.9.14; 2,11.17–20.22; 3,16; 4,1.3.7.15; 5,12.17; 6,1.12; 8,9.15.17; 9,3.6.9.11.13; 10,5; sonst: 1,5; 6,5; 7,11; 11,7; 12,2; vgl. «unter dem Himmel»: 1,13; 2,3; 3,1.
«sterben/tot» (*mūt*): 2,16; 3,2; 4,2; 7,17; 9,3–5; «Tod» (*māwæt*): 3,19; 7,1.26; 8,8; 10,1.
«Teil» (*ḥēlæq*): 2,10.21; 3,22; 5,17–18; 9,6.9; 11,2.
«Tor/töricht» (*k^esīl*): 2,14–16; 4,5.13.17; 5,2–3; 6,8; 7,4–6.9; 9,17; 10,2.12.15; (*sākāl*): 2,19; 7,17; 10,3.14; «Torheit» (*siklūt*): 2,3.12–13; 7,25; 10,1.13; (*śiklūt*): 1,17; (*kæsæl*): 7,25; (*sækæl*): 10,6.
«trinken» (*št'*): 2,24; 3,13; 5,17; 8,15; 9,7.
«tun/machen» (*'śh*): mit Gott als Subjekt: 3,11.14; 7,14.29; 8,11(?); 11,5; in Wendungen mit «unter der Sonne» u. ä.: 1,13–14; 2,3.17; 4,1.3; 8,9.16–17; 9,3.6; sonstige: 1,9; 2,2; 2,5–6.8.11–12; 3,9.12; 4,17; 6,12; 7,20; 8,3–4.10.12.14; 9,10; 10,19; 12,12; «Werk/Tun» (*ma'^aśæ*): Gottes: 3,11; 7,13; 8,17; 11,5; sonstige: 1,14; 2,4.11.17; 3,17.22; 4,3–4; 5,5; 8,9.11.14; 9,7.10; 12,14.
«Weisheit» (*ḥokmā*): 1,13.16–18; 2,3.9.12–13.21.26; 7,10–12.19.23.25; 8,1.16; 9,10.13.15–16.18; 10,1.10; «Weiser» (*ḥākām*): 2,14.16.19; 4,13; 6,8; 7,4–5.7.19; 8,1.5.17; 9,1.11.15.17; 10,2.12; 12,9.11; «weise sein» (*ḥkm*): 2,15.19; 7.16,23.
«wissen/erkennen» (*jd'*): 1,17; 2,14.19; 3,12.14.21; 4,13.17; 6,5.8.10.12; 7,22.25; 8,1.5.7.12.16–17; 9,1.5.11–12; 10,14–15; 11,2.5–6.9.
«Zeit» (*'ēt*): 3,1–8.11.17; 7,17; 8,5–6.9; 9,8.11–12; 10,17.

Gesamtüberblick

Kohelets Reflexionen sind von Erfahrungen ausgelöst, die zeigen, dass die Lehren der klassischen Weisheit zu kurz greifen (s. u. S. 29–30): Weisheit führt nicht zwingend zu Erfolg, Gerechtigkeit setzt sich nicht immer durch, der Tod trifft alle gleichermassen. Solche Erfahrungen sind unangenehm und entsprechend klingt manches im Koheletbuch pessimistisch (bei genauerem Hinsehen erweist sich dieser Pessimismus aber eher als Realismus). Doch dabei belässt Kohelet es nicht. Er nimmt die Dissonanzen zwischen der Erfahrung und den klassischen Lehren der Weisheit zum Anlass, um vertieft über Gott, den Menschen und die Welt nachzudenken. Und diese Reflexionen führen ihn zu einer Lebensphilosophie, die alles andere als pessimistisch ist: Der Mensch kann das Tun Gottes zwar nicht verstehen, kann aber darauf vertrauen, dass Gott die Welt gut erschaffen hat und dem Menschen wohlgesinnt ist. Statt sich über die Ungerechtigkeiten im Leben aufzuregen, macht man sich besser klar, dass man auch selbst nicht ganz gerecht ist. Statt sich darüber zu grämen, dass der Tod alle gleichermassen trifft, geniesst man besser das Leben. Statt daran zu verzweifeln, dass man Erfolg und Glück nicht erzwingen und die Zukunft nicht vorhersagen kann, konzentriert man sich besser auf das Machbare: die Arbeit, die Gemeinschaft mit anderen und die Freude. Statt sich vergeblich damit abzuplagen, einen dauerhaften Gewinn zu erwerben oder etwas Unvergängliches zu erschaffen, erkennt man besser, dass der «Teil» im Leben im Alltäglichen liegt: im Essen und Trinken und der Freude. Auch sie sind vergänglich, gerade darum aber besonders kostbar.

Flüchtigkeit und Nichtigkeit

Nach dem Motto, mit dem der Verfasser das Koheletbuch in 1,2 und 12,8 rahmt, laufen Kohelets Reflexionen darauf hinaus, dass alles «flüchtig/nichtig» (*hæbæl*) ist (ausführlicher zu diesem Wort s. u. S. 46–47). Obwohl Kohelet auch vieles andere anspricht, spielt der Gedanke der Flüchtigkeit in seinen Reflexionen tatsächlich eine zentrale Rolle. «Flüchtig» bzw. vergänglich ist nach Kohelet zunächst v. a. das menschliche Leben selbst: Obwohl die Erde «ewig» bestehen bleibt, wechseln sich die Generationen auf ihr ab (vgl. 1,4). Altern und Tod gehören zum Leben dazu. Neben der Lebenszeit sind aber auch noch viele weitere Aspekte des Lebens «flüchtig» – sei es, weil sie vergänglich sind, sei es, weil sie der Verfügungsgewalt des Menschen aus anderen Gründen entzogen bleiben. Während der König diese Flüchtigkeit beklagt, weil sie es ihm verunmöglicht, sich einen bleibenden «Gewinn» zu erarbeiten, kritisiert Kohelet, der Weise, mit dem Stichwort *hæbæl* in diesem Zusammenhang v. a. Versuche des Menschen, solch Unverfügbares fassen zu wollen. Für ihn sind solche Versuche «nichtig»: ebenso vergeblich und töricht wie ein «Greifen nach Wind». Im Anschluss daran gebraucht Kohelet das Wort *hæbæl* z. T. auch zur Bezeichnung von Absurdem (vgl. z. B. 4,4.7; 6,2) – etwas, bei dem man froh sein kann, dass es wie so vieles andere flüchtig ist.

Gerechtigkeit und Ungerechtigkeit

Von «Gerechtigkeit» (*ṣædæq*; vgl. *ṣaddīq* = «Gerechter») spricht erst Kohelet, der Weise, nicht hingegen der König (zur Unterscheidung zwischen den beiden s. o. S. 11–14). Vermutlich ist das kein Zufall, sondern hat mit dem Charakter des Königs zu tun bzw. damit, dass dieser – im Sinn einer impliziten Kritik – als einer gezeichnet wird, der sich einzig für sich und seinen Erfolg interessiert, nicht aber für andere und Fragen der Ethik. Diesen Vorwurf kann man Kohelet, dem Weisen, nicht machen. Ihn interessiert an der Gerechtigkeits-Frage allerdings weniger die ethische Dimension, als eher das Prinzip bzw. die Tatsache, dass sich gerechtes Verhalten nicht immer ausbezahlt (allgemein zur weisheitlichen Lehre eines Tun-Ergehen-Zusammenhangs und Kohelets Kritik an dieser s. u. S. 29–30). Und dieses Interesse erinnert dann doch auch wieder an den König, stellt dieser doch die «Gewinn»-Frage, wenn auch nicht im Blick auf Gerechtigkeit und Ungerechtigkeit, so doch im Blick auf Weisheit und Torheit (vgl. 2,12–21). Wie bei der Weisheit ist es auch bei der Gerechtigkeit der Tod, an dem es sich am deutlichsten zeigt, dass das Schwarz-Weiss-Denken der klassischen Weisheit zu kurz greift: Nicht nur trifft das eine Geschick, der Tod, den Gerechten genauso wie den Ungerechten (vgl. 9,2) (und den Weisen genauso wie den Toren; vgl. 2,14.16), auch hinsichtlich Länge des Lebens (vgl. 7,15; 8,12) und Begräbnisart (vgl. 8,10) ist es nicht immer so, dass es dem Gerechten besser ergeht als dem Ungerechten. Wenn Kohelet in 8,14 verallgemeinert, dass es Gerechten so ergehen kann, «als hätten sie gehandelt wie Frevler», und Frevlern so, «als hätten sie gehandelt wie Gerechte» (vgl. 8,14), dann zeigt diese Formulierung, dass er solche Erfahrungen als aussergewöhnlich betrachtet – vermutlich nicht nur, weil sie mit der «Doktrin» der klassischen Weisheit im Widerspruch stehen, sondern auch, weil er selbst die Annahme eines (möglichen) Tun-Ergehen-Zusammenhangs nicht grundsätzlich in Frage stellt. Dass auch er davon ausgeht, dass das Tun eines Menschen für die Frage seines Ergehens relevant sein kann, lassen auch Stellen wie 5,5 und 7,17 sowie die Hinweise auf das Gericht vermuten. Wichtig ist für Kohelet, dass man die Annahme eines Tun-Ergehen-Zusammenhangs nicht verabsolutiert – denn sonst richtete man sich mit zu hohen Erwartungen selbst zugrunde und käme mit den Ausnahmen zur Regel nicht zurecht. Um dem entgegenzuwirken, ruft er zu Mässigung auf (vgl. 7,16–17) und empfiehlt die Freude als Lebenshaltung, mit der sich die Undurchsichtigkeiten des Lebens am besten aushalten lassen (vgl. 8,15).

Während Kohelet in den soeben besprochenen Abschnitten in traditioneller Art von Gerechten und Frevlern spricht und damit impliziert, dass die Unterscheidung selbst klar ist, geht er andernorts noch einen Schritt weiter: Er reflektiert darüber, dass kein Mensch ganz gerecht sein kann (vgl. 7,20; s. u. S. 26), und macht damit klar, dass die Gerechtigkeits-Frage nicht erst im Blick auf das Ergehen komplex ist, sondern bereits im Blick auf das Tun. Nur schon darum hat es keinen Sinn, mit Gott zu «rechten» (vgl. 6,10), denn wenn schon kein Mensch wissen kann, was «gut ist für den Menschen in seinem Leben» (vgl. 6,12), dann vielleicht auch niemand, welches Handeln des Menschen Gott gefällt und welches nicht (vgl. 2,26; 7,26).

All das sind interessante Überlegungen. Denen aber, die von konkretem Unrecht getroffen sind, helfen sie wenig. Kohelet wurde daher vorgeworfen, er begnüge sich mit der Rolle des unbeteiligten Beobachters, setze sich selbst aber nicht für die Verbesserung der Welt ein. Ein Stück weit ist diese Kritik berechtigt. An drei Stellen kommt Kohelet zwar auf konkrete Ungerechtigkeiten zu sprechen – nämlich Missstände im Rechtswesen und Unterdrückung von Armen und Machtlosen (vgl. 3,16; 4,1; 5,7) –, auch hier aber belässt er es bei Beschreibungen und ruft nicht zu Veränderungen auf. Dass das beschriebene Unrecht Kohelet kalt lässt, ist damit aber noch nicht gesagt. Immerhin benennt er die Missstände, was ja bekanntlich ein wichtiger Anfang ist. Zudem zeigen 4,1–3, dass er durchaus betroffen ist, obwohl er auch hier scheinbar distanziert beschreibt.

Weisheit und Torheit

Für einen Weisen (vgl. 12,9) äussert sich Kohelet auffallend kritisch über die Weisheit. Immer wieder macht er darauf aufmerksam, dass die traditionellen Erwartungen an die Weisheit überstiegen sind: Weisheit ist nicht immer lustvoll (vgl. 1,18) und geht auch nicht immer mit Ansehen, Einfluss und Reichtum einher (vgl. 9,11.15–16). Auch der Weise muss sterben (vgl. 2,14; 9,2 im Kontext von 9,1), auch er muss am Schluss alles zurücklassen (vgl. 2,18–19.21), auch er weiss nicht, ob seine Nachkommen/Nachfolger verlässlich sein werden (vgl. 2,18–19), und auch an ihn wird man sich nicht ewig erinnern (vgl. 2,16). Auch mit noch so grosser Weisheit kann man nicht alles verstehen und bewirken (vgl. 1,13–15; 7,23; 8,16–17) oder sich einen bleibenden Gewinn erarbeiten (vgl. 2,11). Auch der Weise hat keine Garantie auf Erfolg (vgl. 9,11.18), sondern ist wie alle anderen mit Zufall und Gericht konfrontiert (vgl. 8,5–6; 9,11). Mit all dem widerspricht Kohelet der traditionellen Weisheit, die in immer wieder neuen Variationen die Vorzüge der Weisheit rühmt (s. u. S. 30; vgl. auch 7,1–12, wo Kohelet solch traditionellen Aussagen nachahmt, um sie zu kritisieren). Und in 6,8 fragt er sogar, was der Weise dem Toren voraushat, und impliziert damit, dass die Antwort auf diese Frage alles andere als klar ist.

All das ist nun aber nicht in dem Sinn misszuverstehen, dass Kohelet den Wert von Weisheit grundsätzlich in Abrede stellte. Trotz seiner Relativierungen schätzt auch er die Weisheit und zieht sie der Torheit vor, wie neben positiven Aussagen über die Weisheit (vgl. 2,14; 4,13; 7,19; 8,1; 9,1.10.16–18; 10,2.10.12) v. a. auch die zahlreichen kritischen Aussagen über die Torheit und die Toren zeigen (vgl. 2,13–14; 4,5.13.17; 5,2–3; 7,17.25; 9,17; 10,1–3.12–15). Letzteren wirft Kohelet u. a. vor, dass sie zu viele Worte machten und vorgäben, Dinge zu wissen, die sie gar nicht wissen könnten (vgl. 5,2; 10,12–14). Genau dieses Pseudo-Wissen ist es auch, das Kohelet an den traditionellen Weisen stört (vgl. 8,17; weiter 6,11) und seine kritischen Aussagen über die Weisheit provoziert. Hinter entsprechenden Aussagen steht ein Selbstbewusstsein, wonach der Mensch es selbst in der Hand hat, Weisheit und in deren Gefolge Reichtum, Ehre, Erfolg, ein langes Leben etc. zu gewinnen. Demgegenüber weist Kohelet auf die Unberechenbarkeit des Lebens und erinnert daran, dass all die genannten Güter von Gott kommen (vgl. 2,26; 5,18; 6,2). Deshalb kann der Mensch zwar auf sie hoffen und sich auch aktiv um sie bemühen; ob diese Bemühungen aber erfolgreich sind, entscheidet letztlich allein Gott.

Begrenzte Erkenntnisfähigkeit

Kohelets Nachdenken über Erfahrungen, die der traditionellen Weisheit widersprechen, führt ihn auch zu Reflexionen über das menschliche Erkennen. Häufig betont er, dass er seine Erkenntnisse aus der eigenen Erfahrung hat – von dieser aus kritisiert er die traditionelle Weisheit, in der neben der Erfahrung v. a. die Tradition eine zentrale Rolle spielt.

Kritisch hält Kohelet der traditionellen Weisheit sodann v. a. entgegen, dass das menschliche Erkennen begrenzt ist. Immer wieder verweist er darauf, dass der Mensch das «Werk, das Gott gemacht hat» und damit auch das «Tun unter der Sonne» nicht verstehen kann (vgl. deutlich v. a. 3,11; 8,16–17; 11,5–6; weiter 1,13–14; 2,22–23.26; 7,23–24.29). Von daher erübrigen sich auch Prognosen über die Zukunft: Wenn der Mensch schon die Gegenwart nicht vollständig versteht, dann kann er auch nicht wissen, was künftig sein wird (vgl. 3,21–22; 6,12; 7,13–14; 8,7; 9,12; 10,14). Mancherorts deutet Kohelet an, dass es Gott selbst ist, der die menschliche Erkenntnisfähigkeit begrenzt und dafür verantwortlich ist, dass die «Mühe» (*ʿinjān*) des Menschen um Erkenntnis häufig Mühe bleibt (vgl. 1,13; 2,22–23.26; 7,29; 8,16–17). Während der König eine solche Begrenzung als «schlecht» empfindet (vgl. 1,13), ruft Kohelet, der Weise, dazu auf, sich mit ihr zu arrangieren. Für ihn sind jene, die meinen, diese Grenzen überwinden zu können, Toren (vgl. 6,11–12; 8,17). Besser ist es, die Unsicherheiten im Leben zu akzeptieren und sich umso bewusster an den Augenblicken zu erfreuen, in denen man das Leben geniessen kann (s. u. S. 28–29).

Manchmal wird Kohelet als Skeptiker bezeichnet. Ob dieses Urteil zutrifft, hängt davon ab, wie man «Skeptizismus» definiert. Kohelet jedenfalls stellt die menschliche Erkenntnisfähigkeit nicht grundsätzlich in Frage. Im Gegenteil: Das menschliche Erkennen ist für ihn einer der Aspekte, die das Leben vom Tod unterscheiden (vgl. 9,5.10). Kohelet selbst zeichnet sich als Empiriker; immer wieder verweist er darauf, dass er seine eigenen Erkenntnisse aus der Erfahrung gewonnen hat (vgl. das häufige «ich sah ...»), aus Beobachtungen aus dem Bereich «unter der Sonne». Ganz stimmt das allerdings nicht. Auch Kohelet macht Aussagen, die nicht empirisch begründbar sind und bei denen er selbst missachtet, was er andernorts über die Grenzen des menschlichen Erkennens sagt (vgl. z. B. 3,11; 9,10).

Gott und Mensch (Schöpfung, Gericht, Tod)

Gemäss Kohelet spielt Gott im Leben der Menschen eine zentrale Rolle, der Kontakt bleibt in der Regel aber indirekt. Wichtig ist für ihn, dass der Mensch die Distanz zwischen sich und Gott beachtet. Entsprechend gebraucht er selbst auch nie den Eigennamen des Gottes Israels (JHWH), sondern spricht immer von «Gott». In 5,1 veranschaulicht Kohelet die Distanz zwischen Gott und Mensch geografisch und bespricht davon, dass Gott im Himmel sei, der Mensch aber auf Erden. Andernorts beschreibt er sie epistemologisch und erinnert daran, dass der Mensch Gott und sein

Tun nicht vollumfänglich verstehen kann (s. o. S. 25). Entsprechend rät Kohelet bei direkten Kontakten mit Gott bzw. religiösen Handlungen zur Zurückhaltung (vgl. 4,17–5,6). Als angemessen empfiehlt er hingegen die Grundhaltung der Gottesfurcht (vgl. 3,14; 5,6; 7,18; 8,12–13; so auch die Zusammenfassung des Epilogisten in 12,13).

Überaus häufig spricht Kohelet davon, dass Gott «gibt» und dass Gott «macht/tut». Gott ist für ihn in erster Linie der Schöpfer, derjenige, dem die ganze Welt ihr Sein verdankt. Dieses göttliche Schöpfungshandeln beschränkt sich nicht auf einen Akt in der Vergangenheit, vielmehr bleibt Gott mit seinem Tun kontinuierlich präsent (vgl. 3,11.14–15; 7,13–14; 11,5).

Mehrfach betont Kohelet, dass Gottes Schöpfung gut ist (vgl. 3,11 mit «schön»; 1,4 und 3,14 mit «ewig/endgültig»; 7,29 mit «recht»). Damit will er nicht sagen, dass immer alles gut ist. Er weiss sehr wohl, dass es neben Tagen des Glücks auch Tage des Unglücks gibt (vgl. 7,14 sowie die Paare unterschiedlicher Zeiten in 3,2–8). Im Zuge seiner Reflexionen über das Erkennen deutet Kohelet an, dass die negativen Erfahrungen auch mit der Begrenztheit der menschlichen Erkenntnisfähigkeit zusammenhängen: Da der Mensch das Tun Gottes nicht vollumfänglich verstehen kann, fehlt ihm das Verständnis des Ganzen, was dazu führen kann, dass er manches als schlecht wahrnimmt, obwohl Gott alles so erschaffen hat, dass es «schön» ist zu seiner Zeit (vgl. 3,11). Da kein Mensch weiss, was gut ist im Leben, kann man mit Gott über diese Fragen auch nicht rechten (vgl. 6,10–12). Manches Schlechte gehört einfach dazu, ohne dass damit die Güte der Schöpfung insgesamt in Frage gestellt wäre. Das gilt nicht zuletzt auch vom Menschen selbst: Dieser nämlich ist nach Kohelet nicht in der Lage, nur Gutes zu tun (vgl. 7,20), vielmehr ist sein Herz voller Bosheit (vgl. 9,3; ähnlich 8,6; weiter 8,11). Dennoch gilt auch hier, dass Gott den Menschen «recht» gemacht hat (vgl. 7,29). Anders als manche Propheten und Apokalyptiker (s. u. S. 31) erwartet Kohelet weder im Blick auf die Menschen noch auf die Erde, dass Gott fundamentale Veränderungen plant. Die Schöpfung ist insgesamt gut und bleibt so bestehen, wie sie ist (vgl. 1,4).

Dennoch spricht Kohelet vom Gericht (vgl. 3,17; 8,5–6; 11,9; weiter 12,14). Das steht in Spannung zu seinen Beobachtungen, die den traditionellen Tun-Ergehen-Zusammenhang in Frage stellen (s. o. S. 22–24; s. u. S. 29–30). Woran denkt Kohelet beim Gericht, wo er doch weiss, dass es Gerechten nicht immer besser geht als Frevlern? Seine Aussagen bleiben vage, manche deuten eher auf ein Gericht in der Gegenwart, andere eher auf ein Gericht in der Zukunft. Das ist wohl kein Zufall. Vermutlich hat Kohelet keine konkrete Vorstellung über dieses Gericht. Angesichts der Ungerechtigkeiten hinsichtlich des Ergehens von Gerechten und Frevlern will er seine Zuhörer aber daran erinnern, dass sie Gott gegenüber verantwortlich bleiben. Gleichzeitig geht es ihm auch darum, dass manche Gerichts-Momente einfach zum Leben gehören. Der Weise kann um sie zwar wissen, entkommen aber kann ihnen niemand (vgl. 8,5–6; vgl. auch 9,11–12). Das gleiche gilt auch für den Tod, das eine «Geschick» (*miqræ̂*), das alle gleichermassen trifft (vgl. 2,14.16; 3,19; 9,2–13). In gewissem Sinn ist auch er ein Gericht, allerdings kein apokalyptisches, sondern ein überaus natürliches (vgl. 12,1–7). So wie der Lebensatem von Gott kommt (vgl.

12,7; weiter 11,5), so kehrt er am Ende auch wieder zu Gott zurück (vgl. 12,7; weiter 3,20–21). Der Mensch muss akzeptieren, dass er über den Lebensatem und den Tod keine Macht hat (vgl. 8,8). Wichtig ist, darob nicht zu verzweifeln, sondern sich an der Lebenszeit zu freuen, die Gott einem gegeben hat (vgl. 5,17; 8,15; 9,9).

Grundsätzlich ist das Leben des Menschen von Gottes Geben bestimmt: Neben dem Lebensatem gibt und nimmt Gott auch Weisheit (vgl. 2,26), das Erkenntnisstreben (vgl. 1,13; 3,10), Reichtum und Ehre (vgl. 5,18; 6,2) und die Freude bzw. die Möglichkeit zum Lebensgenuss (s. u. S. 28–29). Sosehr Kohelet bei alledem auch von der Kontingenz spricht – darüber also, dass die Kontrolle bei Gott und nicht beim Menschen ist –, betont er insgesamt doch in erster Linie die positiven Aspekte. Das spiegelt sich etwa darin, dass er meist vom Geben Gottes spricht, nur selten aber vom Nehmen. Dass Gott dem Menschen wohlgesinnt ist, sagt er sodann explizit in 9,7, wenn er formuliert, dass Gott das Tun des Menschen «gebilligt» bzw. an ihm Gefallen hat.

Arbeit und Freude, Gewinn und Teil

Wiederholt fragt Kohelet danach, welchen «Gewinn» (*jitrōn*) der Mensch von all seiner Arbeit hat, mit der er sich unter der Sonne abmüht (vgl. 1,3; 3,9; 5,15; ähnlich 2,22; 5,10; 6,11). Obwohl er mancherorts auch positiv über einen «Gewinn» (im Kleinen) spricht (vgl. 2,13; 5,8; 7,12; 10,10), laufen seine Ausführungen bei dieser Grundsatzfrage auf eine negative Antwort hinaus. Dennoch versteht er weder die Arbeit noch das Leben negativ.

Dass Arbeit wesentlich zum Leben dazugehört, steht für Kohelet ausser Frage. Nach 9,10 sind Tun und Planen zwei Aspekte, die das Leben vom Tod unterscheiden, und nach 3,12 konstituiert das Tun des Guten zusammen mit der Freude das Beste im Leben. Verschiedentlich äussert sich Kohelet auch kritisch über Menschen, die nicht arbeiten, so in 4,5 über die faulen Toren und in 11,4 über jene, die vor lauter Zukunftsprognosen nicht mehr zum Arbeiten kommen. Gerade angesichts der Undurchsichtigkeit der Zukunft rät Kohelet zu tatkräftigem Handeln, in der Hoffnung, dass der eine oder andere Plan gelingen wird (vgl. 11,1–6).

Daneben aber warnt Kohelet auch vor einem Leben, in dem die Arbeit einen zu hohen Stellenwert hat. Er weist auf die Tragik, wenn die Arbeit lediglich durch Neid und Ehrgeiz motiviert ist (vgl. 4,4), wenn einem das Streben nach Erfolg den Schlaf raubt und man nur noch Sorgen hat (vgl. 2,23; 5,11.16), wenn man ein Leben lang nur auf Gewinn bedacht ist, ohne sich jemals an den Früchten seiner Arbeit zu freuen (vgl. 4,8; 6,2–6; ähnlich 5,12–14). Anstatt einer zu einseitigen Konzentration auf die Arbeit und den Gewinn empfiehlt er ein Gleichgewicht zwischen Arbeit und Ruhe (vgl. 4,6).

Grundlegend ist für Kohelet v. a., dass man die Arbeit und das menschliche Tun nicht überbewertet. Das deutet er bereits dadurch an, dass er häufig das Wort *ʿāmāl* gebraucht, das neben «Arbeit» (und «Ertrag») v. a. auch «Mühe/Mühsal» bedeutet. Damit macht er bereits durch die Wortwahl klar, dass die Arbeit nicht alles sein kann. Weiter weist Kohelet darauf hin, dass auch die «Werke», die man sich durch solche Arbeit erschaffen kann, keinen bleibenden Wert haben (vgl. 1,14; 2,11.17). Exemplarisch zeigt das das Experiment des Königs: Obwohl dieser sich dank seiner Weisheit und seinem Reichtum tatsächlich vieles erschaffen kann (vgl. 2,1–10), muss am Ende auch er einsehen, dass seine Verfügungsgewalt begrenzt ist. Auch ihm bleibt letztlich kein «Gewinn» (vgl. 2,11). Besonders deutlich wird das durch den Tod (vgl. auch 5,15), denn dieser zwingt einen, alles zurückzulassen (vgl. 2,18.21), und macht früher oder später selbst den «Gewinn», in Erinnerung zu bleiben, zunichte (vgl. 2,16).

Während der König ob der Begrenztheit seiner Verfügungsgewalt verzweifelt, weist Kohelet, der Weise, so betont auf sie, weil sie für ihn ein Grund ist, umso bewusster die Momente zu geniessen, in denen Freude und Lebensgenuss möglich sind. Wiederholt sagt er, dass es für den Menschen im Leben nichts Besseres gibt, als sich zu freuen (vgl. 3,12.22; 8,15; weiter 2,24; 11,8–10). Häufig spricht er dabei konkret vom Essen und vom Trinken und vom Genuss des Guten (vgl. 3,13; 5,17–18; 8,15; 9,7; weiter 2,24). Anstatt vergeblich hinter einem bleibenden «Gewinn» herzujagen, macht man sich besser die Kostbarkeit solcher Glücksmomente bewusst. Sie sind ein «Geschenk» Gottes (vgl. 3,13; 5,18), der «Teil» (*ḥēlæq*), der dem Menschen in der Zeit seines flüchtigen Lebens gegeben ist (vgl. 2,10; 3,22; 5,17–18; 9,9; dass der «Teil» wie ein «Erbteil» ein Geschenk ist, das man sich nicht selbst erarbeitet hat, zeigt 2,21; dass dieser «Teil» es ist, der einem am Leben erst richtig «Anteil» gibt, 9,6).

Die wiederholten Aufrufe zum Essen und Trinken haben Kohelet bei manchen in Verruf gebracht, er sei ein Hedonist, einer, der einzig auf seinen eigenen Genuss aus ist. Auch Jes 22,13 («Lasst uns essen und trinken, denn morgen sind wir tot») und Weish 2 zeigen, wie leicht die Lebensphilosophie Kohelets missverstanden werden kann. Kohelet selbst aber treffen die Vorwürfe nicht. Trotz starker Betonung von Freude und Genuss ist seine Lebensphilosophie nicht egozentrisch: Er nimmt die Not anderer wahr (vgl. 4,1–3; 5,7), preist die Gemeinschaft (4,7–12; 9,9) und erwähnt das Teilen (vgl. 11,2; evtl. auch 5,10). Dort, wo er von Essen, Trinken und Genuss spricht, geht es ihm nicht um Luststeigerung (vgl. seine Kritik an den Fürsten in 10,16–19), sondern um Lebensfreude. Seine Aussagen haben auch nichts mit Galgenhumor zu tun, sosehr sie besonders häufig im Zusammenhang von Reflexionen über den Tod oder die Begrenztheit des Erkennens erfolgen. Freude und Lebensgenuss sind für Kohelet auch unabhängig von diesen Begrenzungen gut. Dass er sie so häufig in den genannten Zusammenhängen erwähnt, liegt zunächst darin begründet, dass es angesichts der unangenehmen Aspekte im Leben wichtig ist, sich auch die angenehmen in Erinnerung zu rufen, denn diese sind es, die das Leben lebenswert machen. Und dann zeigen die Unabwendbarkeit des Todes und die Undurchsichtigkeit der Zukunft auch besonders deutlich, wie wertvoll die Glücksmomente in der Gegenwart sind (vgl. 3,22; 7,14; 8,15; 9,7–10; 11,8). Kohelet weiss sehr wohl, dass das Leben nicht nur aus Essen, Trinken und Genuss besteht. Zum einen ist das nicht möglich, weil wie alles andere auch Freude und Genuss ihre Zeit haben, nicht immer passend (vgl. 10,16–17) oder möglich (vgl. 2,26; 6,2) sind. Und zum anderen wäre das auch einseitig, weil wie die Freude und der Genuss auch das Tun und die Arbeit zum Leben gehören (vgl. bes. 3,12; 9,10; 11,1–6). Wichtig ist aber, dass man sich der Kostbarkeit der Glücksmomente bewusst ist, dass man sie weder abwertet, weil sie flüchtig und unverfügbar sind (vgl. so der König in 2,24), noch auf die Zukunft verschiebt, weil man meint, in der Gegenwart Wichtigeres zu tun zu haben (vgl. 4,8; 5,12). Das «Geschenk» Gottes liegt im Moment und ist flüchtig. Wer in den Genuss dieses «Teils» kommen will, muss sich auf die Flüchtigkeit einlassen und das Leben in den Momenten geniessen, in denen dies möglich ist.

Traditionen

So «unorthodox» Kohelets Reflexionen in manchem sind, sind sie doch auch «traditionell»: Sie sind nicht neu erfunden, sondern in Auseinandersetzung mit Zeitgenossen und im Rückgriff auf die Tradition entstanden. Kohelets primärer Bezugsrahmen ist die atl.-frühjüdische Weisheitstradition, mit der er sich kritisch auseinandersetzt. Daneben berühren sich seine Reflexionen auch mit anderen Traditionen aus dem AT bzw. dem antiken Israel wie auch mit solchen aus dem weiteren altorientalischen und dem griechisch-hellenistischen Raum. Im Einzelnen ist die Art dieser Zusammenhänge unterschiedlich, und häufig ist es nicht möglich, sie genauer zu bestimmen.

Israelitisch-frühjüdische Weisheit

Unbestritten ist, dass das Koheletbuch Teil der israelitisch-frühjüdischen Weisheitstradition ist. Neben formalen Merkmalen (s. o. S. 17) zeigt sich das äusserlich bereits daran, dass Kohelet überaus häufig über die Weisheit und die Torheit bzw. den Unterschied von Weisen und Toren spricht. Inhaltlich ist dabei v. a. beachtenswert, dass er in Frage stellt, dass zwischen dem Tun und dem Ergehen eines Menschen ein derart enger Zusammenhang besteht, wie es die traditionelle Weisheit behauptet (s. o. S. 22–24). Dass das Verhalten des Menschen einen Einfluss darauf hat, wie es ihm ergeht, ist eine Annahme, die bis heute eine wichtige Rolle spielt; man denke etwa an die Diskusionen zum Umweltschutz, zur Wichtigkeit von Sport und zur Kraft des positiven Denkens, an psychologische Erklärungen von Krankheiten und nicht zuletzt an Sprichwörter wie «Lügen haben kurze Beine» oder «Gott straft sofort». Noch selbstverständlicher als heute sind die Menschen in der Antike davon ausgegangen, dass es zwischen dem Tun und dem Ergehen eines Menschen einen Zusammenhang gibt. Im AT zeigen das neben der Weisheitsliteratur das Deuteronomium und die deuteronomistische Literatur sowie die Prophetenbücher besonders deutlich. Auch Kohelet stellt einen gewissen Zusammenhang zwischen dem Tun und dem Ergehen eines Menschen nicht in Frage (s.o S. 23–24). Wogegen er argumentiert, ist die *traditionell weisheitliche Weltsicht*, nach der der Tun-Ergehen-Zusammenhang eine Art Naturgesetz ist (vgl. besonders 9,11 sowie die Polemik in 10,8–11). Im AT findet sich diese weisheitliche Weltsicht in deutlichster Form im Sprüchebuch (häufig auch in manchen Psalmen). In immer wieder neuen Varianten wird hier wiederholt, dass es den Frommen/Weisen gut, den Gottlosen/Toren aber schlecht geht, wobei sowohl impliziert sein kann, dass der Zusammenhang selbstwirksam ist (vgl. z. B. Spr 10,9; 13,6), als auch, dass er von Gott aufrechterhalten wird (vgl. z. B. Spr 10,3; 12,2). Neben der (unbarmherzigen) These, dass es jeder Mensch selbst in der Hand hat, ob es ihm gut oder schlecht geht, beinhaltet diese Weltsicht auch ein (undifferenziertes) Schwarz-Weiss-Denken: Weisheit betrifft gleichermassen die Intelligenz, Frömmigkeit und Ethik (weise = gescheit = fromm = gut) und geht mit Gütern wie Länge und Qualität des Lebens, Reichtum und Erfolg, Würde und soziale Stellung, Kinderzahl oder Nachleben in der Erinnerung der Nachkommen einher.

Eine solche Weltsicht ist einfach und von daher attraktiv. Kohelet aber weiss, dass sie nicht stimmt, und daher argumentiert er dagegen. In seinen Reflexionen betont er (1.), dass es nicht allen Frommen/Weisen gut und allen Gottlosen/Toren schlecht geht (s. o. S. 22–24), und (2.), dass Güter wie Weisheit, Glück, Erfolg, Reichtum oder Nachleben in der Erinnerung nicht immer zusammen zu haben sind (s. o. S. 24). Inhaltlich erweist sich das Koheletbuch hier mit dem (vermutlich etwas älteren) Hiobbuch verwandt, denn auch in diesem wird die traditionell weisheitliche «Doktrin» eines Tun-Ergehen-Zusammenhangs in Frage gestellt. Die beiden Bücher sind die Hauptvertreter der sog. *kritischen Weisheit* des alten Israel. Im Vergleich zum Hiobbuch ist die Kritik Kohelets aus grösserer Distanz formuliert, denn ihm geht es nicht um das konkrete Leiden eines (exemplarischen) Gerechten, vielmehr weist er auf grundsätzliche Erfahrungen, die an der Lehre der Tradition zweifeln lassen. Beiden Büchern ist gemeinsam, dass die Diskrepanz zwischen Erfahrung und traditioneller Lehre auch zu Reflexionen über die Begrenztheit des menschlichen Erkennens bzw. die Unerkennbarkeit der Weisheit/Gottes führt (s. o. S. 25). Die «kritische Weisheit» des Hiobbuchs, des Koheletbuchs und einiger anderer blieb nicht unwidersprochen. Sie hat Gegenreaktionen der sog. *theologisierten Weisheit* ausgelöst – u. a. so benannt, weil in den entsprechenden Schriften viel häufiger als in der älteren Weisheit von Gott gesprochen wird. In ihnen wird betont, dass es (mit Hilfe der personifizierten Weisheit) durchaus möglich ist, Weisheit zu erlangen, dass der Tun-Ergehen-Zusammenhang besteht und Weisheit/Gottesfurcht der Weg zu einem gelingenden Leben bleibt. Neben Spr 1–9, Kapiteln, die wohl etwas älter sind als das Koheletbuch (s. u. S. 40–41), sind das Sirachbuch und das Buch der Weisheit Salomos die beiden prominenten Vertreter dieser «theologisierten Weisheit». Beide sind jünger als das Koheletbuch und die Verfasser beider scheinen es gekannt zu haben. Im Fall des Sirachbuchs, das in manchem auch mit Kohelet übereinstimmt, ist das auch im Blick auf die Datierung wichtig (s. u. S. 39). Im Fall der Weisheit Salomos ist beachtenswert, dass hier den Toren Sätze in den Mund gelegt werden, die stark an Kohelet erinnern (vgl. bes. Weish 2,1–9), dabei aber auch zeigen, dass seine Position gründlich missverstanden wurde (vgl. bes. 2,10ff).

Weitere israelitisch-frühjüdische Traditionen

Nicht nur über die Weisheit, sondern grundsätzlich erweist sich Kohelet nicht nur formal (Kanon), sondern auch inhaltlich als tief in der israelitisch-frühjüdischen Tradition verwurzelt. An verschiedenen Stellen setzt er sich mit anderen israelitisch-frühjüdischen Traditionsströmungen auseinander.

Vom «Halten» der «Gebote» Gottes ist zwar erst im wohl redaktionellen Epilog die Rede (vgl. 12,13), aber auch vorher werden z. T. Themen angesprochen, die in der *Tora* geregelt sind. Fassbar ist dies insbesondere in 4,17–5,6, wo Kohelet über religiöses Verhalten spricht. Beachtenswert ist dabei zunächst, dass Kohelet an Tempel und Opferwesen keine Grundsatzkritik übt, sondern lediglich zur Zurückhaltung auffordert. Weiter ist dann aber auch zu vermerken, dass er in seinen Ermahnungen auch manchem widerspricht, was in den Gesetzen der Tora gesagt ist (vgl. 4,17 zu Tempel und Opfern; 5,3 zu Gelübden; 5,5 zu versehentlichen Sünden).

Wichtiger als diese Bezüge zu den Gesetzen des Pentateuch sind im Koheletbuch diejenigen zur *Urgeschichte*. Mit dieser teilt Kohelet die Ansicht, dass Gott alles «schön» gemacht hat (vgl. 3,11; Gen 1,31), dass der Mensch gegenüber den Tieren eine Sonderstellung hat (vgl. 3,18; Gen 1,26–28), dass Gott dem Menschen (bzw. allen Lebewesen) den Lebensgeist gibt, ihn aber auch wieder nimmt (vgl. 3,19–21; 9,2–3; 12,1–7; Gen 2,7; 3,19; 6,3), und dass der Mensch voller Bosheit ist (vgl. 7,20; 8,6.11; 9,3; Gen 6,5; 8,21 u. ö.), Gott aber dennoch an ihm festhält (vgl. andeutungsweise 7,29; Gen 8,21–22; 9,6ff) (s. o. S. 26–27).

Während Kohelet die Urgeschichte positiv rezipiert, setzt er sich mit anderen atl. Traditionen auch kritisch auseinander. Explizit ist er hierbei v. a. gegenüber jenen, die behaupten, etwas über die Zukunft sagen zu können (vgl. 3,22; 6,12; 8,7; 10,14). Solche Zukunftsprognosen finden sich im AT v. a. in der *Prophetie* und der *Apokalyptik*. In diesem Zusammenhang fällt auf, dass Kohelet im Gedicht am Anfang des Buchs betont, dass die Erde bestehen bleibt (vgl. 1,4; ferner 3,14) und auch in der Zukunft nichts wesentlich Neues geschehen wird (vgl. 1,9–11). Nach einer überzeugenden These widerspricht Kohelet hier gezielt eschatologischen Erwartungen, wonach die gegenwärtige Welt zu einem Ende komme und von einer zukünftigen Welt abgelöst werde (vgl. im AT bes. Jes 65,17; 66,22). Ähnlich kann man das Gedicht am Buchende (vgl. 12,1–7) so verstehen, dass Kohelet hier auf apokalyptische Vorstellungen Bezug nimmt und sie «entmythologisiert». Nach ihm ist der Tod der einzige «Weltuntergang», und zwar ein durchaus natürlicher. Eine andere Welt wird es nie geben. Entsprechend gilt es das Leben im Hier und Jetzt zu geniessen (s. o. S. 26, 28–29).

Altorientalische Traditionen

Für einige der im Koheletbuch zentralen Motive – so insbesondere die Königsfiktion und das *carpe diem*-Motiv – finden sich die engsten Parallelen nicht im AT, sondern in Schriften aus dem weiteren Alten Orient. Christoph Uehlinger ist ihnen in seinem Aufsatz «Qohelet im Horizont mesopotamischer, levantinischer und ägyptischer Weisheitsliteratur...» (1997) ausführlich nachgegangen. Hier müssen Hinweise auf die interessantesten dieser Parallelen genügen.

Dass der Verfasser des Koheletbuchs tief in der altorientalischen Tradition verwurzelt ist, zeigt sich besonders deutlich darin, dass er in 1,12–2,26 das Genre der assyrischen und westsemitischen *Königsinschriften* nachahmt. Besonders deutlich ist diesbezüglich 1,12 («Ich, Kohelet, wurde König über Israel in Jerusalem»), denn in gleicher Weise stellen sich auch die altorientalischen Könige vor (vgl. z. B. «Ich bin Kilamuwa, der Sohn des Chaja», TUAT 1, 638; «Ich bin Mesa, Sohn des Kamosch[jat], der König von Moab, aus Dibon», TUAT 1, 646). Und wie Kohelet rühmen sich diese in ihren Inschriften auch ihrer Taten, wobei wie in 1,12–2,26 von Bauten, Gärten, Wasseranlagen, Viehbesitz, Gold, Silber, Haremsfrauen, Musiker/-innen und Weisheit die Rede sein kann und Vergleiche mit Vorgängern angestellt werden. Eine besonders enge Parallele bietet eine Inschrift des ammonitischen Königs Amminadab (vom Tell Siran), in der als «Werke» Amminadabs «Weinberg», «Gärten», «Reservoir» und «Zisternen» genannt sind und von der Freude des Königs gesprochen wird. Anders als in dieser Inschrift und in der Königsfiktion des Koheletbuchs ist in anderen Inschriften häufig auch vom Einsatz des Königs für andere die Rede (s. u. zu 2,4–8).

Aus dem westsemitischen bzw. *syro-palästinischen Raum* sind sodann die aramäischen Achiqar-Sprüche zu nennen (vgl. TUAT 3, 320–347), die wohl im 7. Jh. v. Chr. entstanden sind, nach einer älteren These in Süd-Syrien (kanaanäischer Einfluss), nach einer jüngeren These in Nord-Syrien (mesopotamischer Einfluss). Sie sind v. a. darum erwähnenswert, weil sie die Internationalität altorientalischer Weisheit verdeutlichen bzw. zeigen, dass es im Alten Orient enge Berührungen zwischen den verschiedenen Weisheitstraditionen gab: Die Rahmenerzählung des aramäischen Werks präsentiert Achiqar als Ratgeber am assyrischen Hof, die Sprüche weisen Beziehungen zur atl.-jüdischen und zur ägyptischen Weisheit auf, die ältesten Handschriften wurden in der jüdischen Kolonie von Elephantine in Ägypten gefunden, das Werk war nicht nur in aramäischer Sprache bekannt, sondern auch in zahlreichen weiteren, wie jüngere Versionen zeigen, die in unterschiedlichen Regionen des Alten Orients gefunden wurden. Zusammen mit Hinweisen auf die Achiqar-Erzählung im Tobitbuch (um 200 v. Chr.) sind diese jüngeren Versionen interessant, weil sie zeigen, dass es gut möglich ist, dass der Verfasser des Koheletbuchs die Achiqar-Komposition (oder Ausschnitte derselben) kannte, nimmt Kohelet doch Themen auf, die auch in den Achiqar-Sprüchen thematisiert werden. Auffallende Ähnlichkeiten finden sich insbesondere in Reflexionen über die Macht des Worts des Königs und wie man mit ihr umgehen soll (vgl. 8,2–4; 10,4; Achiqar 6,6–10//10,6–10) sowie in Warnungen vor unüberlegten Worten, in denen auf Vögel verwiesen wird (vgl. 10,20; Achiqar 6,3–4//10,3–4).

Erwähnt werden müssen sodann manche Verbindungen des Koheletbuchs zu Texten und Traditionen aus *Babylon*. Datiert man das Koheletbuch ins 3. Jh. v. Chr. (s. u. S. 39–41), ist es höchst unwahrscheinlich, dass dessen Verfasser die im Folgenden genannten babylonischen Texte gekannt hat, denn die meisten von ihnen waren in dieser späten Zeit nicht mehr im Umlauf, zumal nicht in Palästina. Dennoch bleiben die Parallelen interessant, zeigen sie doch, dass Kohelet in manchem an ältere Traditionen anknüpft. Hervorgehoben sei zunächst der *Pessimistische Dialog* (7. Jh. v. Chr.), ein Text, dessen Hauptcharakteristikum es ist, dass diametral widersprüchliche Aussagen aufeinanderfolgen (vgl. TUAT 3, 158–163). Bei genauerer Betrachtung haben diese Widersprüche eine andere Funktion als diejenigen des Koheletbuchs. Dennoch bleibt der Text auch im Blick auf das Koheletbuch interessant, weil er daran erinnert, dass es neben Kohelet noch andere Weise gab, die darum wussten, dass ein zu geschlossenes weisheitliches System der Komplexität der Welt nicht gerecht wird.

Enger sind die Parallelen mit dem *Gilgamesch-Epos* (Standardversion um 1200 v. Chr.), das in drei Passagen Formulierungen enthält, die ähnlich auch im Koheletbuch begegnen. Da ist zunächst das Bild des dreifachen Fadens, der nicht zerreisst, das Kohelet in 4,12 aufnimmt (obwohl es ihm in diesem Abschnitt um zwei Gefährten geht). In sehr ähnlicher Weise begegnet es in der Standardversion des Gilgamesch-Epos (vgl. IV,6,5//V,2,25; TUAT 3, 693) und in anderer Form (dreifach gefalteter Stoff) bereits in der sumerischen Version. Beachtlich ist sodann v. a. die Parallele zwischen 9,7–9 und einer Passage aus einem altbabylonischen Fragment des Gilgamesch Epos. In dieser rät die (später unter dem Namen Siduri bekannte) Schenkin Gilgamesch, das Leben zu geniessen. Wie im Koheletbuch erfolgt dieser Ratschlag angesichts der menschlichen Sterblichkeit und wie im Koheletbuch ist dabei konkret von Essen, Trinken, Kleidern, Körperpflege und der Freude mit der Frau die Rede (vgl. Meissner-Millard Tafel iii; TUAT 3, 665–666). Eine dritte Parallele zum Koheletbuch findet sich in einem weiteren altbabylonischen Fragment des Gilgamesch-Epos, in dem das Tun der Menschen als «Wind» (*šāru*) bezeichnet wird, was sowohl an Kohelets *hæbæl*-Urteile als auch an seine «Greifen nach Wind»-Aussagen erinnert (vgl. Yale-Tafel iv, 142–143; TUAT 3,656). Da die beiden letztgenannten Parallelen nur in älteren Versionen des Gilgamesch-Epos bezeugt sind, nicht aber in der Standardversion, ist es höchst unwahrscheinlich, dass der Verfasser des Koheletbuchs die konkreten Texte gekannt hat. Im Fall der Parallele mit der dreifachen Schnur wäre es denkbar, dass ein entsprechendes Sprichwort auch losgelöst von der Gilgamesch-Tradition im Umlauf war. Die Parallele zum Rat der Schenkin erklärt sich wohl gattungsgeschichtlich bzw. damit, dass solche Aufrufe zur Lebensfreude im Alten Orient Tradition hatten. (Uehlinger verweist in diesem Zusammenhang auf die Tradition von Tavernenliedern; vgl. auch die unten besprochenen Harfnerlieder).

Weniger Beachtung haben bis jetzt die Parallelen zwischen dem Koheletbuch und der sog. *Ballad of Early Rulers* gefunden, obwohl dieser Text schon über 20 Jahre lang bekannt ist. Er ist sowohl in sumerischer als auch in akkadischer Sprache überliefert und wurde in verschiedenen Fassungen gefunden, die späteste davon aus dem 7. Jh. v. Chr. (Ninive), frühere u. a. in Ugarit (ca. 13. Jh. v. Chr.), d. h. in geografischer Nähe zu Israel. Wie im Rat der Schenkin an Gilgamesch wird auch hier angesichts des Todes zum Lebensgenuss aufgerufen und dabei neben der Freude auch der Alkohol (bzw. die Biergöttin) erwähnt. Über diese Grundgemeinsamkeit hinaus erinnern zahlreiche weitere Einzelmotive an das Koheletbuch: der Hinweis auf das

Verschwinden früherer Generationen (Z. 5; vgl. 1,4), die Aussage, dass man über die Früheren nichts mehr weiss (Z. 8ff; vgl. 1,11; 2,16), das Stichwort «Tiefe» in einer Feststellung, dass man etwas nicht wissen kann (Z. 8; vgl. 7,24), die Frage nach dem Vorteil des Lebens vor dem Tod (die mit einem Verb formuliert ist, das mit Hebräisch *jitrōn* verwandt ist), die Beurteilung, dass Leben ohne «Licht» nicht erstrebenswert ist (Z. 19; vgl. 4,2; 6,4–5; 11,7), die Aufforderung an den jungen Mann, das Leben zu geniessen, mit gleichzeitigem Verweis auf dessen Gott (Z. 20ff; vgl. 11,9), die Rede vom «Schicksal» (*uṣurtum;* Z. 24 u. ö.) des Menschen, womit entweder die Sterblichkeit (Z. 22; vgl. *miqrǣ* bei Kohelet) oder die Freude (Z. 23; vgl. *ḥēlæq* bei Kohelet) gemeint ist oder vermutlich beides. In einer Version aus Ugarit findet sich auf der Rückseite der Tafel ein Textstück, über das sich zwei weitere Parallelen ergeben: Zwei Sprichwörter («The cripple may overtake the runner, the rich may beg the poor»), die an 9,11 erinnern («Nicht die Schnellen gewinnen den Wettlauf ...»), sowie ein weiterer Verweis auf das Schicksal des Menschen, der hier mit einem Wort formuliert ist (*isqu*), das wörtlich «Los/Anteil» bedeutet (vgl. *ḥēlæq* bei Kohelet). Diese Motivparallelen deuten auf eine enge Verwandtschaft zwischen dem Koheletbuch und der *Ballad of Early Rulers.* Wie diese Verwandtschaft zu erklären ist, ist nochmals eine andere Frage, die hier offenbleiben muss.

Besonders enge Verbindungen bestehen schliesslich zwischen dem Koheletbuch und Texten und Traditionen aus *Ägypten.* Datiert man das Buch ins 3. Jh. v. Chr. (s. u. S. 39–41), lassen sich für diese auch Erklärungen finden – insbesondere, wenn man überlegt, dass das Koheletbuch in Ägypten verfasst sein könnte (s. u. S. 41–42; inwiefern die ptolemäische Herrschaft über Judäa die dort ansässigen Juden mit ägyptischen Traditionen in Kontakt brachte, ist nochmals eine andere Frage; zum kulturellen Einfluss in Judäa s. u. S. 43–44). So oder so reichen die Traditionen sehr viel weiter zurück, wie insbesondere die thematischen Berührungen mit den *häretischen Harfnerliedern* (14.–12. Jh. v. Chr.) zeigen. Das berühmteste unter ihnen ist das Lied des Antef (vgl. TUAT 2, 905–906), das späteren Liedern als Vorbild diente. «Häretisch» sind diese Lieder insofern, als ihn ihnen nicht mehr wie in der «orthodoxen» Tradition der Harfnerlieder das Leben im Jenseits besungen wird, sondern im Gegenteil negativ bzw. skeptisch über den Tod und das Fortleben im Jenseits gesprochen wird – häufig mit der Konsequenz, dass es den «schönen Tag» im Diesseits zu geniessen gilt. Bekannt sind die Harfnerlieder v. a. aus Aufzeichnungen in Gräbern. Ihr Inhalt sowie die Ikonografie bei diesen Grabaufzeichnungen deuten aber darauf, dass ihr ursprünglicher Sitz im Leben Festfeiern (mit Musik, Essen und Trinken) waren. Über die – ja auch sonst wohlbekannte – Kombination des *memento mori*-Motivs (Erinnerung an die Sterblichkeit) mit dem *carpe diem*-Motiv (Aufforderung zum Lebensgenuss im Hier und Jetzt) hinaus bestehen zwischen diesen Liedern und dem Koheletbuch einige enge Parallelen. Beachtenswert ist zunächst, dass in einigen Harfnerliedern über den Wechsel der Generationen gesprochen wird. Während es im Lied des Antef bei einer Aussage bleibt («eine Generation vergeht, eine andere bleibt seit der Zeit der Vorfahren»), wird der Gedanke in anderen Liedern breiter entfaltet, wobei wie in 1,4–7 auch über den Kreislauf der Sonne, die Bewegung des Wassers und des Winds gesprochen wird. Eine weitere Berührung besteht sodann darin, dass in manchen häretischen Harfnerliedern wie im Koheletbuch betont wird, dass selbst die berühmtesten Verstorbenen in Vergessenheit geraten (vgl. im Lied des Antef: « ihre Stätte gibt es nicht, als wären sie nie gewesen»; vgl. 1,11; 2,16; 9,5) und dass man über den Tod nichts wissen kann (vgl. im Lied des Antef: «Keiner kommt von dort, dass er erzähle, wie es um sie steht, dass er sage, was sie brauchen»; vgl. 3,21). Beachtenswert ist schliesslich, wie der Aufruf, das Leben im Hier und Jetzt zu geniessen, in manchen Texten konkretisiert wird. So heisst es im Lied des Antef: «Du aber erfreue dein Herz und denke nicht daran [d.h. an den Tod]! Gut ist es für dich, deinem Herzen zu folgen, solange du bist. Gib Myrrhen auf dein Haupt, kleide dich in feinstes Linnen, salbe dich mit echtem Öl des Gottesschatzes, vermehre deine Schönheit, lass dein Herz nicht müde werden, folge deinem Herzen in der Gemeinschaft deiner Schönen, tu deine Arbeit auf Erden ohne dein Herz zu kränken, bis dass jener Tag der Totenklage zu dir kommt.» (TUAT 2, 906). Wie in 9,7–10 ist hier von Körperpflege, Kleidern, der Liebe zu einer Frau und tatkräftigem Arbeiten die Rede. Ein anderes (nicht häretisches) Harfnerlied (aus dem Grab des Paser) bringt an dieser Stelle eine Aufzählung, in der auch Brot, Bier und Wein erwähnt sind. Da die Harfnerlieder viel älter sind als das Koheletbuch (die jüngsten erhaltenen datieren aus dem 12. Jh. v. Chr.), ist es höchst unwahrscheinlich, dass der Verfasser des Koheletbuchs sie gekannt hat. Eher erklärt sich die Verbindung traditionsgeschichtlich, nicht über die Kenntnis von konkreten Texten also, sondern über die Verbreitung von Gedanken und Motiven.

Dass zahlreiche der Gedanken und Motive aus den Harfnerliedern auch noch in der Zeit Kohelets bekannt waren, zeigen *biografische Grabinschriften* aus der Spätzeit Ägyptens, in denen wie in den Harfnerliedern angesichts des Todes zum Genuss des Lebens im Diesseits aufgerufen wird. Auch hier wieder finden sich enge Parallelen zum Koheletbuch. So heisst es etwa in einer Grabinschrift (des Petosiris) aus dem 4. Jh. v. Chr.: «Esset und trinket nach Belieben am Festtag, gehet euren Wünschen nach während der kurzen Zeit auf Erden (vgl. 5,17 u. ö.) ... Geht ein Mensch, so geht (auch) seine Habe (vgl. 2,21; 5,14) ... Es gibt keine Sonne für die Reichen, noch gibt es einen Boten des Todes, der ein Bestechungsgeld annähme (vgl. 8,8) ... Gott ist es, der es in das Herz dessen legt, den er hasst, damit seine Habe einem anderen gegeben werde, den er liebt (vgl. 2,26; 6,2)» (TUAT 2, 531).

Manche Parallelen zum Koheletbuch finden sich schliesslich auch in den jüngeren ägyptischen Weisheitsschriften bzw. *Lebenslehren*. Diese sind allerdings eher punktuell (für Beispiele s. u. zu 1,15; 11,1). Eine gewisse Ausnahme bildet das Demotische Weisheitsbuch, das am vollständigsten im Papyrus Insinger (vgl. TUAT 3, 280–319) überliefert ist. Dass es auch über Einzelsprüche hinaus mit dem Koheletbuch verwandt ist, zeigt der Refrain «Das Schicksal und der Zufall, die eintreten – Gott ist es, der sie sendet», der am Ende jedes Kapitels wiederholt wird. Diesem Hauptthema entsprechend finden sich hier weitere Berührungen mit dem Koheletbuch, und zwar zu Themen, die in diesem zentral sind (wie Armut und Reichtum, die Rolle Gottes, Lebensgenuss, die Unmöglichkeit, das Tun Gottes zu verstehen oder etwas über die Zukunft zu wissen). Weiter ist erwähnenswert, dass die theologisch-philosophischen Gedanken wie im Koheletbuch häufig unter Rückgriff auf Terminologie aus dem Geschäftsleben formuliert sind (vgl. im Koheletbuch v.a. «Gewinn»). Da das Demotische Weisheitsbuch vermutlich aus dem 2. Jh. v. Chr. stammt und damit jünger ist als das Koheletbuch, ist hier klar, dass dessen Verfasser es nicht gekannt haben kann. Die Gemeinsamkeiten zwischen den Büchern erklären sich wohl aus dem gemeinsamen «Zeitgeist».

Griechisch-hellenistische Traditionen

Breit diskutiert wird in der Forschung die Frage einer Beeinflussung Kohelets durch die griechisch-hellenistische Philosophie. Die Diskussion hängt mit der Datierung des Koheletbuchs ins 3. Jh. zusammen und mit der Frage, wie tiefgreifend Judäa in dieser Zeit ptolemäischer Herrschaft hellenisiert war – darauf sei unten ausführlicher eingegangen (s.u. S.39–44). Hier sei zunächst enger eingesetzt, nämlich bei den Parallelen zwischen dem Koheletbuch und griechisch-hellenistischen Texten. Solche Parallelen existieren, und zwar in nicht geringer Zahl. Eine umfangreiche Zusammenstellung ist mit dem Buch von Rainer Braun («Kohelet und die frühhellenistische Popularphilosophie», 1973) gegeben. Hier müssen einige Beispiele genügen.

Zahlreiche Parallelen gibt es zu Kohelets einleitendem Gedicht von 1,3–11. Viele von ihnen sind allgemeinerer Art (im Zusammenhang mit dem Gedanken einer Wiederkehr des Gleichen), manche aber betreffen auch Details. Als Beispiel sei folgende Beobachtung Aristophanes' (5./4. Jh. v. Chr.) zitiert, die an 1,7 erinnert: «Das Meer steigt nicht, obwohl die Flüsse unaufhörlich hineinfliessen.»[1]

Parallelen finden sich weiter zu Kohelets Aussagen über den Tod (s.o. S.26–27). An 3,21 und 12,7 (zum Lebensgeist) erinnert etwa ein Ausspruch Ciceros (1. Jh. v. Chr.), wonach die Seelen, «wenn sie den Körper verlassen haben, sich nach oben bewegen, mögen sie luftartig, also hauchartig, oder flüssig sein.»[2] Wie im Koheletbuch wird sodann auch in griechisch-hellenistischen Texten häufig gesagt, dass der Tod alle gleichermassen trifft. So formuliert z.B. Simonides von Keos (6./5. Jh. v. Chr.): «Gering ist der Menschen Macht, erfolglos ihr Streben, in knappem Dasein Mühsal und Mühsal, und unentrinnbar hängt gleichmässig über ihnen der Tod. Denn davon erhalten ihr Teil ebenso die Guten, wie wer schlecht ist.»[3] Wie im Koheletbuch wird hier konstatiert, dass der Tod den Gerechten und den Frevler gleichermassen trifft (vgl. 9,2). Und wie im Koheletbuch ist dabei von «Mühsal» und «Teil» die Rede sowie davon, dass das Streben des Menschen erfolglos ist.

Wie im Koheletbuch und in altorientalischen Texten (s.o. S.28–29, 31–36) wird auch in griechisch-hellenistischen Texten angesichts des Todes zum Genuss des Lebens aufgefordert. In den Überschneidungbereich von altorientalischem und griechischem Einfluss gehört die folgende Grabinschrift, die in griechischer Sprache in einem Grab (Grab des Jason) aus dem 2./1. Jh. v. Chr. in Jerusalem gefunden wurde:

1 Zitiert nach Schwienhorst-Schönberger, Kohelet (Kommentar), 165.
2 Zitiert nach Schwienhorst-Schönberger, Kohelet (Kommentar), 284.
3 Zitiert nach Braun, Kohelet, 97.

«Feiert, ihr lebenden Brüder, und trinkt dabei. Niemand ist unsterblich!»[4] Schon einige Jahrhunderte vorher hatte Euripides (5. Jh. v. Chr.) formuliert: «Der Tod ist über alle Sterblichen verhängt, und keinen Menschen gibt es, der da sicher weiss, ob er den nächsten Tag noch leben wird. Wohin des Schicksals Lauf sich wendet, das ist unbekannt, lässt sich nicht lehren, auch nicht wissenschaftlich fassen. Nun, hast du das gehört von mir und recht begriffen, so sei doch fröhlich, trinke, rechne nur das Heute als dein, das übrige als Eigentum des Schicksals. Und ehre auch die Göttin Kypris, die den Menschen die allerliebste ist. Die Gottheit will uns wohl.»[5] Dieses Beispiel erinnert auch insofern an das Koheletbuch, als hier relativ gelassen über die Begrenztheit des menschlichen Erkennens gesprochen wird und das Schicksal bzw. das undurchschaubare Wirken Gottes insgesamt positiv begriffen ist (vgl. den letzten Satz mit 9,7).

Wie im Koheletbuch (s. o. S. 25) ist in griechisch-hellenistischen Texten auch unabhängig vom Tod häufig von der Verborgenheit des göttlichen Tuns und der Zukunft die Rede. So formuliert etwa Pindar von Theben (6./5. Jh. v. Chr.): «Warum glaubst du, es sei Weisheit, worin ein wenig ein Mann übertrifft den andern? Denn nicht kann der Götter Beschluss und Plan er ergründen mit seinem Menschensinn, von sterblicher Mutter entstanden.»[6] Pessimistischer klingt Simonides von Keos (6./5. Jh. v. Chr.), wobei der zweite Teil des Zitats an 9,12 denken lässt: «Der du ein Mensch nur bist, glaube nie zu wissen, was morgen sein wird, noch, wenn du einen Mann im Glück siehst, wie lange es dauern wird. Denn der Wechsel ist noch plötzlicher als das Schwirren einer Fliege mit gebreiteten Schwingen von Ort zu Ort.»[7]

In griechisch-hellenistischen Texten wird häufig über Schicksal und Zufall nachgedacht, oft in pessimistischem Ton. Als Beispiel sei eine Grabinschrift aus Zypern aus dem 2./3. Jh. n. Chr. zitiert: «Wahrlich, die Götter nehmen nicht Rücksicht auf Sterbliche, nein wie Tiere werden wir vom Zufall hin- und hergerissen, im Leben wie im Tode.»[8] Ausser durch die Rede von Tod und Zufall erinnert sie auch durch den Vergleich des Menschen mit Tieren an das Koheletbuch (vgl. 3,19).

Wiederholt wird in griechisch-hellenistischen Texten der Gedanke ausgedrückt, dass der Tod dem Leben vorzuziehen sei. An 4,2–3 und 6,3–5 erinnert etwa das folgende Zitat von Theognis von Megara (6. Jh. v. Chr.): «Nichtsein ist weitaus für die Kinder des Staubes das Beste und niemals anschaun Helios' glänzenden Strahl. Denn: gleich nach der Geburt durch Aides Pforten hindurchgehn und still liegen im Grab, hoch mit Erde bedeckt.»[9]

Wie im Koheletbuch wird auch in griechisch-hellenistischen Texten häufig darüber nachgedacht, welche Bedeutung Reichtum und Besitz im Leben haben. In der Verbindung mit dem Gedanken, dass man Reichtum wieder verlieren kann und daher besser geniessen bzw. mit anderen teilen soll, erinnert etwa das folgende Zitat

4 Zitiert nach Uehlinger, Qohelet, 222.
5 Zitiert nach Schwienhorst-Schönberg, Kohelet (Kommentar), 469.
6 Zitiert nach Braun, Kohelet, 72.
7 Zitiert nach Braun, Kohelet, 94.
8 Zitiert nach Hengel, Judentum, 226.
9 Zitiert nach Braun, Kohelet, 95.

an Aussagen Kohelets (vgl. 4,8; 5,9–6,8): «Du redest über Geld – unsicher, wie es ist? Weisst du genau, dass es dein eigen bleibt allczcit, und hüt es meinetwegen – und gib niemandem was ab, weil du allein der Herr des Geldes bist! Doch wenn es nicht von dir, vielmehr vom Schicksal stammt, weshalb, mein Vater, gönnst du andern nichts davon?»[10] Und ähnlich formuliert Philetairos (4./3. Jh.): «Wer von den Sterblichen als Knauser lebt und hat doch reichlich Geld und Gut, von dem behaupte ich, er ist ein armer Mann.»[11]

Parallelen finden sich auch zu Kohelets Ermahnungen, im Umgang mit Gott/den Göttern zurückhaltend zu sein (vgl. 4,17–5,6). So heisst es in einem pseudoplatonischen Dialog: «Du siehst also: es ist nicht ungefährlich, sich dem Gotte mit Gebet zu nahen. ... Mit scheint es also das Beste, du verharrst in Schweigen.»[12]

Die Aufzählung liesse sich leicht fortsetzen. Wichtiger aber als eine Liste von griechisch-hellenistischen Texten mit Aussagen, die sich mit Aussagen aus dem Koheletbuch berühren, ist die Frage, wie man sich das Zustandekommen der Ähnlichkeiten erklärt. Rainer Braun hat aus seiner Untersuchung den Schluss gezogen, dass «Kohelet mit der griechischen Reflexion seiner Zeit vertraut war, ja, mehr noch, ihr Denken und ihre Lehren übernahm und in seiner Lehrschrift hebräisch formulierte.» (170). Für diese Beurteilung wurde er z. T. heftig kritisiert, denn diese Parallelen sind kein Beweis dafür, dass der Verfasser des Koheletbuchs die «griechischen Reflexionen» kannte. Zu manchen der Parallelen gibt es ja auch Parallelen aus dem AT bzw. aus dem altorientalischen Raum, andere könnten auch rein zufällig sein bzw. sich mit der Allgemeinheit gewisser Erfahrungen erklären. Insgesamt aber ist die Liste der inhaltlichen Berührungen zu lang, als dass man sie mit derartigen Erklärungen abtun könnte – umso weniger, als sich auch aus anderen Gründen eine Datierung des Koheletbuchs in die Zeit des Hellenismus nahelegt (s. u. S. 39–41). Offen bleibt allerdings die Frage, ob Kohelet tatsächlich mit griechisch-hellenistischen Philosophien und den entsprechenden Schriften vertraut war (so Braun; Lohfink; tendenziell Schwienhorst-Schönberger), ob der Einfluss eher kulturell war, sich aus der Berührung mit dem hellenistischen Zeitgeist bzw. den in dieser Zeit dominanten Ideen und Leitfragen erklärt (so Hengel), oder sogar lediglich sozio-ökonomisch, d. h. dadurch, dass in Judäa in der Zeit der Verfassung des Buchs ähnlich wirtschaftlich-soziale Verhältnisse herrschten wie in anderen Teilen der griechisch-hellenistischen Welt (so Harrison). Die Grenzen zwischen diesen drei Möglichkeiten sind fliessend und eine Entscheidung für eine der drei Möglichkeiten ist beim derzeitigen Stand unseres Wissens nicht möglich. So oder so bleibt es beachtenswert, dass sich das Koheletbuch in verschiedenen Punkten mit hellenistischem Denken berührt. Zu nennen sind dabei im Anschluss an Martin Hengel insbesondere die kritische Individualität, die Kritik an der Vergeltungslehre bzw. am Tun-Ergehen-Zusammenhang, die nichtpersonale Gottesvorstellung, die Gedanken zu Schicksal, Zeit und Zufall, die Frage nach dem Glück des Menschen und die «bürgerliche Ethik».

10 Zitiert nach Braun, Kohelet,109.
11 Zitiert nach Braun, Kohelet, 118.
12 Zitiert nach Schwienhorst-Schönberger, Kohelet (Kommentar), 317.

Datierung und Zeitgeschichte

Zeit und Ort der Entstehung

Laut 1,1 und 1,12 wurde das Koheletbuch im *10. Jh. v. Chr.* verfasst, nämlich von Salomo, dem «Sohn Davids», der nach seinem Vater «König in Jerusalem» wurde. Dass diese Angabe nicht historisch ist, wird im Buch selbst angedeutet, allem voran damit, dass dieser König nicht als «Salomo» vorgestellt wird, sondern als «Kohelet» (s. o. S. 10–13). Auch sonst finden sich zahlreiche Hinweise, dass das Buch nicht von Salomo verfasst wurde. Sie zeigen, dass das Buch nicht alt ist, sondern im Gegenteil eines der jüngeren Bücher des AT.

Ein erster Anhaltspunkt für die Datierung des Buchs ist mit einem in *Qumran* gefundenen Fragment mit einer Passage aus dem Koheletbuch gegeben, das sich in die Zeit zwischen 175–150 v. Chr. datieren lässt. Damit ist klar, dass das Koheletbuch spätestens zu Beginn des 2. Jh. v. Chr. entstanden sein muss. Zum gleichen Schluss führen auch Untersuchungen zum Sirachbuch (um 175 v. Chr.), die ergeben, dass es sich zwar nicht beweisen lässt, aber doch wahrscheinlich ist, dass Ben Sira das Koheletbuch gekannt hat.

Schwieriger zu beantworten ist die Frage, *zu welchem Zeitpunkt* vor dem Beginn des 2. Jh. das Koheletbuch entstanden ist. Die meisten Exegeten/Exegetinnen datieren es in die hellenistische Zeit, genauer in die zweite Hälfte des *3. Jh. v. Chr.*, als Judäa unter ptolemäischer Herrschaft stand. Manche weisen dabei auf Aussagen aus dem Koheletbuch, die man als Anspielungen auf die Verhältnisse in ptolemäischer Zeit interpretieren kann (s. u. S. 43–44). Eine solche Argumentation ist allerdings zirkulär, denn keine dieser Aussagen ist eindeutig. Gewichtiger sind Argumente mit der Sprache, der Nähe zu griechisch-hellenistischen Gedanken und dem Verhältnis zu anderen atl. Schriften. Keines dieser Argumente aber ist zwingend. Entsprechend haben einige Exegeten/Exegetinnen auch andere Datierungen vorgeschlagen, etwa in die Perserzeit (5./4. Jh. v. Chr.; so Seow, Ecclesiastes) oder sogar in die frühe Königszeit (10. Jh.?; so Carr, Formation, allerdings nur als Möglichkeit neben der Möglichkeit einer Entstehung in hellenistischer Zeit).

Carrs Überlegungen zur Datierung des Koheletbuchs sind wichtig. Insgesamt aber bleibt die These einer vorexilischen Entstehung des Buchs doch sehr unwahrscheinlich, auch wenn sie die Berührungen von Kohelets Aussagen mit manchen altorientalischen Texten besser erklären könnte. Carr selbst hat diese Hypothese auch primär darum vorgebracht, um darauf aufmerksam zu machen, dass die für Datierungen atl. Schriften vorgebrachten Argumente oft weniger eindeutig sind, als Exegeten/Exegetinnen meinen. Dazu gehören im Fall des Koheletbuchs etwa die beiden *persischen Lehnwörter* (*pardēs* = Park, vgl. 2,5; *pitgām* = Bescheid/Urteil; vgl. 8,11). Auf den ersten Blick sind sie ein sicheres Argument, dass das Buch nicht vor der Perserzeit, d. h. nicht vor Ende des 6. Jh., entstanden sein kann. Ganz so einfach ist es nun allerdings nicht. Untersuchungen von Texten, die in mehrfacher Version überliefert sind, zeigen, dass noch nicht kanonisierte/standardisierte Texte im Zuge ihrer Überlieferung häufig noch stark verändert wurden, gerade auch im Bereich einzelner Wörter (wie man nur schon aus dem Vergleich der Chronikbücher mit den Königsbüchern sehen kann). Von daher besagen zwei jüngere Wörter an sich noch nichts über das Alter eines Texts. Im Fall von persischen Lehnwörtern im AT ist es aber wohl tatsächlich so, dass sie sonst lediglich in Texten auftauchen, die klar nachexilisch sind.

Grundsätzlich ist die Sprache Kohelets ein zentrales Argument in der Datierungsfrage. Angesichts der vorherrschenden These einer Entstehung im 3. Jh. v. Chr. verdient zunächst das Fehlen von *griechischen Lehnwörtern* Erwähnung. Ein Argument *gegen* eine Entstehung in hellenistischer Zeit ist dieses Fehlen nicht. Das zeigt spätestens das (hebräische) Sirachbuch, das um 175 v. Chr. entstanden ist und ebenfalls keine solchen Lehnwörter enthält.

Beachtung verdienen im Koheletbuch sodann zahlreiche *Aramaismen*. An sich sind solche kein eindeutiges Kriterium für Datierungen, denn auch in vorexilischen Texten finden sich Aramaismen (Einfluss der Aramäerstaaten im Norden Israels). Ein gehäuftes Auftreten von Aramaismen lässt sich aber sehr viel besser mit einer Entstehung in persischer Zeit oder später erklären, war doch das Aramäische hier als Verwaltungssprache weit verbreitet. Grundlegender ist im Koheletbuch sodann, dass es nicht in klassischem Hebräisch verfasst ist, sondern in einem Hebräisch, das viele *Ähnlichkeit mit* dem späteren *Mischna-Hebräisch* aufweist. Viele dieser lexikalischen und syntaktischen Besonderheiten finden sich auch in anderen jüngeren Büchern des AT (vgl. v. a. die Chronikbücher, Esra, Nehemia und Esther) und können als Charakteristika des spätbiblischen Hebräisch (Late Biblical Hebrew) erklärt werden. Für andere Besonderheiten des Koheletbuchs aber finden sich in diesen anderen jüngeren Büchern des AT keine Parallelen. Manche haben daher argumentiert, die Spracheigentümlichkeiten des Koheletbuchs hätten nichts mit einer späten Entstehung zu tun, sondern mit regionalen Besonderheiten (Dialekt) oder mit Besonderheiten der Umgangssprache. Bei einem «unorthodoxen» Buch wie dem Koheletbuch kommt erschwerend hinzu, dass man nicht ausschliessen kann, dass sein Wortlaut im Lauf der Überlieferung noch verändert und dabei modernisiert wurde. Selbst wenn man also das Hebräisch des Buchs als spät einschätzt, ist nicht auszuschliessen, dass das Buch selbst älter ist.

Neben der Sprache erweckt im Koheletbuch nun allerdings auch der Inhalt den Eindruck, dass es sich um ein vergleichsweise junges Buch handelt. Das gilt vorab im Vergleich zu anderen atl. Schriften. Im *Verhältnis zu den anderen Weisheitsschriften* des AT (s. o. S. 29–30) ist v. a. zentral, dass Kohelet die klassische Weisheit mit ihrer «Doktrin» eines Tun-Ergehen-Zusammenhangs kritisiert. In diesem Punkt ist das Koheletbuch eng mit dem Hiobbuch verwandt. Leider ist Letzteres auch schwer zu datieren, die (vernünftigeren) Vorschläge reichen von Datierungen ins 5. bis ins 2. Jh. v. Chr. Während im Hiobbuch die Ungültigkeit des Tun-Ergehen-Zusammenhangs v. a. als existenzielles Problem bedacht wird, erfolgen die Reflexionen Kohelets aus grösserer Distanz. Seine häufigen Hinweise darauf, dass der Mensch das Tun Gottes nicht verstehen und über die Zukunft nichts wissen kann, lässt sich gut als eine Reaktion auf Stimmen verstehen, wie sie in Spr 1–9 überliefert sind. Während dort betont wird, dass die (göttliche) Weisheit es dem Menschen ermöglicht, ein gottgemässes und in der Folge erfolgreiches Leben zu führen, sagt Kohelet, dass die Weisheit selbst einem Weisen wie ihm «fern» bleibe (vgl. 7,23) und dass Weise, die behaupteten, das Tun Gottes zu verstehen, sich täuschten (vgl. 8,17). Diese Beobachtungen zum Verhältnis des Koheletbuchs zu Spr 1–9 sind interessant, helfen bei der Datierungsfrage aber ebenfalls nur bedingt weiter. Es beginnt damit, dass diese Beobachtungen ja nicht beweisen, dass der Verfasser des Koheletbuchs Spr 1–9 kannte, sondern lediglich darauf hindeuten, dass er sich wohl mit Weisen auseinandersetzte, die ähnlich dachten. Und dann ist auch im Fall von Spr 1–9 die Datierung schwierig. Einigermassen einig sind sich die meisten Exegeten/Exegetinnen lediglich darin, dass die Kapitel wohl nachexilisch sind. Viele schlagen eine Entstehung im 4./3. Jh. vor, aber auch hier fehlen eindeutige Argumente. Einen klareren Hinweis auf die Entstehungszeit des Koheletbuchs hätte man, sollte die These richtig sein, dass sich Kohelet auch mit *apokalyptischen Gedanken* auseinandersetzt (s. o. S. 31), denn solche Gedanken sind in atl.-jüdischen Schriften erst ab dem 3./2. Jh. v. Chr. belegt.

Und schliesslich ist auch nochmals auf die Berührungen der Gedanken Kohelets mit *griechisch-hellenistischem Denken* zu verweisen (s. o. S. 36–38). So wenig sich beweisen lässt, dass der Verfasser des Koheletbuchs griechische Schriften kannte, so unterschiedlich sich die Berührungen mit hellenistischen Gedanken erklären lassen, bleibt es dabei, dass solche Berührungen bestehen. Unabhängig von Detailfragen erklären sie sich am einfachsten, wenn man annimmt, dass das Buch in hellenistischer Zeit entstanden ist.

Obwohl keines der oben diskutierten Argumente eindeutig ist, so möglich zumindest auch eine Datierung in die Perserzeit bleibt, deutet die kumulative Evidenz so tatsächlich am ehesten in die hellenistische Zeit, und dabei genauer ins 3. Jh. v. Chr., als Judäa unter ptolemäischer Herrschaft stand.

Was den *Ort* betrifft, gehen die meisten Exegeten/Exegetinnen davon aus, dass das Koheletbuch in Jerusalem verfasst wurde. Wenig überzeugend ist dabei die Argumentation mit den Hinweisen auf Jerusalem (vgl. 1,1.12.16; 2,7.9), denn diese hängen mit der Königsfiktion zusammen. Gewichtiger ist das Argument, dass im Koheletbuch z. T. auf Gegebenheiten verwiesen wird, die für Palästina (nicht aber für Ägypten) typisch sind – allem voran auf den (jüdischen) Tempel mit dem Opferwesen (vgl. 4,17; vgl. evtl. auch 8,10), die Windverhältnisse (vgl. bes. 1,6), regelmässige Regenzeiten (vgl. 11,3; 12,2) und Zisternen (vgl. 12,6). Umgekehrt enthält das Koheletbuch aber auch Ermahnungen, wie man sich gegenüber dem «König» benehmen soll (vgl. neben 10,20 besonders 8,2–4; in 10,4, der Ermahnung zum Umgang mit dem «Herrscher», könnte auch ein lokaler Herrscher gemeint sein) – was in ptolemäischer Zeit auf Alexandria deutet. Bei einer Entstehung in Ägypten liessen sich auch die Berührungen mit ägyptischen Traditionen (s. o. S. 34–36) besser erklären. Insgesamt deuten die Beobachtungen damit in verschiedene Richtungen. An sich ist das kein Problem, denn man kann sich ohne weiteres Szenarien ausdenken, bei denen sich alle erklären lassen. Solche Szenarien aber bleiben hypothetisch. Vermutlich bleibt eine Entstehung des Koheletbuchs in Palästina (und dann wohl tatsächlich in Jerusalem) die wahrscheinlichere Variante; daneben aber ist auch eine Entstehung in Ägypten (und dann vermutlich in Alexandria) denkbar.

Zeitgeschichte

Die Ptolemäer sind eine der griechisch-makedonischen Herrscherdynastien, unter die das Grossreich von Alexander d. Gr. nach dessen Tod (323 v. Chr.) aufgeteilt wurde. Ihr Hauptgebiet war Ägypten, mit der Hauptstadt Alexandria. Nach heftigen Kämpfen schafften es die Ptolemäer auch die syro-palästinische Landbrücke unter ihre Herrschaft zu bringen. Sie war nicht zuletzt darum wichtig, weil sie einen Puffer zum Nachbarreich der Seleukiden darstellte, die von Antiochia aus über Syrien und Mesopotamien regierten. Im Lauf des 3. Jh. führten die Ptolemäer und die Seleukiden insgesamt fünfmal Krieg um das Gebiet, wobei auch wechselnde Parteinahmen der judäischen Oberschicht eine Rolle spielten. Im Jahr 198 v. Chr. fiel die syro-palästinische Landbrücke an die Seleukiden. Im Gefolge wurden Judäa und Jerusalem immer stärker hellenisiert und es kam zu z. T. massiven Konflikten (Verfolgungen unter Antiochus IV.; Makkabäeraufstand).

Im 3. Jh. v. Chr. sah die Situation noch anders aus. Judäa war eine der sog. Hyparchien der ptolemäischen Provinz Syrien und Phönikien (auch Koilesyrien genannt). Die Ptolemäer interessierten sich v. a. in wirtschaftlicher Hinsicht für ihre Untertanengebiete und liessen der einheimischen Bevölkerung viele Freiheiten. Die «väterlichen Gesetze» blieben gültig. Im Fall der Hyparchie Judäa anerkannten die Ptolemäer in der Regel sogar den Hohepriester als politisches Oberhaupt. Dennoch hatte die ptolemäische Oberherrschaft natürlich auch ihre Konsequenzen.

Im ganzen ptolemäischen Reich unterstand ein grosser Teil des Lands direkt dem König. Es wurde von halbfreien Bauern gepachtet, die dem König jährlich hohe Abgaben abliefern mussten. Der andere Teil des Lands blieb in der Hand von Einheimischen oder wurde an Tempel, Militärangehörige, hohe ptolemäische Beamte sowie freie griechische Städte verteilt. Sie alle mussten die Erträge aus ihrem Landbesitz versteuern. In der Provinz Syrien und Phönikien unterstand wohl etwa die Hälfte des Lands direkt dem König, daneben gab es hier besonders viele Militärkolonien. (Man weiss, dass im 3. Jh. eine von ihnen von Tobia aus der jüdischen Familie der Tobiaden geleitet wurde.)

Da die Ptolemäer auf eine Optimierung der Erträge bedacht waren, züchteten sie neue Pflanzen, förderten den Terrassenbau und investierten in künstliche Bewässerungssysteme. Das führte zu einem wirtschaftlichen Aufschwung, von dem allerdings primär die Oberschicht und die Händler profitierten, nicht aber die gewöhnlichen Bauern.

Zentral war im ptolemäischen Reich sodann ein ausgeklügeltes System zur Optimierung der Steuereinnahmen. Jeweils niedriger Stehende waren einem Höhergestellten für die Einbringung der Steuern und Abgaben in einem bestimmten Gebiet verantwortlich: der Steuerpächter dem Obersten (*oikonomos*) der Hyparchie, dieser dem Obersten (*diokētēs*) der Provinz und dieser dem Finanz- und Wirtschaftsminister (ebenfalls *diokētēs*) des Königreichs. Aus Bemerkungen des jüdischen Historikers Josephus weiss man, dass das Amt des Steuerpächters an den vergeben wurde, der am meisten dafür bot. Da die Steuerpächter für die versprochenen Einträge bürgten, kamen für dieses Amt nur Mitglieder der Oberschicht in Frage. Die Ptolemäer setzten dafür Einheimische ein, nicht nur, weil diese die lokalen Gegebenheiten besser kannten, sondern auch, um sich deren Loyalität zu sichern. Dieses System funktionierte aber natürlich nur, wenn das System auch für die Steuerpächter attraktiv war. Wie stark die Unterschicht darunter litt, ob die Steuerbelastung in ptolemäischer Zeit höher war als unter der persischen Herrschaft, lässt sich nicht mit Sicherheit sagen. Klar ist, dass die Ptolemäer durch die Errichtung eines einheitlichen Zahlungssystems mit Münzen auch dafür sorgten, dass die Verteilung der Steuereinnahmen gut funktionierte.

Unklar ist, wie stark Judäa im 3. Jh. kulturell hellenisiert war. Zweifellos kam die einheimische Bevölkerung mit Griechen in Kontakt. Aus Münzfunden weiss man, dass die Ptolemäer den Juden erlaubten, eigene Münzen zu prägen. Auf diesen sind hebräische Inschriften und hellenistische Motive kombiniert. Durch die Zusammenarbeit mit den Ptolemäern ergab sich für manche Angehörige der Oberschicht – zu nennen sind vorab die beiden Familien der Oniaden und der Tobiaden – die Notwendigkeit, Griechisch zu lernen oder jemanden anzustellen, der Griechisch sprach. Sicherlich haben sich manche von ihnen auch von griechisch-hellenistischen Gedanken und der hellenistischen Lebensweise faszinieren lassen. Besonders tiefgreifend aber scheint der hellenistische Einfluss nicht gewesen zu sein. Anders als in manchen der benachbarten Hyparchien lässt sich ein Einfluss der griechisch-hellenistischen Kultur in Judäa und Jerusalem archäologisch nicht nachweisen. Grundlegender waren für die einheimische Bevölkerung sicherlich die eigene Tradition und die innerjüdischen Machtverhältnisse. Diese waren allerdings auch durch Kriege zwischen den Ptolemäern und den Seleukiden bestimmt. So verlor etwa der Hohepriester Onias II. die Anerkennung als politisches Oberhaupt der Hyparchie Judäa, weil er die Machtverhältnisse verkannte und die Steuerzahlungen an die Ptolemäer einstellte. Diese beliessen ihn zwar im Amt des Hohepriesters, übergaben aber die politische Macht (mit dem Steuereinnahmen-Recht) an Josef aus der Familie der Tobiaden.

Sehr viel tiefergehend als in Judäa war der hellenistische Einfluss in Ägypten, wo es im 3. Jh. v. Chr. zahlreiche jüdische Siedlungen gab (die grösste von ihnen in Alexandrien). Die meisten Juden standen dem Hellenismus positiv gegenüber, die Intellektuellen unter ihnen versuchten, die atl.-jüdische Tradition in griechisch-hellenistisches Denken zu «übersetzen» (so im 1. Jh. v. Chr. Philo von Alexandrien). Wie schnell die Anpassung erfolgte, zeigt die Septuaginta, die nötig wurde, weil die ägyptischen Juden kein Hebräisch mehr sprachen.

Von den zeitgenössischen Verhältnissen der Ptolemäerzeit spiegelt sich im Koheletbuch nichts Konkretes. Die Ptolemäer und ihre Konflikte mit den Seleukiden, die spezifischen Details der Verwaltung und des Steuersystems, die Herausforderungen durch die Konfrontation mit fremden Ideen, die innerjüdischen Streitigkeiten – all das kommt im Koheletbuch nicht explizit zur Sprache. Mancherorts allerdings finden sich Aussagen, die man als Hinweise auf diese Gegebenheiten interpretieren kann. Erwähnenswert ist hier insbesondere 5,7–8, denn hier spielt Kohelet vielleicht auf das Steuerwesen mit dem System von Steuerpächtern und drei weiteren Stufen von Verantwortlichen an. Auch 4,1 lässt sich als Reflexion auf die mit diesem System einhergehende Belastung der Unterschicht verstehen. Ähnlich könnte 6,2 mit dem Hinweis auf einen «Fremden», der den Reichtum verzehrt, ein Reflex darauf sein, dass unter den Ptolemäern manchmal auch reichere Einheimische den Kürzeren zogen. Grundsätzlich liesse sich Kohelets häufige Rede von «Gewinn» und Reichtum (im Sinn einer kritischen Auseinandersetzung) mit dem oben beschriebenen Gewinnstreben der Ptolemäer in Verbindung bringen. Der Wechsel in der Terminologie zwischen «König» (vgl. 1,1.12; 2,8.12; 4,13; 8,2.4; 9,14; 10,16–17.20), «Herrscher» (vgl. 9,17; 10,4) und «Machthaber» (vgl. 7,19; 10,5) könnte ein Reflex darauf sein, dass es in ptolemäischer Zeit neben dem König auch noch lokale Herrscher gab. Hinter den herrschaftskritischen Passagen (vgl. 1,12–2,26; 4,13–16; 8,2–4.9; 10,4–6.16–20) liesse sich eine Kritik sowohl an den ptolemäischen Herrschern als auch der judäischen Oberschicht sehen. Manche haben in 4,13 und 10,16 Hinweise auf Ptolemaios V. gesehen, der im Jahr 204 v. Chr. als Fünfjähriger auf den Thron kam. Hinter 9,14 liesse sich eine Erinnerung an die Eroberung Jerusalems durch die Ptolemäer sehen. Die Liste liesse sich leicht fortsetzen. So faszinierend manche dieser Verbindungen sind, muss man sich bewusst bleiben, dass sie letztlich alle sehr vage sind. Es ist möglich und in manchen Fällen auch wahrscheinlich, dass die oben erwähnten Interpretationen richtig sind, sicher aber ist es nicht. Unterdrückung gab es zu allen Zeiten, ebenso Krieg, Konflikte mit Herrschern und ein soziales Gefälle. Dass Kohelet in diesen Punkten nicht spezifischer wird, ist nicht zuletzt im Blick auf die Datierungsfrage bedauerlich. Auf der anderen Seite aber trägt gerade das Unspezifische seiner Ausführungen dazu bei, dass das Buch bis heute aktuell geblieben ist.

Kommentar

1,1–2 Nichtig und flüchtig

1 Die Worte Kohelets, des Sohnes Davids, des Königs in Jerusalem.
2 Nichtig und flüchtig, sprach Kohelet,
nichtig und flüchtig, alles ist nichtig.

Zusammen mit 12,8(–14) bildet **1,1–2** einen Rahmen um das Koheletbuch, der sich vom übrigen Buch darin unterscheitet, dass in der 3. Person über Kohelet gesprochen wird (vgl. so sonst nur noch in 7,27). Über die Frage, ob diese Verse auf einen anderen Verfasser bzw. Redaktor zurückgehen als der Rest des Buchs, ist damit noch nicht gesagt, denn andere Schriften der Antike zeigen, dass solche Sprecherwechsel durchaus üblich waren. Im Fall von 1,1–2 (und 12,8) spricht nichts dagegen, die Verse als ursprünglichen Teil des Buchs zu verstehen.

1,1 bildet den Titel des Buchs. Auch andere atl. Bücher sind mit «Worte/Sprüche XYs» überschrieben (vgl. Jer 1,1; Am 1,1; Spr 1,1; Neh 1,1). Wie dieser Titel zu verstehen ist, in welchem Verhältnis das Buch zu dem im Titel Genannten steht, ist dabei im Einzelnen verschieden. Im Fall des Koheletbuchs ist beachtenswert, dass ein «Kohelet» sonst nicht bekannt ist, wohl aber der «Sohn Davids», der «König über Jerusalem» war – das nämlich kann nur Salomo sein (zum Namen s. o. S. 9; zur Identifikation mit Salomo s. o. S. 10–13). Und dieser ist u. a. für seine Weisheit bekannt, wie neben entsprechenden Aussagen in den Königebüchern (vgl. 1Kön 3,4–15.28; 5,1–14; 10,23–24) v. a. auch das Sprüchebuch (vgl. Spr 1,1; 10,1; 25,1) und das Buch «Weisheit Salomos» zeigt. In der Einleitung wurde bereits ausführlicher dargelegt, dass in der Antike nicht nur Salomo als besonders weise galt, dass Weisheit vielmehr allgemein als besonderes Kennzeichen von Königen galt und deshalb in vielen Weisheitsschriften der Anspruch erhoben wird, dass sie von Königen verfasst sind (s. o. S. 12). Wenn im Koheletbuch der Name Salomo nicht fällt und stattdessen von Kohelet die Rede ist, wird damit von Anfang an signalisiert, dass hier mit der Königsrolle gespielt wird. Wichtig wird diese Königsfiktion v. a. in 1,12–2,26, und dieser Abschnitt macht auch klar, dass zwischen dem König und Kohelet, dem Weisen, zu unterscheiden ist (s. o. S. 11–14). Wer aber ist Kohelet, der Weise? Diese Frage wurde bereits in der Einleitung diskutiert (s. o. S. 11, 13, 19). Hier sei nochmals daran erinnert, dass Kohelet in erster Linie der Sprecher des Buchs ist und man nicht weiss, ob das «Ich» Kohelets dem «Ich» des Verfassers entspricht. Anders als im Fall des Königs gibt es bei Kohelet – sieht man von der Rahmung 1,1–2 und 12,8(–14) ab – allerdings keine Hinweise, dass sich der Verfasser von ihm distanzierte (zu 12,9–14 s. u.). Entsprechend erweist sich die Unterscheidung in der konkreten Auslegung nicht als relevant.

In **1,2** ertönt zum ersten Mal die Stimme Kohelets, hier allerdings noch in Form eines Zitats aus dem Mund des Verfassers. Dieser fasst alles von Kohelet Gesagte mit dem einen Stichwort *hæbæl* zusammen, wobei er dieses in seinem Zitat gleich fünfmal wiederholt (hier wie im Folgenden übersetzt die Zürcher Bibel das Wort z. T. mit «nichtig» und z. T. mit «flüchtig» und bringt damit zwei wesentliche Konnotationen zum Ausdruck; s. u.). In der Tat ist *hæbæl* ein Lieblingswort Kohelets. Was meint er damit? Die Beantwortung dieser Frage ist für das Gesamtverständnis des Buchs entscheidend, denn damit entscheidet sich, ob Kohelet ein Pessimist oder ein Realist ist. Die konkrete Grundbedeutung von *hæbæl* ist «Windhauch» (vgl. Jes 57,13). In der Regel aber wird das Wort im übertragenen Sinn gebraucht. Dabei hat es häufig negative Konnotationen, etwa in Aussagen darüber, dass etwas «vergeblich» (vgl. z. B. Jes 49,4; Hiob 9,29; Klgl 4,17) oder «nichtig» (d. h. inhaltslos; vgl. Hiob 21,34; 27,12; 35,16) ist. Von hier aus erklärt sich auch, dass *hæbæl* häufig in Beschreibungen der «Nichtigkeit» von Götterbildern bzw. fremden Göttern gebraucht wird (vgl. z. B. Jer 10,3; 51,18) und selbst eine abwertende Bezeichnung solcher «Götzen» sein kann (vgl. z. B. Dtn 32,21; 1Kön 16,31; zusammen mit dem Stichwort «Trug» vgl. Jon 2,9; Ps 31,7). Ausgehend von der wörtlichen Bedeutung «Windhauch» wird *hæbæl* sodann in Zusammenhängen gebraucht, in denen es um die Sterblichkeit bzw. um die Vergänglichkeit des «(Lebens-)Atems» geht (vgl. z. B. Hiob 7,16; 144,4). Auch hier schwingen häufig negative Konnotationen mit (vgl. z. B. in Ps 39,6–7 die Verbindung mit Nichtigkeit und in Ps 62,10; Spr 31,30 die Verbindung mit «Trug»).

Ähnlich wie im AT insgesamt wird das Wort *hæbæl* auch im Koheletbuch in verschiedenen Zusammenhängen verwendet. An zwei Stellen (vgl. 5,6; 6,11) bezieht sich das Wort auf Worte, die keinen Anhalt an der Realität haben (ähnlich wird *hæbæl* v. a. im Hiobbuch zur Bezeichnung «leerer Worte» gebraucht). In 6,4 wird mit *hæbæl* der Zustand beschrieben, aus dem die «Fehlgeburt» kam; parallel dazu ist vom «Dunkel» die Rede, in dem sie wieder geht. Ähnlich wird das Wort in 11,8 im Zusammenhang mit den kommenden dunklen Tagen gebraucht. Hier allerdings könnte es auch einfach im Sinn von «vergänglich» verwendet sein, denn zahlreiche andere Stellen zeigen, dass dieser Aspekt für Kohelet im Vordergrund steht. So spricht er wiederholt von den «flüchtigen Tagen» des Lebens (vgl. 6,12; 7,15; 9,9), gebraucht das Wort *hæbæl* in 3,19 im Zusammenhang seiner Beobachtung, dass Mensch und Tier sterblich sind, und in 11,10 in einer Aussage über die Vergänglichkeit der Jugend. An allen diesen Stellen spricht Kohelet neutral über die Vergänglichkeit, d. h. ohne weitere negative Konnotationen (als Beispiel: die Jugend ist nach 11,10 «flüchtig», d. h. vergänglich; aber das macht sie nach Kohelet gerade nicht «eitel», sondern zu etwas, was man geniessen soll). Daneben finden sich zahlreiche weitere Stellen, an denen *hæbæl* in Kontexten gebraucht wird, bei denen es um die Grenzen menschlichen Handelns oder Erkennens geht. Bei einigen Stellen ist dabei parallel zu *hæbæl* vom «Greifen nach Wind» die Rede; hier geht es offenbar um die «Flüchtigkeit», darum, dass sich etwas der Kontrolle entzieht. Aus dem Mund des Königs (vgl. 1,14; 2,11.17.26) haben diese Urteile deutlich einen negativen Unterton, gesprochen von einem, der angesichts der von ihm als sinnlos empfundenen Grenzen resigniert (vgl. ähnlich, allein mit *hæbæl*, auch in 2,1.15.19.21.23). Entsprechend spricht der König in 2,21 parallel zu *hæbæl* auch von «einem grossen Übel». Auch Kohelet setzt *hæbæl* zweimal mit einer mit «schlimm» bzw. «leidig» formulierten Wendung parallel (vgl. 4,8; 6,2); ihm geht es dabei anders als dem König aber darum, dass jemand sein Leben nicht geniessen konnte (zur Unterscheidung der beiden Perspektiven S. 13–14). Ähnlich disqualifiziert Kohelet auch an einigen weiteren Stellen eine einseitig auf Erfolg und Gewinn ausgerichtete Lebenshaltung als *hæbæl* (vgl. 4,4; 5,9; 6,9). Andernorts sind es Beobachtungen zu Ungerechtigkeiten, die ihn zu einem *hæbæl*-Urteil provozieren (vgl. 6,2; 8,10.14; im weiteren Sinn auch 4,16). Bei vielen dieser Stellen lässt sich Kohelets *hæbæl*-Urteil auf zwei verschiedene Arten lesen: zum einen als Negativurteil darüber, dass die von ihm beobachteten Verhaltensmuster und Ungerechtigkeiten «nichtig» (sinnlos, absurd) sind; zum anderen aber auch als tröstende Erinnerung daran, dass sie alle letztlich «flüchtig» (vergänglich) sind und von daher weniger bedrohlich, als es auf den ersten Blick scheint.

All das weiss man zu Beginn des Buchs noch nicht. Unklar bleibt auch, was damit gemeint ist, dass «alles» *hæbæl* sei. Im Fortgang findet sich ein solches Pauschalurteil lediglich aus dem Mund des Königs (vgl. 1,14; 2,11.17), nicht aber aus dem Mund Kohelets selbst (in 3,19 bezieht sich das «alle» auf Mensch und Tier; in 11,8 ist das «alles» durch den Relativsatz «was kommt» auf eine bestimmte Zeit eingeschränkt). Am Schluss des Buchs wiederholt der Verfasser 1,2 beinahe wörtlich (vgl. 12,8); offenbar bildet das *hæbæl*-Zitat Kohelets für ihn das Motto des gesamten Buchs. Da dieser Rahmenvers dort unmittelbar an ein Gedicht über die Sterblichkeit des Menschen anschliesst, könnte man argumentieren, dass der Verfasser die Aussage Kohelets in diesem Mottovers im Sinn von «alles ist flüchtig» (d. h. vergänglich) versteht. Obwohl Kohelet das so nicht formuliert hat, würde ihm diese Aussage sicherlich entsprechen. Oder aber es geht dem Verfasser beim Wort «alles» darum, die Leserschaft darauf vorzubereiten, dass im Folgenden von sehr vielem zu hören sein wird, dass es *hæbæl* sei. Da am Anfang offenbleibt, was genau mit diesem Urteil gemeint ist, gilt es diese Frage von Fall zu Fall neu zu stellen.

1,3–11 Was einmal geschah, wird wieder geschehen

3 Welchen Gewinn hat der Mensch von seiner ganzen Mühe und Arbeit unter der Sonne?
4 Ein Geschlecht geht, und ein Geschlecht kommt,
und die Erde bleibt ewig bestehen.
5 Und die Sonne geht auf, und die Sonne geht unter
und strebt nach dem Ort,
wo sie aufgeht.

6 Es weht nach Süden und dreht nach Norden,
dreht, dreht, weht, der Wind.
Und weil er sich dreht, kommt er wieder, der Wind.
7 Alle Flüsse fliessen zum Meer,
und das Meer wird nicht voll.
Zum Ort, dahin die Flüsse fliessen,
fliessen sie und fliessen.
8 Alles Reden müht sich ab,
keiner kommt damit zum Ziel.
Das Auge sieht sich niemals satt,
und das Ohr wird vom Hören nicht voll.
9 Was einmal geschah, wird wieder geschehen,
und was einmal getan wurde, wieder getan,
und nichts ist wirklich neu unter der Sonne.
10 Wohl sagt man:
Sieh dies an! Es ist neu! –
Es war längst schon einmal da,
in den Zeiten, die vor uns waren.
11 An die Früheren erinnert man sich nicht,
und an die Späteren, die kommen werden,
auch an sie wird man sich nicht erinnern
bei denen, die zuletzt sein werden.

1,3–11 bildet die erste längere Diskussionseinheit im Koheletbuch. Es handelt sich um ein Gedicht, vergleichbar dem Gedicht über die Zeit in 3,1–9 und demjenigen über das Altern und Sterben in 12,1–7. Beide Gedichte, die weiter hinten im Buch folgen, stehen mit demjenigen am Buchanfang in einem Zusammenhang. Bei 3,1–9 zeigt sich das v. a. darin, dass der Abschnitt mit der Frage nach dem «Gewinn» endet, mit der 1,3–11 beginnt (vgl. 1,3; 3,9). Bei 12,1–7 fällt zunächst die formale Entsprechung in der Anordnung auf: Wie 1,3–11 als erster Abschnitt nach dem Motto von 1,2 das Buch eröffnet, so beschliesst 12,1–7 dieses als letzter Abschnitt vor dem Motto von 12,8. Weiter bestehen inhaltliche Korrespondenzen, geht es doch in beiden Gedichten (auch) um den Menschen, seine Welt und die Vergänglichkeit. Während Kohelet den entsprechenden Fragen am Buchende aus einer engen Perspektive (Lebenswelt und Lebenszeit des Einzelnen) nachgeht, setzt er hier am Buchanfang dezidiert weit ein (Kosmos, Abfolge verschiedener Generationen). Zu 1,4–7 und 1,11 bestehen enge Parallelen in den ägyptischen Harfnerliedern (s. o. S. 34–35).

Kohelet beginnt sein Gedicht in **1,3** mit der Frage nach dem «Gewinn» (*jitrōn*) und spricht damit ein Thema an, das ihn durch das ganze Buch hindurch beschäftigen wird (als Frage auch in 3,9; 5,15 sowie ähnlich 2,22; 5,10; 6,11). Seine verschiedenen Aussagen zum Thema zeigen, dass es seiner Meinung nach durchaus «Gewinne» gibt im Leben (d. h. solches, das sich als besser erweist als anderes), aber nichts, was sich als absoluter «Gewinn» in der Verfügungsgewalt des Menschen befände. Besonders deutlich wird dies angesichts der Sterblichkeit des Menschen: Der Mensch kann sich zu Lebzeiten noch so abmühen und sich dabei den einen oder anderen Vorteil erarbeiten; ins Grab mitnehmen aber kann er davon nichts (vgl. deutlich v. a. 5,15). All das ist hier noch nicht ausgesprochen, durch die Stichwörter «ganze Mühe und Arbeit» (im Hebräischen wörtlich: «all die Mühe, mit der er sich abmüht» bzw. «all die Arbeit, die er arbeitet») und «unter der Sonne» aber angedeutet.

Kohelet beantwortet seine Frage von 1,3 nicht direkt. Im Fortgang seines Gedichts spricht er zuerst über den Kosmos und darüber, dass sich in ihm vieles bewegt, letztlich aber doch alles gleich bleibt (vgl. 1,4–7); danach spricht er über den Menschen, der zwar den Eindruck hat, es gebe Neues unter der Sonne, sich darin aber täuscht, weil er sich nicht mehr an das erinnert, was vor ihm war (vgl. 1,8–11). Indirekt ist das für die Frage von 1,3 in zweierlei Hinsicht relevant: Zum einen zeigt es, dass ein einzelner Mensch bei seiner Arbeit keinen bleibenden Gewinn haben kann, da der wie alles andere vergänglich ist und sich scheinbare «Gewinne» letztlich als irrelevant erweisen. Und zum anderen macht es klar, dass die Antwort auf die Gewinn-Frage auch davon abhängt, was man unter einem «Gewinn» versteht (Neues oder Bleibendes?) und ob man dabei eine engere oder eine weitere Perspektive einnimmt. In Kohelets Beispielen geht es stets darum, dass sich Einzelnes «bewegt», das Ganze aber unveränderlich bleibt. Während man seine ersten drei Beispiele (vgl. 1,4–6) als positive Aussagen über den «Gewinn» (bzw. Vorteil) des Bleibenden lesen kann, geht es in den folgenden Beispielen klar darum, dass manches im Kleinen wie ein «Gewinn» aussieht, ein Blick auf das grössere Ganze aber zeigt, dass dies eine Illusion ist (vgl. 1,7–11).

In **1,4** bringt Kohelet ein erstes Beispiel dafür, dass sich Einzelnes zwar bewegt, das Ganze aber unverändert bleibt. Passenderweise wählt er die Menschen: Sie alle sterben; eine Generation folgt auf die andere. Und doch bleibt die Erde bestehen und mit ihr auch die Menschheit. Kohelet verwendet in diesem Zusammenhang das Wort «ewig» (*'ōlām*). Damit ist nicht die «Ewigkeit» im philosophisch-mathematischen Sinn gemeint, sondern lediglich eine sehr lange unbegrenzte Zeit. (Das Wort bezieht sich auch auf die ferne Vergangenheit; vgl. so in 1,10, wo es in der Zürcher Bibel allerdings als Teil von «längst schon» unübersetzt bleibt. Wie weit die «Ewigkeit» in die ferne Zukunft reicht, bleibt offen; sollten in 1,11 tatsächlich diejenigen gemeint sein, «die zuletzt sein werden», wäre dabei impliziert, dass sie doch einmal zu einem Ende kommen wird.) In 3,10–15 kommt Kohelet auf das Thema Ewigkeit zurück. Anders als hier verweist er dort auf Gott als denjenigen, der (dem Menschen einen Sinn für «Ewigkeit» ins Herz gegeben hat; vgl. 3,11, und) alles «ewig» bzw. «endgültig» erschaffen hat (vgl. 3,14).

Nach der Menschheit und der Erde wendet sich Kohelet in **1,5** der Sonne zu. Wie die Generationen kommt und geht sie, geht auf und wieder unter, und doch ist sie am Morgen immer wieder da. Wo die Zürcher Bibel mit «streben» übersetzt, ist im Hebräischen davon die Rede, dass die Sonne «schnaubt» bzw. «(nach Luft) schnappt». Manche haben dies als einen Reflex auf Vorstellungen eines Himmelswagens mit Pferden interpretiert (vgl. den von Pferden gezogenen Sonnenwagen des Helios). Da die Sonne hier nachts «schnaubt», könnte sich in der Aussage auch die altorientalische Vorstellung des Kampfes von Kosmos gegen Chaos spiegeln, die insbesondere in Ägypten eng mit der Sonne verbunden ist (nächtlicher Kampf des Sonnengottes Re gegen Apophis; zum Gebrauch des Verbs «schnauben» im Zusammenhang von Kämpfen vgl. Ez 36,3; Am 8,4; Ps 56,2–3; 57,4 – allerdings stets in Aussagen über solche, die anderen zu Unrecht nachstellen).

In **1,6** lenkt Kohelet die Aufmerksamkeit auf den Wind. Auch er bewegt sich, geht aber doch niemals ganz weg, sondern kehrt immer wieder zurück. Das ist beim Wind fast noch erstaunlicher als bei der Sonne, denn anders als diese bewegt er sich nicht in einer festen Bahn, sondern weht mal in die eine und mal in die andere Richtung («drehen» in der Zürcher Bibel bzw. «sich wenden» im Hebräischen). Ähnlich wie bei den Generationen spielt es dabei keine Rolle, ob dieser Wind tatsächlich immer noch derselbe ist; wichtig ist Kohelet, dass es immer einen Wind gibt.

Nach Erde, Sonne (Feuer) und Wind richtet Kohelet seine Aufmerksamkeit in **1,7** auf das Wasser. Auch hier zeigt sich wieder, dass die Bewegungen, die sich im Kleinen beobachten lassen, im Blick auf das Ganze irrelevant sind. Die Flüsse fliessen und fliessen, und doch wird das Meer nicht voll. Im Hebräischen könnte der letzte Teil des Verses als Hinweis auf den Wasserkreislauf verstanden werden («dorthin [nämlich an den Ort, von dem her sie kommen] kehren sie zurück, um wieder zu gehen»). Wahrscheinlich aber geht es Kohelet einzig darum, dass die Flüsse nie aufhören zu fliessen («dorthin [nämlich ins Meer] fliessen sie immer wieder»).

Nach dem Kosmos kommt Kohelet in 1,8–11 auf die Menschen zu sprechen. Hier (wie bereits in 1,7) zeigen seine Beobachtungen, dass er die Unveränderlichkeit im Grossen nicht als einen «Gewinn» versteht (obwohl es hier um Bleibendes geht), sondern umgekehrt als den Punkt, an dem sich zeigt, dass die scheinbaren «Gewinne» (Erfolge, Neuerungen), die sich im Kleinen beobachten lassen, letztlich keine sind.

In **1,8** konzentriert sich Kohelet zunächst auf «Gewinne» bzw. Erfolge, die Menschen zu Lebzeiten erzielen. Bezeichnenderweise wählt er dabei als Beispiel das menschliche Reden und Erkennen – zwei Themen, auf die er später im Buch immer wieder zurückkommt (zur Kritik an zu vielen Worten vgl. 5,1–2.6; 6,11; 10,14; zur Erkenntniskritik vgl. 3,11; 8,16–17 u. ö.). Hier in 1,8 geht es Kohelet darum, dass der Mensch bei seinen Bemühungen um Erkenntnisse und entsprechendes Reden zwar durchaus Erfolge verzeichnen kann (der Mensch kann «reden», das Auge kann «sehen» und das Ohr kann «hören»), dass ihn diese Erfolge aber dennoch nie an ein Ziel führen werden (vgl. «nicht ans Ziel kommen» bzw. im Hebräischen «nicht können/keinen Erfolg haben», «nicht satt werden», «nicht voll werden»). Dieses Nicht-ans-Ziel-Gelangen ist etwas, was Kohelet auch in anderen Zusammenhängen beobachtet (vgl. mit nicht «satt werden» 4,8; 5,9; 6,3; mit nicht «voll werden» 1,7; 6,7), z. T. kritisch, z. T. bedrückt und z. T. wie hier neutral.

Nachdem Kohelet in 1,8 dargelegt hat, dass die (Erkenntnis-)Gewinne einzelner Menschen letztlich doch sehr begrenzt bleiben, legt er in **1,9–11** dar, dass sich echte Gewinne auch dann nicht beobachten lassen, wenn man den Zeithorizont über das Leben eines Einzelnen hinaus ausweitet und mehrere Generationen in den Blick nimmt. Das hat er in 1,4 bereits hinsichtlich der Erde als solcher dargelegt; hier geht es ihm nun um das, was auf der Erde geschieht. Knapp und bündig formuliert er, dass es unter der Sonne «nichts» gibt, das «wirklich neu» ist. In 1,9 legt er dar, was er damit meint: dass immer wieder das Gleiche geschieht, sodass das, was war, sich nicht von dem unterscheidet, was sein wird (vgl. ähnlich 3,15; 6,10). Das erinnert an Kohelets Beobachtungen zu der Sonne, dem Wind und den Flüssen, bei denen es auch darum ging, dass das scheinbar Neue letztlich nichts anderes ist als das, was vorher schon da war. In 1,10–11 erklärt Kohelet, wie es geschehen kann, dass manche meinen, es gebe Neues. Sie haben die früheren Zeiten vergessen und merken darum nicht, dass das, was sie als neu empfinden, nur eine Wiederholung dessen ist, was es früher schon gab. In 2,11 spricht Kohelet dabei aus, dass alles – und damit auch alle – früher oder später in Vergessenheit geraten werden. Diese Einsicht ist im Zusammenhang der «Gewinn»-Frage (vgl. 1,3) auch darum relevant, weil sich damit auch alle Hoffnungen zerschlagen, dass man zumindest in der Erinnerung der Nachfahren einen «Gewinn» über den Tod hinaus retten könnte. Darauf kommt Kohelet später nochmals explizit zurück (vgl. 2,16; ähnlich 9,5). Hier in 1,11 geht es ihm in erster Linie um eine Erklärung, dass der Eindruck von Neuem oft nur daher zustande kommt, weil das in der Vergangenheit Gewesene bereits wieder in Vergessenheit geraten ist (zur «Ferne» der Vergangenheit vgl. auch 7,24).

1,12–18 Ich, Kohelet, wurde König

12 Ich, Kohelet, wurde König über Israel in Jerusalem. 13 Da nahm ich mir vor, in Weisheit alles zu erforschen und zu erkunden, was unter dem Himmel getan wird. Das ist eine leidige Mühe. Gott hat es den Menschen überlassen, sich damit abzumühen. 14 Ich betrachtete alle Werke, die unter der Sonne vollbracht wurden, und siehe, alles war nichtig und ein Greifen nach Wind. 15 Was krumm ist, kann nicht gerade werden, und was fehlt, kann man nicht zählen.

16 Ich dachte mir: Sieh, ich bin grösser und weiser als jeder, der vor mir über Jerusalem geherrscht hat, und mein Herz hat viel Weisheit und Erkenntnis gesehen. 17 So nahm ich mir vor zu erkennen, was Weisheit ist, und zu erkennen, was Verblendung ist und Torheit. Ich erkannte, dass auch dies ein Greifen nach Wind war. 18 Denn mit viel Weisheit kommt viel Verdruss, und wer mehr erkennt, hat mehr zu leiden.

1,12–18 bildet den ersten Teil der sog. Königsfiktion, die vermutlich mit 2,26 endet. Wie in der Einleitung dargelegt (s. o. S. 11–14), unterscheidet sich 1,12–2,26 nicht nur dadurch vom Rest des Buchs, dass hier ein König spricht, der unendlich viel Macht und Reichtum zur Verfügung hat, sondern v. a. auch dadurch, dass dieser König pessimistische Schlussfolgerungen zieht, die sich in ihrem Absolutheit vom Rest des Buchs abheben. Kohelet bzw. dem Verfasser des Koheletbuchs (zur Unterscheidung s. o. S. 11, 13) geht es dabei kaum darum, seine Zuhörerschaft zu täuschen – dazu ist seine Fiktion viel zu durchsichtig; immerhin kann jeder im AT nachlesen, dass es in Israel nie einen König Kohelet gegeben hat. Der Vergleich mit den anderen Teilen des Buchs deutet darauf, dass der Verfasser Kohelet in der Königsfiktion bewusst eine Perspektive einnehmen lässt, die sich von seiner eigenen unterscheidet. Ohne explizit werden zu müssen, kann er damit die Perspektive des Königs kritisieren bzw. der Leserschaft vor Augen führen, dass sie mit ihren eigenen Ansprüchen entscheiden, ob sie wie der König am Leben verzweifeln wollen oder es wie Kohelet, der Weise, trotz allem geniessen können. Indem der Verfasser den König dabei bei ähnlichen Beobachtungen einsetzen lässt wie dann später Kohelet, macht er mit der Königsfiktion zudem darauf aufmerksam, dass es in seinem Buch auf die Nuancen ankommt, dass sich die Lebensphilosophie seines Sprechers Kohelets zwar in manchem mit derjenigen des Königs berührt, sich bei genauerem Hinsehen aber sehr wohl von dieser unterscheidet.

Während sich das Ende der Königsfiktion nur erahnen lässt, ist der Anfang klar markiert: In **1,12** stellt sich Kohelet als «König über Israel in Jerusalem» vor. An dieser Formulierung ist die Bezeichnung «Israel» auffällig, die hier offenbar nicht auf das Nordreich verweist – Jerusalem war die Hauptstadt des Südreichs Juda –, sondern auf die Gesamtgrösse Israel. Könige, die aus Jerusalem über dieses gesamte Reich regierten, gab es selbst nach biblischer Darstellung nur für kurze Zeit, nämlich im 10. Jh. v. Chr. David und Salomo. Ohne dass Namen genannt würden, knüpft 1,12 damit an 1,1 an, wo Kohelet als «Sohn Davids» vorgestellt und damit eine Identifikation mit Salomo nahegelegt wurde. Das Hebräische ist beim Versanfang ambivalent, man könnte auch mit «Ich bin Kohelet. Ich wurde König ...» übersetzen. Der Verfasser lässt seinen König hier die Form von westsemitischen und akkadischen Königsinschriften imitieren, für die solche «Ich bin XY»-Aussagen typisch sind (s. o. 30–31).

Nach der Selbstvorstellung folgt in **1,13–15** eine erste Reflexion des Königs, der auf die Grenzen des Machbaren hinausläuft. Am Anfang ist der König noch höchst optimistisch: Zu Beginn von **1,13** berichtet er von einem grossen Forschungsprojekt bzw. von seinem Vorsatz, «alles, was unter dem Himmel getan wird» erforschen zu wollen. Wie selbstverständlich geht er dabei davon aus, dass ihm Weisheit zur Verfügung steht. Schnell allerdings kommt die Ernüchterung. Im Fortgang des Verses deutet der König an, dass sein Unternehmen mit Schwierigkeiten verbunden ist («das ist eine leidige Mühe»). Wie im Deutschen ist auch im Hebräischen nicht ganz klar, worauf sich das «das» bezieht, auf «alles, was unter dem Himmel getan wird» oder auf das Bemühen des Königs, all dieses Tun zu erforschen. Da er explizit davon spricht, dass diese «Mühe» etwas ist, mit der sich der Mensch abmüht, scheint die zweite Deutung wahrscheinlicher. Dazu passt auch, dass hier für «Mühe» ein Wort gebraucht ist (*ʿinjān*), das im Koheletbuch auch sonst oft dann vorkommt, wenn es um das Bemühen um Erkenntnis geht bzw. darum, dass dieses Bemühen oft Bemühen bleibt (vgl. 2,23.26; 3,10; 5,2; 8,16). Dem König fällt es schwer, diese Begrenzung zu akzeptieren, und entsprechend spricht er negativ von einer «leidigen» Mühe (wobei das Urteil im Hebräischen noch massiver ist, weil wörtlich von «schlecht/böse» die Rede ist). Gleichzeitig weiss der König aber auch, dass man als Mensch solchen Erfahrungen nicht entgehen kann. Er führt das auf Gott zurück (vgl. 8,16–17), der den Menschen diese «Mühe» gegeben habe, damit sie sich damit abmühten. Eine ganz ähnliche Aussage findet sich auch in 3,10. Dort allerdings fehlt die negative Qualifikation der Mühe als «leidig»; im folgenden Vers ist vielmehr positiv davon die Rede, dass Gott alles «schön» gemacht habe zu seiner Zeit. Das ist einer der Punkte, an denen sich andeutet, dass der König Schlüsse zieht, die Kohelet, der Weise, so nicht ziehen würde.

Dass der König in seinen Schlussfolgerungen radikal ist, zeigt sich auch in **1,14**. Mit «alle Werke, die unter der Sonne vollbracht wurden» verweist er nochmals auf die gesamte empirisch erfahrbare Welt, die er nach 1,13 untersuchen wollte. Während er dort von «untersuchen» und «forschen» sprach, gebraucht er hier das für das gesamte Koheletbuch typische Verb «sehen» (*r'h*), das sowohl «betrachten/sehen» als auch «einsehen/verstehen» bedeuten kann. Hier liegt das Gewicht wohl eher auf dem Aspekt des Betrachtens, also nochmals auf dem Untersuchen, denn der Abschnitt läuft ja gerade darauf hinaus, dass selbst ein König nicht alles verstehen kann. Darauf deutet auch der Fortgang des Verses, wo der König seine eigentliche «Einsicht» mit «siehe» einleitet: «alles war nichtig und ein Greifen nach Wind». Wie bereits bei 1,13 fragt man sich wieder, ob der König eigentlich das von ihm Untersuchte meint oder seine Forschungsbemühungen. Nach der Andeutung von 1,13, dass sich die Menschen zwar «abmühen», Erkenntnisse zu gewinnen, dass solches Bemühen aber stets «Mühe» bleibe, ist man versucht, auch das Urteil von 1,14 als Aussage darüber zu lesen, dass selbst ein König nicht die ganze Welt verstehen kann. Dazu passt auch das Urteil selbst, insbesondere der zweite Teil, dass alles («nichtig» und) ein «Greifen nach Wind» sei. Kohelet gebraucht diese Wendung häufig, um das Bemühen des Menschen zu beschreiben, etwas Flüchtiges dauerhaft «ergreifen» zu wollen. Während er dabei in der Rolle des Königs v.a. die Flüchtigkeit beklagt (vgl. neben 1,14 auch 2,11.17.26), geht es ihm als Weisem v.a. darum, die Menschen auf die Vergeblichkeit eines solchen Greifens nach Wind aufmerksam zu machen (vgl. 4,4.6; 6,9). Vielleicht hängt die Unsicherheit, worauf sich das Urteil von 1,14 bezieht, mit diesen beiden Perspektiven zusammen: Während Kohelet, der Weise, das Bestreben des Königs, die ganze Welt erforschen und verstehen zu wollen, als «Greifen nach Wind» beurteilt, spricht der König selbst über die Flüchtigkeit «aller Werke, die unter der Sonne vollbracht wurden».

In **1,15** beschliesst der König seine erste Reflexion mit zwei Sprichwörtern. Wie bei anderen Sprichwörtern, mit denen man selbst nicht vertraut ist, fällt es auch bei diesen schwer, ihren Sinn zu begreifen – und damit auch ihren Zusammenhang mit dem Vorangehenden. Beide Sprichwörter handeln von Nicht-Können, wobei es wohl bei beiden darum geht, dass die menschliche Verfügungsgewalt beschränkt ist. Das zweite Sprichwort («was fehlt, kann man nicht zählen») könnte man als Begründung dafür verstehen, warum eine exakte Berechnung bzw. Erforschung der Welt schwierig ist. Nach einer anderen Interpretation geht es um diejenigen, die fehlen, weil sie gestorben sind, und darum, dass man sie nicht mehr zu den Lebendigen zählen kann. Das erste Sprichwort («was krumm ist, kann nicht gerade werden») erinnert an ähnliche Aussagen aus ägyptischen Weisheitstexten, wobei in diesen z.T. aber auch vorausgesetzt wird, dass Krummes gerade gebogen werden kann (vgl. z.B.

die Lehre des Ani, Z. 408–412: «Den krummen Ast, der auf dem Felde liegen geblieben ist, ..., den holt sich wohl noch ein Handwerker, biegt ihn gerade und macht einen Würdestab daraus»; Brunner, 214). Im Kontext von 1,12–15 kann man dieses erste Sprichwort als ein Beispiel bzw. eine sprichwörtliche Quintessenz der Erfahrung des Königs verstehen, der mit seinem grossartigen Forschungsplan an Grenzen stiess. In 7,13 nimmt Kohelet das Sprichwort nochmals auf und verbindet die Erfahrung mit Gott. Während er dort folgert, dass man sowohl Glück wie Unglück als von Gott gegeben akzeptieren soll, kann der König die Begrenztheit seiner Verfügungsgewalt nicht akzeptieren. Entsprechend kommt er zum Schluss, dass «alles nichtig und ein Greifen nach Wind» ist (vgl. 1,14).

Nach 1,13–15 folgt in **1,16–18** eine zweite Reflexion des Königs. In diesem geht es um die Erforschung der «Weisheit», die er in 1,13 noch ganz selbstverständlich als gegeben vorausgesetzt hat. Nach dem Scheitern seiner Bemühungen, das gesamte Tun unter der Sonne zu verstehen, hält der König hier inne, um danach zu fragen, wie weit es mit seiner Weisheit her ist bzw. was sie ihm bringe.

Wieder beginnt der König sehr optimistisch: Beinahe schon arrogant hält er in **1,16** fest, dass er «grösser» und «weiser» geworden sei als «jeder», der vor ihm «über Jerusalem war». Damit ist wohl auf frühere Könige gewiesen. Gemäss der Fiktion, dass der König Salomo ist, kommt hier zunächst nur David in den Sinn, denn Saul regierte nicht von Jerusalem aus. Um das «jeder», das ja mehrere Vorgänger impliziert, verständlich zu machen, muss man über David hinaus auch an altorientalische Könige wie Melchisedek denken (vgl. Gen 14,18), die in vorisraelitischer Zeit in Jerusalem herrschten. Oder aber man erklärt das «jeder» als einen Bruch in der Fiktion bzw. als einen Hinweis darauf, dass der Text zu einer Zeit geschrieben wurde, in der Jerusalem bereits seit langer Zeit eine judäische Königstradition hatte. Insgesamt sind es vier positive Aussagen, mit denen sich der König in diesem Vers rühmt. Die erste und zweite dieser Aussagen sind in Ich-Rede formuliert, die dritte und vierte aber als Aussagen über das «Herz» des Königs. Im Koheletbuch wie im gesamten AT und in den Schriften seiner Umwelt gilt das Herz als Organ des Erkennens und Denkens. Kohelet spricht besonders häufig über sein Herz – insbesondere dann, wenn er Entscheidungen trifft und reflektiert. In der Übersetzung verbergen sich manche dieser Verweise auf das «Herz» hinter Formulierungen wie «ich nahm mir vor» (vgl. 1,13.17), «ich dachte/sagte mir» (vgl. 1,16; 2,1; 3,17–18), «ich dachte mir aus» (vgl. 2,3) etc. Hier in 1,16 ist die Erwähnung des «Herzens» sachgegeben, geht es doch explizit um Weisheit und Erkenntnis (vgl. die zweite bis vierte Aussage des Königs). Dass ein König seine Grösse (vgl. die erste der vier Aussagen) an der Weisheit misst, ist gut altorientalisch – nicht nur Salomo wird mit besonderer Weisheit in Verbindung gebracht, Weisheit gilt vielmehr im gesamten Alten Orient als ein besonderes Proprium des Königs (s. o. S. 12).

So stolz der König nach 1,16 auf seine Weisheit ist, will er ihr nach **1,17** doch genauer auf den Grund gehen. Das Hebräische ist an dieser Stelle ambivalent: Während nach der Übersetzung der Zürcher Bibel, die dem Verständnis der Masoreten folgt, dem einen Substantiv «Weisheit» die zwei Nomina «Verblendung» und «Torheit» gegenüberstehen (vgl. so auch in 2,12), kann man das Hebräische auch so verstehen, dass das Verb «erkennen» nicht wiederholt ist, dafür aber von Weisheit «und Erkenntnis» die Rede ist («zu erkennen, was Weisheit und Erkenntnis ist, Verblendung und Torheit»). Jedenfalls bleibt es dabei, dass der König in diesem Vers nicht nur von Weisheit spricht, sondern auch von Torheit. Obwohl er das explizit nicht sagt, geht es ihm wohl darum, den Unterschied zwischen ihnen benennen zu können (vgl. 2,12–17). Offenbar kommt der König auch bei diesem Vorhaben wieder an seine Grenzen; wie in 1,14 spricht er auch in 1,17 von einem «Greifen nach Wind». Ähnlich wie in 1,13 («das ist eine leidige Mühe») ist auch hier wieder etwas unklar, worauf sich das «dies» bezieht. Vermutlich meint der König nicht die Weisheit und die Torheit, sondern seinen Vorsatz, diese zu erkennen, bzw. eben, zwischen ihnen zu unterscheiden. Darauf deutet neben dem Singular («dies») v. a. auch die Begründung in 1,18, in der es darum geht, dass auch Weisheit und Erkenntnis ihre Schattenseiten haben.

Wie in 1,15 beschliesst der König auch seine zweite Reflexion wieder mit zwei Sprichwörtern, und auch hier dienen diese als eine Art Begründung des zuvor ergangenen Negativurteils. Obwohl die beiden Sprichwörter von **1,18** enger mit dem Vorangehenden verbunden sind als diejenigen von 1,15, können auch sie das radikale Urteil des Königs nicht wirklich begründen. Immerhin aber zeigen sie, welche Art von Beobachtungen diesen zu seinem Urteil führte. Konkret geht es in den beiden Sprichwörtern darum, dass Weisheit und Erkenntnis mit Verdruss und Leiden einhergehen. Die Formulierungen lassen dabei keinen Zweifel, dass es nicht um den «Preis» geht, den man «zahlen» muss, um Weisheit und Erkenntnis zu erwerben, sondern um einen Teil des «Lohns». Diese Aussage widerspricht der Tradition, nach der langes Leben, Wohlstand, Gesundheit, Ehre etc. Güter sind, die man mit Weisheit und Erkenntnis erwirbt (vgl. z. B. Spr 3,16). Auch der König verbindet die Weisheit im weiteren Fortgang durchaus mit Positivem (vgl. 2,3.9–10.26). Hier aber spricht er nur von «Leiden» und «Verdruss» (dieselben Wörter gebraucht er nochmals in 2,23; vgl. ferner 7,9, wo Kohelet «Verdruss» nicht mit Weisheit, sondern mit Torheit bzw. Toren in Verbindung bringt). Diese einseitige Betrachtung ist offenbar die Grundlage seiner Schlussfolgerung von 1,17, dass der Versuch, zwischen Weisheit und Torheit zu unterscheiden, ein «Greifen nach Wind» ist.

2,1–11 Es gab keinen Gewinn unter der Sonne

1 Ich dachte mir: Versuch es doch mit der Freude und geniesse etwas Gutes! Und siehe, auch dies war nichtig. 2 Vom Lachen sagte ich: töricht! Und von der Freude: Was kann sie bewirken?

3 Ich dachte mir aus, meinen Leib im Wein zu baden, doch sollte mein Verstand in Weisheit die Führung behalten. Und nach der Torheit wollte ich greifen, bis ich sehen würde, was gut ist für die Menschen, was sie tun sollten unter dem Himmel, solange sie leben. 4 Ich vollbrachte grosse Werke: Ich baute mir

Häuser, ich pflanzte mir Weinberge. 5 Ich legte mir Gärten an und Haine und pflanzte darin Fruchtbäume jeglicher Art. 6 Ich machte mir Wasserteiche, um aus ihnen den Wald zu tränken, voller spriessender Bäume. 7 Ich kaufte Sklaven und Sklavinnen und besass auch im Haus geborene. Auch Herden, Rinder und Schafe hatte ich mehr als alle, die vor mir in Jerusalem waren. 8 Auch häufte ich mir Silber an und Gold und den Besitz von Königen und Ländern. Ich verschaffte mir Sänger und Sängerinnen und die Lust der Männer: Frauen und nochmals Frauen. 9 So wurde ich grösser und reicher als jeder, der vor mir in Jerusalem war. Auch blieb mir meine Weisheit erhalten. 10 Und was immer meine Augen begehrten, verwehrte ich ihnen nicht. Keine Freude versagte ich meinem Herzen. Mein Herz freute sich nach all meiner Mühe, und das war mein Teil nach all meiner Mühe. 11 Doch als ich alle meine Werke ansah, die meine Hände vollbracht hatten, und alles, was ich mit Mühe und Arbeit geschaffen hatte, siehe, da war alles nichtig und ein Greifen nach Wind, und es gab keinen Gewinn unter der Sonne.

Nach 1,13–15 und 1,16–18 folgen in **2,1–11** zwei weitere Reflexionen des Königs, in denen es nun um Freude und Genuss geht. In beiden Abschnitten (vgl. 2,1–2; 2,3–11) bestätigt der König, dass es Freude und Genuss gibt. Dennoch kommt er auch hier wieder zu negativen Schlussfolgerungen (vgl. 2,1.2.11), was offenbar damit zusammenhängt, dass Freude und Genuss nicht mit weiteren «Gewinnen» einhergehen.

Die Reflexion von **2,1–2** ist ganz kurz: Bereits im ersten Vers kommt der König wieder zu einem «dies ist nichtig»-Urteil. Der Anfang von **2,1** macht klar, dass es dabei um die «Freude» und das «Gute» geht. Von diesen ist im Fortgang des Koheletbuchs noch häufig die Rede, und dort v.a. in positivem Sinn. Hier zu Beginn von Kap. 2 führt der König nicht aus, woran er denkt (vgl. dann aber 2,3–10). Immerhin aber ist beim «Guten» klar, dass es nicht darum geht, es zu tun, sondern es zu geniessen. Darauf deutet neben der Parallele mit «Freude» auch das Verb, das auf die Erfahrung zielt (vgl. Zürcher Bibel «geniessen», im Hebräischen ist wörtlich von «sehen» die Rede; vgl. so mit «Gutes» auch in 3,13; 5,17; 6,6; mit «Leben» 9,9). Im Hebräischen ist der Vorsatz des Königs als Aufforderung an sein Herz formuliert (wörtlich: «Geh! Ich will dich Freude versuchen lassen. Erlebe Gutes!»). Bereits hier deutet sich an, dass es ihm nicht einfach um Freude und Genuss geht, sondern um ein Experiment, inwieweit diese sich mit Weisheit (und Erfolg) vereinbaren lassen (zum Herz als Erkenntnisorgan siehe zu 1,16). Ausgesprochen aber wird das zunächst nicht, und entsprechend abrupt kommt das Negativurteil am Ende des Verses.

Wie bereits in 1,15 und 1,18 erklärt der König erst nach dem eigentlichen Urteil, warum er zu diesem kommt. In **2,2** zitiert er nun aber nicht Sprichwörter, sondern sich selbst («sagte ich»). Ein erstes Urteil betrifft das «Lachen», von dem in 2,1 gar nicht die Rede war. Die Wortwahl ist bezeichnend, denn anders als das deutsche wird das hebräische Wort nur selten positiv gebraucht (vgl. z.B. Ps 126,2), häufig aber negativ (vgl. z.B. Jer 20,7; Hiob 12,4; Spr 10,23; 29,9). Ob der König das Lachen aufgrund dieser negativen Konnotationen als «töricht» bezeichnet oder ob dieses Urteil ähnlich grundsätzlich ist wie das folgende über die Freude, lässt sich nicht mehr entscheiden (der folgende Abschnitt mit 2,3.9 spricht eher für die erste Alternative). So oder so bleibt es interessant, dass Kohelet ausserhalb der Königsfiktion durchaus positiv von Freude und Genuss spricht, nicht aber über das «Lachen» (die Sprüche von 7,3 und 7,6 konstatieren vielmehr ebenfalls einen Zusammenhang mit Torheit; sie geben aber vermutlich nicht Kohelets Meinung wieder; s. u.). Während man sich so beim ersten Urteil des Königs fragen kann, inwiefern es nicht von Anfang an um etwas anderes ging als in 2,1, steht dieser Zusammenhang beim zweiten Urteil ausser Frage, denn hier wird mit dem Stichwort «Freude» explizit auf 2,1 zurückverwiesen. In diesem Fall begründet der König sein Nichtigkeits-Urteil mit einer rhetorischen Frage, die darauf hinausläuft, dass die Freude nichts bewirken könne. Wie die Sprichwörter von 1,15 und 1,18 können auch die beiden Selbstzitate des Königs sein vorhergehendes Negativurteil nur bedingt erklären. Wohl aber machen sie klar, dass er nur solches als wertvoll erachtet, bei dem sein Tatendrang, sein Erkenntnisstreben und sein Glücksgefühl gleichermassen uneingeschränkt sind.

Um das Zusammenspiel von Freude, Weisheit und Erfolg (Tun) geht es auch in **2,3–11**, wobei der König in diesem Abschnitt sehr viel aus seinem eigenen Leben erzählt – und damit die Fiktion seiner königlichen Identität erst so richtig entfaltet (zur Königsfiktion s. o. S. 11–14). Der Abschnitt setzt den vorangehenden (2,1–2) fort und gliedert sich in drei Teile: Vorsatz (2,3), Durchführung (2,4–8) und Fazit (2,9–11). Noch stärker als in den Reflexionen zuvor verschiebt sich der Fokus des Königs dabei immer wieder, was sich insgesamt so deuten lässt, dass es ihm um das Zusammenspiel der verschiedenen von ihm angesprochenen Faktoren geht.

In **2,3** kommt der König nochmals auf das Fazit von 2,2 zurück (Lachen ist töricht) bzw. nimmt die Frage auf, ob sich Freude/Genuss und Gutes nicht doch mit Weisheit verbinden lassen. Die mit «ich dachte mir aus» übersetzte Wendung zu Beginn des Verses macht deutlich, dass es auch hier wieder um ein bewusstes Experiment (vgl. 2,1) bzw. Forschungsprojekt (vgl. 1,13) geht, denn im Hebräischen sind dabei das Erkenntnisorgan Herz sowie das Verb «erforschen» genannt. Das erste Experiment des Königs hat mit Wein zu tun, und zwar vermutlich mit viel Wein. Darauf deutet die in der Zürcher Bibel mit «meinen Leib ... zu baden» übersetzte Wendung, die im Hebräischen allerdings schwer verständlich ist (das Verb bedeutet wörtlich «ziehen»). Was (exzessiver) Weingenuss mit Forschung tu tun hat, wird erst im Nachsatz gesagt: Dem König geht es darum, dass sein Verstand (im Hebräischen wieder das «Herz») die Führung behält. Spätestens die Wendung «in Weisheit» macht dabei klar, dass der König nicht davon spricht, seinem Herzen alle Wünsche zu erfüllen, sondern davon, dass sein Kopf bzw. Verstand die Kontrolle behalten soll. Ihm geht es also darum, herauszufinden, wie (viel) man trinken kann, ohne dass der Alkohol einem den Verstand trübt (zum Problem Hos 4,11; Spr 20,1; zum Anliegen vgl. Sir 31,25–31).

Während sich so das erste Forschungsanliegen einigermassen erklären lässt, fällt das Verständnis beim zweiten noch schwerer, denn hier spricht der König davon, nach Torheit greifen zu wollen. Auch der Nachsatz («um zu sehen, was gut ist für die Menschen») erklärt nicht wirklich, woran hier gedacht ist. Die Verständnisschwierigkeiten hängen auch mit Mehrdeutigkeiten im Hebräischen zusammen. Eine erste Frage betrifft die Zugehörigkeit von «mein Verstand [soll] in Weisheit die Führung behalten». Die Masoreten verstanden diesen Satzteil nicht als Nachsatz zum ersten Forschungsanliegen, sondern als Einleitung zum zweiten. Deshalb argumentieren viele Exegeten/Exegetinnen, dass es dem König nicht darum gehen kann, nach der Torheit zu «greifen», dass man vielmehr das Verb im Sinn von «binden, gefangen nehmen» verstehen muss oder aber davon auszugehen hat, dass ein «nicht» verloren ging. Ein Blick auf 7,18 zeigt allerdings, dass man dem Text vielleicht doch auch so Sinn abgewinnen kann, wie er hier steht. Dort nämlich begegnet das Verb «greifen» (vgl. «hältst») nochmals und geht es vom Kontext her sowohl um Weisheit als auch um Torheit bzw. darum, dass man es mit der Weisheit (und der Gerechtigkeit) auch übertreiben kann. Von daher ist es durchaus möglich, dass der König hier tatsächlich davon spricht, nach der Torheit greifen zu wollen – immerhin widmete er sich in seinem ersten Experiment mit dem Wein auch etwas, das in Weisheitskreisen eher anrüchig ist. Vielleicht meint der König hier auch nicht Torheit im engeren Sinn, sondern denkt an «Torheiten» wie Lachen und Genuss (vgl. sein Urteil in 2,2). Klar ist auf jeden Fall, dass er herausfinden will, was gut ist für die Menschen (vgl. 6,12) – offenbar hat er Freude und Genuss doch noch nicht ganz abgeschrieben, sosehr er sie in 2,1–2 als nichtig und sinnlos beurteilt. Im Nachsatz «was sie tun sollten ... solange sie leben» klingt leise das Thema Vergänglichkeit an. Diese ist hier zwar noch nebensächlich, wird für den König zum Schluss aber zum Problem (vgl. 2,11).

In 2,3 nennt der König explizit das Tun der Menschen, und um solches geht es auch in **2,4–8**, berichtet der König in diesem langen Abschnitt doch von seinen eigenen Taten. Bereits die Aufzählung selbst und vor allem die Zusammenfassung in 2,10 machen dabei klar, dass dieser Bericht mit dem Vorangehenden zusammenhängt, insofern es sich bei allen Taten des Königs um solche handelt, die Mittel zu oder Ausdruck von Freude und Genuss sind. An andere Menschen denkt der König dabei nicht; explizit spricht er vielmehr aus, dass es um ihn selbst gehe (vgl. das wiederholte «mir»). Diese auf sich selbst bezogene Sicht des Königs wird noch deutlicher, wenn man seine Aufzählung mit Königsinschriften und anderen Ich-Aussagen altorientalischer Herrscher vergleicht (s. o. S. 32). An diese erinnert 2,4–8, denn auch in diesen ist von Bau und Erwerb von Palästen, Gärten, Teichen, Reichtum, Sklaven, Sängern, Frauen, Weisheit etc. die Rede. Neben solchen Grosstaten geht es in den altorientalischen Texten aber auch um den Einsatz für Gott und die Gesellschaft. Anders in 2,4–8: Hier ist von Gottesdienst, Gerechtigkeit und Fürsorge nichts zu hören; der König interessiert sich nur für sich selbst. Zu seiner Ehrenrettung ist allerdings daran zu erinnern, dass sein Bericht von 2,4–8 mit den beiden Forschungsanliegen von 2,3 in Zusammenhang steht. Dementsprechend kann man schliessen, dass es ihm letztlich auch hier um das für den Menschen Gute geht bzw. um die Frage, wie dieses mit Genuss, Torheit und Weisheit zusammenhängt.

Der König eröffnet seinen Bericht über seine Tätigkeiten und Errungenschaften in **2,4** mit einer allgemeinen Aussage über die Grösse seiner Werke (im Hebräischen heisst es wörtlich «ich vergrösserte meine Werke»). Danach beginnt die eigentliche Aufzählung, und zwar mit zwei für Könige typischen Tätigkeiten, dem Bauen und dem Pflanzen. Im gesamten Alten Orient gehören Berichte über Bautätigkeiten bei Königen zum guten Ton (vgl. im AT etwa 1Kön 5–7; 9,10–28 zu den Bautätigkeiten Salomos), und das Anlegen von Gärten gilt als eine königliche Aufgabe (vgl. die Erwähnung von Königsgärten in 2Kön 25,4; Neh 3,15). Hier in 2,4 sind allerdings noch keine Gärten genannt, sondern zunächst Weinberge – vielleicht, weil in diesen der Wein produziert wird, der in 2,3 genannt war; vielleicht aber auch, weil das AT in Hld 8,11 Salomo mit einem Weinberg in Verbindung bringt (wobei dieser dort metaphorisch auf den Harem Salomos gedeutet wird). Dass Weinberge zum königlichen Besitz gehören, dokumentiert auch 1Chr 27,27.

Erst in **2,5** fällt das Stichwort «Garten», wobei im Hebräischen v.a. das zweite Wort interessant ist: Was im Deutschen mit «Hain» übersetzt wird, ist im Hebräischen das persische Lehnwort *pardēs*, das als «Paradies» auch ins Deutsche gelangte. Das Wort selbst bezeichnet eine (gegebenenfalls königliche) Gartenanlage (s.o. zu 2,4; vgl. mit *pardēs* Neh 2,8). Hier in 2,5 weckt der König darüber hinaus aber tatsächlich auch Assoziationen ans Paradies bzw. die Welt am Anfang. Mit der Rede vom «pflanzen» eines «Gartens» erinnert er an Gen 2,8, mit dem Stichwort «Fruchtbäume jeglicher Art» ferner an Gen 1,11–12.29; 2,9; 3,2–3.6. Zu den königlichen treten damit auch göttliche Konnotationen; der König beschreibt sich in Analogie zu Gott.

Gärten wie die in 2,5 genannten müssen künstlich bewässert werden, und darum geht es in **2,6**. Der König berichtet, er habe sich Wasserteiche angelegt (im Hebräischen wörtlich «gemacht», wie schon in 2,5), um so «den Wald» zu bewässern. Ob bei diesem «Wald» an die in 2,5 genannten Gärten oder nochmals eine andere Anlage gedacht ist, lässt sich nicht mehr entscheiden. Anders als in der deutschen Übersetzung sind es im Hebräischen nicht die Bäume, die spriessen, vielmehr «spriesst» der Wald «von Bäumen» – was letztlich aber aufs Selbe herauskommt. So oder so besteht hier ein weiterer Anklang an die Paradieserzählung (vgl. Gen 2,5.9). Anders als im Paradies mit den vier Flüssen erfolgt die Bewässerung in den Gartenanlagen des Königs nicht auf natürliche Art, sondern über «Teiche». Von solchen ist im AT mehrfach die Rede, was nicht erstaunt bei einem Land, in dem Wasser ein kostbares Gut ist (mit einem Zusammenhang zum König vgl. Neh 2,14). Der jüdische Historiker Josephus berichtet von einem Teich Salomos (vgl. *De Bello Iudaico* 5,145). Die Zeitgenossen Kohelets dürften eher an künstliche Bewässerungsanlagen in den Gärten der Eliten ihrer Zeit gedacht haben.

Das Bauen, Anlegen und Pflegen solcher Paläste und Gartenanlagen ist aufwendig und folgerichtig kommt der König in **2,7** auf seine Bediensteten zu sprechen, womit er indirekt zugibt, dass er die in 2,4–6 aufgezählten Arbeiten nicht selbst ausgeführt hat. Die Bediensteten des Königs sind offenbar nicht bezahlte Angestellte, sondern Sklaven, im Hebräischen dasselbe Wort, das auch für Diener gebraucht wird. Darauf deuten das Verb «kaufen» und der Hinweis auf «im Haus Geborene» (wörtlich:

«Kinder des Hauses»; vgl. Ex 21,4). Entsprechend dem Verständnis, dass die Bediensteten des Königs nicht seine Angestellten sind, sondern sein Besitz, erwähnt er sie auch im gleichen Zusammenhang wie sein Vieh (vgl. Ex 20,17). Die Betonung liegt dabei darauf, dass der König mehr hatte als alle vor ihm (vgl. 2,9).

In **2,8** ist ausführlicher von diesem Reichtum die Rede, der König spricht dabei ausser von «Silber» und «Gold» auch von «Besitz». (Das Wort ist im AT oft theologisch zur Bezeichnung Israels als «Privatbesitz» JHWHs gebraucht, hat hier aber wie in 1Chr 29,3 keine solchen theologischen Konnotationen.) Im Hebräischen ist etwas unklar, wie die Wörter «Besitz von Königen» und «(die) Länder» (im Hebräischen mit Artikel) zusammenhängen. Plausibel ist entweder «Besitz von Königen und (von) Ländern» oder «Besitz von Königen und Länder» – der Unterschied ist geringfügig, es bleibt dabei, dass der König hier von immensem Reichtum spricht. Das erinnert im AT besonders an Salomo (vgl. 1Kön 3,13; 9,28; 10,14–29), darüber hinaus aber auch wieder allgemein an altorientalische Könige, deren besondere Gottverbundenheit sich nach entsprechenden Ideologien auch im Materiellen zeigt (vgl. ähnlich auch für den Weisen/Gerechten, z. B. Ps 112,3; Spr 3,10; 8,18).

Im Fortgang von 2,8 kommt der König nochmals auf seinen «Besitz» an Menschen zu sprechen, die auch hier Objekt seines Handelns sind, wie das einleitende Verb «verschaffen» zeigt (die Grundbedeutung im Hebräischen ist «machte»; «verschaffte» ist eine seltene Nebenbedeutung). Der König braucht diese Menschen für sein Vergnügen, wie bereits die Nennung von «Sänger und Sängerinnen» zeigt. Der Schluss des Verses ist schwieriger, denn das mit «Frauen» übersetzte Wort begegnet im AT nur hier. Diese Übersetzung kann sich auf ein verwandtes akkadisches Wort berufen, zudem deutet auch das einleitende «Lust der Männer» darauf, dass der der König hier nicht nur von kulturellen, sondern auch von erotischen Vergnügungen spricht (vgl. Hld 7,7). Dass die Frauen hier eigens erwähnt sind, passt sodann auch wieder bestens zur fiktiven Identifikation des Königs Kohelet mit Salomo (s. o. S. 10–13), ist dieser doch im AT ausser für seinen Reichtum und seine Weisheit v. a. auch für seine vielen Frauen bekannt (vgl. 1Kön 11,1–7).

Mit der Anspielung auf erotische Vergnügungen ist der König am Schluss des Berichts über all seine Taten und Errungenschaften wieder bei den sinnlichen Vergnügungen angelangt, mit denen er in 2,3 eingesetzt hat (Weingenuss). In **2,9–11** tritt er entsprechend einen Schritt zurück und zieht eine Art Fazit. Durch die Aufnahme der Stichwörter «Weisheit» (vgl. 2,3.9), «Freude» (vgl. 2,1–2.10) und «Werke» (siehe auch «vollbracht», «geschaffen»; vgl. 2,2–3.11) kommt er dabei deutlich wieder auf das in 2,1–3 Gesagte zurück.

Das Fazit des Königs klingt in **2,9** zunächst sehr positiv: Nicht nur bestätigt er, dass er alle vor ihm übertroffen hat – im Hebräischen bleibt dabei offen, ob es neben der Grösse speziell um den Reichtum geht (nach 2,7 ist dies durchaus plausibel; vgl. auch 1Kön 10,7.23) –, ausdrücklich hält er darüber hinaus fest, dass ihm die Weisheit dabei erhalten geblieben sei. Sein Plan von 2,3 ist ihm offenbar nicht nur beim Weingenuss, sondern bei all seinen Unternehmungen gelungen.

Auch in **2,10** bleibt der König positiv, das Gewicht liegt auf dem Begehren und der Freude. Damit bestätigt sich nochmals, dass es ihm bei den in 2,4–8 genannten

Tätigkeiten um die Freude und den Genuss (des Guten) ging (so die Ankündigung in 2,3). Während er über diese in 2,1(–2) ja negativ gesprochen hatte, klingen seine Aussagen hier in 2,10 (zunächst) positiv (vgl. dann aber 2,11). Interessant ist, dass der König in diesem Vers sowohl von seinen «Augen» als auch von seinem «Herzen» spricht. Damit wird nochmals eine Verbindung zu 2,1.3 geschaffen, wo neben dem «Herz» zwar nicht die «Augen» erwähnt waren, wohl aber das «Sehen» (wobei es in 2,1 um das Geniessen des Guten und in 2,3 um das Erkennen des Guten ging). Durch diese Bezüge sowie die Parallelsetzung der begehrlichen Augen mit dem Erkenntnisorgan Herz deutet der König nochmals an (vgl. bereits 2,9), dass es ihm gelungen ist, die Balance zwischen Begehren und Weisheit zu halten. Recht unvermittelt spricht der König am Ende des Verses dann aber von seiner «Mühe» (*ʿāmāl*). Er spricht damit ein Thema an, von dem im Fortgang des Buchs häufig die Rede sein wird. Vor 2,10 aber wurde das Wort erst in 1,3 gebraucht, und an die dortige Frage («welchen Gewinn hat der Mensch von seiner ganzen Mühe und Arbeit unter der Sonne?») scheint der König hier auch anzuknüpfen, wenn er die Freude seines Herzens als seinen «Teil» nach aller Mühe bezeichnet. Der nächste Vers zeigt, dass er dabei an alle seine Werke denkt. In gewissem Sinn beantwortet der König damit seine Frage aus 2,3, was gut sei für die Menschen bei dem, was sie tun.

Die Frage aus 1,3 aber beantwortet der König erst in **2,11** – und zwar negativ. Dass er nach der Aufzählung seiner Taten und den positiven Zusammenfassungen in 2,9–10 am Schluss doch wieder ein vernichtendes Urteil fällt, kommt unvermittelt. Was ihn zu diesem Urteil bewegt, wird durch die letzte Aussage von 2,11 klar, der eigentlichen Antwort auf 1,3: Sosehr der König in der Freude (und dem Genuss) einen «Anteil» (*ḥēlæq*; vgl. 2,10) erkannte und deshalb auch positiv über diese sprechen konnte, realisiert er am Schluss, dass dies kein «Gewinn» (*jitrōn*) ist. Wieder spricht der König mit diesem Urteil ein Lieblingsthema Kohelets an, dessen entscheidendes Stichwort (*jitrōn*) aber erst einmal (nämlich in 1,3) fiel. Obwohl es ihm gelungen ist, Gutes zu erkennen und zu geniessen und dabei Handeln, Freude und Weisheit zusammenzubringen, weiss er auch, dass all sein Tun vergänglich ist und sich keines seiner Werke dauerhaft (er)halten lässt (vgl. die Anspielung auf die Begrenztheit der Lebenszeit in 2,3). Anders als für Kohelet ab Kap. 3 ist das für den König unerträglich und verdirbt ihm alles – auch das, worüber er soeben noch positiv berichtet hat. Entsprechend pauschal schliesst er auch diese Reflexion wieder mit dem vernichtenden Urteil ab, dass *alles* nichtig sei und ein Greifen nach Wind (vgl. 1,14; 2,17).

2,12–26 Was hat der Mensch von all seinem Mühen?

**12 Da ging ich daran, Weisheit, Verblendung und Torheit zu betrachten. Was
bleibt dem Menschen zu tun, der nach dem König kommt? Was man schon
längst getan hat!**

**13 Und ich sah, dass die Weisheit mehr Gewinn bringt als die Torheit, wie
das Licht mehr Gewinn bringt als die Dunkelheit. 14 Der Weise hat Augen im
Kopf, aber der Tor tappt im Dunkeln. Doch erkannte ich auch, dass ein und
dasselbe Geschick beide treffen kann. 15 So dachte ich: Wie dem Toren kann es
auch mir ergehen. Wozu bin ich denn so weise geworden? Da dachte ich, dass
auch dies nichtig war. 16 Denn weder an den Weisen noch an den Toren wird
man sich ewig erinnern: In den Tagen, die kommen, werden alle längst verges-
sen sein. Ach, der Weise muss sterben genau wie der Tor! 17 Da hasste ich das
Leben, denn übel erschien mir alles Tun unter der Sonne: Alles war nichtig und
ein Greifen nach Wind.**

**18 Und ich hasste alles, was ich mir mühevoll erarbeitet hatte unter der
Sonne, denn dem Menschen, der nach mir kommt, muss ich es hinterlassen.
19 Und wer weiss, ob es ein Weiser oder ein Tor sein wird? Und doch wird er
über alles verfügen, wofür ich Mühe und Weisheit aufgewandt habe unter der
Sonne. Auch das ist nichtig. 20 So kam ich dazu, an allem zu verzweifeln,
wofür ich mich abgemüht hatte unter der Sonne. 21 Denn da müht sich nun
einer ab mit Weisheit und Erkenntnis und mit Geschick, und dann muss er es
einem Menschen als Erbteil überlassen, der sich nicht dafür abgemüht hat.
Auch das ist nichtig und ein grosses Übel.**

**22 Was hat denn der Mensch von all seinem Mühen und Streben, davon dass
er sich abmüht unter der Sonne? 23 Sein Leben bringt ihm nur Leiden und
seine Mühe Verdruss, und selbst bei Nacht kommt sein Herz nicht zur Ruhe.
Auch das ist nichtig. 24 Nichts Gutes bringt der Mensch selbst zustande: Dass
er essen und trinken und sich etwas Gutes gönnen kann bei seiner Mühe, auch
das kommt, so sah ich, aus Gottes Hand. 25 Wer kann essen und wer muss sich
sorgen, wenn nicht ich? 26 Einem Menschen, der ihm gefällt, gibt er Weisheit
und Einsicht und Freude. Den aber, dessen Leben verfehlt ist, lässt er sammeln
und anhäufen, um es dann dem zu geben, der Gott gefällt. Auch das ist nichtig
und ein Greifen nach Wind.**

Nachdem der König seine letzte Reflexion abrupt mit einem vernichtenden Schlussurteil beendet hat, weil er realisierte, dass alle seine Werke vergänglich sind (vgl. 2,11), nimmt er das Thema Vergänglichkeit in 2,12 explizit wieder auf und geht ihm in **2,12–26** ausführlicher nach. Wie im einleitenden Vers angekündigt, interessiert er sich dabei besonders für die Frage nach dem Zusammenhang von Weisheit und Vergänglichkeit. Die Abgrenzung der Reflexionen fällt in diesem Abschnitt etwas schwerer, da sich die «nichtig»-Urteile häufen (vgl. 2,15.17.19.21.23.26) und sich die Themen über die Abschnittsgrenzen hinweg fortsetzen. Beachtet man die Erweiterungen der «nichtig»-Urteile in 2,17.21.26, lassen sich (nach 2,12) 2,13–17; 2,18–21 und 2,22–26 als Unterabschnitte voneinander unterscheiden, allerdings bestehen auch bei diesen starke Verknüpfungen mit den Versen davor und danach.

2,12 ist am besten als Einleitung zum gesamten Abschnitt von 2,12–26 zu verstehen. Der König spricht hier davon, «Weisheit, Verblendung und Torheit» betrachten zu wollen – ein Thema, auf das er in allen drei Reflexionen wieder zurückkommt (vgl. 2,13–16; 2,19.21; 2,26). Anders als in 1,16–18 geht es ihm hier nicht mehr um Weisheit und Torheit im Allgemeinen, sondern besonders um die Frage, was angesichts des Todes über sie zu sagen ist. In 2,12 bringt der König diese Todesthematik dadurch ins Spiel, dass er über den «Menschen, der nach dem König kommt» spricht. Auch im Folgenden bleiben seine Überlegungen persönlich bzw. ichbezogen (vgl. 2,15.18–19.2,25). In 2,12 klingen sowohl die Frage («was bleibt ... zu tun?») als auch die Antwort («was man schon längst getan hat») gelassen und eigentlich mehr nach Kohelet, dem Weisen (vgl. 1,9–10; 3,15; 6,10), als nach Kohelet, dem König (zur Unterscheidung s. o. S. 13–14).

In **2,13–17** aber besteht kein Zweifel, dass immer noch der König spricht. Einmal mehr nämlich kommt dieser hier zu einem Negativurteil, das Kohelet, der Weise, so nicht teilen würde, sosehr auch er um das «eine Geschick» Tod weiss. Während Kohelet aus diesem Wissen um die Vergänglichkeit schliesst, dass man das Leben geniessen soll, solange man kann (vgl. 3,22; 9,7–10), führt es den König dazu, das Leben zu hassen.

Zu Beginn allerdings ist auch der König noch positiv: Sehr allgemein hält er in **2,13** fest, dass es einen «Vorteil» bzw. «Gewinn» (*jitrōn*) der Weisheit gegenüber der Torheit gibt – womit er seinem Pauschalurteil von 2,11 widerspricht. Dieser Gewinn der Weisheit vor der Torheit ist ein Thema, das in der traditionellen Weisheitsliteratur in immer wieder neuen Spielarten entfaltet wird (s. o. S. 30). Interessant sind dabei die Details; allgemein gesprochen lässt sich die These kaum bestreiten. Kohelet, der Weise, kommt später mehrfach auf das Thema zurück, manche seiner Aussagen klingen dabei traditionell (so mit *jitrōn* und einem verwandten Wort in 7,11–12, wo er aber vielleicht auch traditionelle Meinungen kritisch dekonstruiert), andere hingegen kritisch (so mit einem mit *jitrōn* verwandten Wort in 6,8). Die positive Aussage des Königs bleibt demgegenüber allgemein und der Vergleich mit Licht und Dunkelheit konventionell. 11,7; 12,2 und ähnliche Stellen lassen vermuten, dass Licht und Dunkelheit hier für Leben und Tod stehen; allgemein zu diesem Paar vgl. z. B. Jes 59,9; Hiob 30,26; Klgl 3,2.

In **2,14** fährt der König zunächst positiv fort. Indem er in der Wendung «tappt im Dunkeln» das Stichwort «Dunkelheit» aufgreift und diese Wendung mit «hat Augen im Kopf» parallel setzt, erläutert er, dass es ihm bei dem in 2,13 genannten Gewinn der Weisheit um die Fähigkeit geht, sich im Leben zurechtzufinden. In der zweiten Vershälfte kommt der König dann aber auf den Tod zu sprechen, was ihn im Folgenden zu einer Revision seiner anfänglich positiven Aussagen über den Gewinn der Weisheit führt. In 2,14 selbst urteilt er zunächst allerdings noch nicht explizit negativ, er berichtet lediglich, dass er erkannt habe, dass «ein Geschick» alle trifft. Er gebraucht dabei das Wort «auch», wobei im Hebräischen ambivalent ist, ob es ihm darum geht, dass es neben der zuvor genannten Einsicht (eines Vorteils der Weisheit vor der Torheit) «auch» noch diese zweite Einsicht zu bedenken gilt, oder darum, dass «auch» er (noch) zu dieser zweiten Einsicht kam. Da es bei dieser darum geht, dass alle sterben müssen, wäre es verlockend, die zweite Variante zu verfolgen und die «auch ich erkannte»-Aussage des Königs ironisch zu verstehen. Dagegen spricht allerdings die Rede von dem «einen Geschick». Obwohl es eine Binsenweisheit ist, dass alle sterben müssen (was die «auch ich erkannte»-Aussage ironisch machte), widerspricht der Gedanke «eines Geschicks» den Grundprinzipien traditioneller Weisheit radikal, spielt in dieser der Unterschied zwischen dem Geschick des Weisen und dem Geschick des Toren doch eine fundamentale Rolle. Dass nur der Tor sterben muss, nicht aber der Weise, wird dabei nie gesagt; dennoch spielt der Gegensatz von Leben und Tod häufig eine Rolle (vgl. z. B. Spr 13,14; 14,27), und in Texten, die jünger sind als Kohelet, wird z. T. auch im Blick auf das postmortale Geschick zwischen dem Weisen und dem Toren unterschieden (vgl. Ps 49,15–16; 73,23–24; Weish 1–5).

Dass der König bei dem «einen Geschick» an den Tod (und das mit diesem einhergehende In-Vergessenheit-Geraten) denkt, spricht er erst in 2,16 aus. Auch in **2,15** bleibt es bei der Rede vom «Geschick», wie in 2,14 wieder in Kombination mit dem Verb «treffen» («ergehen»), aus dem das Substantiv im Hebräischen gebildet ist. Während das Substantiv «Geschick» im Koheletbuch immer im Blick auf den Tod (vgl. neben 2,14–15 weiter 3,19; 9,2–3) und im AT sonst nur noch sehr selten gebraucht ist, ist dieses Verb sehr allgemein. Ausserhalb des Koheletbuchs wird es häufig auch im neutralen Sinn von «begegnen/widerfahren» gebraucht (vgl. z. B. Rut 2,3; Est 4,7), im Koheletbuch neben 2,14–15 nur noch in 9,11 – auch dort negativ im Sinn von «treffen», aber allgemein als Aussage über «Zeit und Zufall». Insofern besteht die Frage, ab wann es eigentlich klar ist, dass der König über den Tod spricht, bzw. ab wann dies jemandem, der das Buch zum ersten Mal liest bzw. hört, bewusst wird. 2,15 führt in dieser Beziehung nicht über 2,14 hinaus – wohl aber darin, dass der König ob dieses Wissens um das «eine Geschick» sein Urteil von 2,13(–14) revidiert. Während er dort noch behauptete, es gebe einen «Gewinn» der Weisheit gegenüber der Torheit, beginnt er sich hier zu fragen, warum er «so (überaus») weise geworden ist – wobei dieses «überaus» (das die Zürcher Bibel im «so» antönt) im Hebräischen beinahe gleich lautet wie «Gewinn». Der impliziten Infragestellung seiner positiven Aussage von 2,13(–14) entsprechend, formuliert der König hier wieder eines seiner «nichtig»-Urteile. Dass es *keinen* «Gewinn» der Weisheit vor der Torheit gibt, sagt der König in 2,14–15 zwar nicht – im Gegenteil spricht er ja davon, dass er «überaus» weise geworden sei. Mit der «wozu»-Frage aber fragt er sozusagen nach dem Gewinn dieses Gewinns und ist damit doch wieder sehr nahe beim Urteil von 2,11.

2,16 bietet eine Begründung für dieses doch recht abrupte Hin und Her. Endlich spricht der König aus, was ihn ab der zweiten Hälfte von 2,14 quält: dass der Weise wie der Tor sterben und wie dieser in Vergessenheit geraten wird. Offenbar bedrückt ihn beim «einen Geschick» gar nicht so sehr die Sterblichkeit als solche, als primär die Vergänglichkeit jenseits des Todes – das Wissen darum, dass früher oder später alle in Vergessenheit geraten und so selbst die Erinnerung nicht ewig sein wird. Nach der traditionellen Weisheit sind es nur die Frevler, deren Name in Vergessenheit gerät (vgl. Ps 9,6; 34,17; 109,13.15; Hiob 18,17; weiter Weish 2,4); den Gerechten aber wird versprochen, dass ihr Namen ewig erinnert werde (vgl. Ps 112,6; Spr 10,7; Sir 39,9–11; 41,11–13).

Dass diese traditionelle Lehre mehr Wunschdenken ist als Wirklichkeit, realisiert natürlich nicht erst der König. Während es Kohelet und anderen etwas kritischeren Weisen gelingt, mit diesem Wissen um die Vergänglichkeit zu leben (vgl. 1,11; 9,5), verliert der König die Haltung. Nach dem «ach» in 2,16 macht das v.a. **2,17** deutlich, wo er davon spricht, dass ihm das Leben verhasst wurde. Während er sich in 2,3–10 noch als einer präsentierte, der das Leben zu geniessen und sich zu freuen vermag, gesteht er hier, dass ihm das Wissen um den Tod und die Vergänglichkeit alles verdirbt. Entsprechend gut passt hier das Doppelurteil «alles ist nichtig und ein Greifen nach Wind», das diese Reflexion beschliesst, bringt es doch nicht nur die Enttäuschung des Königs zum Ausdruck, sondern auch deren Grund.

In **2,18–21** führt der König seine Überlegungen aus 2,13–17 fort. Ohne das Stichwort zu nennen, nimmt er dabei nochmals die Frage nach dem Gewinn der Weisheit vor der Torheit auf, auch hier wieder besonders im Blick auf den Tod. Anders als im vorangehenden Abschnitt fokussiert er dabei aber nicht mehr auf die Erinnerung bzw. die Vergänglichkeit selbst des Namens des Weisens, sondern auf das Erworbene und die Frage, an wen dieses nach dem Tod fällt.

Anders als den letzten Abschnitt (vgl. 2,13) eröffnet der König diesen mit **2,18** von Anfang an pessimistisch und sagt dabei auch gleich, was ihn bedrückt. Mit dem Verb «ich hasste» knüpft er dabei gezielt an 2,17 an, durch die Nennung der «Mühe» (das Teil der Wendung ist, die die Zürcher Bibel mit «alles was ich mir mühevoll erarbeitet hatte» übersetzt) macht er aber auch klar, dass er jenes Urteil nicht einfach wiederholt, sondern einen neuen Aspekt thematisiert. Das hebräische Stichwort ist *ʿāmāl*, eines der Lieblingswörter Kohelets. Es kann sowohl die «Arbeit» und die damit verbundene «Mühe» bezeichnen als auch den Ertrag aus dieser Arbeit. Das deutsche Wort «Erwerb» kommt dem hebräischen in dieser Doppeldeutigkeit recht nahe. Der Grund des Hasses des Königs ist nicht die Arbeit und die damit verbundene Mühe selbst – nach der Fiktion bzw. 2,7 hat er für die eigentliche Arbeit ja ein Heer von Sklavinnen und Sklaven. Was ihn bedrückt, ist vielmehr, dass er sein Erworbenes eines Tages einem anderen überlassen muss. Dass man seinen Besitz beim Sterben nicht mitnehmen kann, ist eine altbekannte Tatsache (vgl. Ps 49,11.17–18; Sir 11,19–9; 14,15). Den König stört daran aber offenbar besonders das Ungleichgewicht, dass er selbst sich um seinen Erwerb bemühen musste – im Hebräischen sind an dieser Stelle das Substantiv *ʿāmāl* und das gleichlautende Verb kombiniert, womit der Aspekt des Mühseligen betont wird –, seinem Nachfolger aber alles in den Schoss fallen wird. Der König sieht dabei nur die Ungerechtigkeit, dass er selbst sich um alles bemühen muss, um es dann einem geben zu müssen, der sich nicht darum bemüht hat (vgl. 2,21). Dass es mit der «Mühe» bei einem König zumindest im

Praktischen nicht so weit her ist und ihm von seinem Vorgänger wohl auch so einiges «überlassen» wurde, bedenkt er nicht.

In **2,19** bringt der König einen weiteren Aspekt ins Spiel, bei dem einfacher nachzuvollziehen ist, warum es ihm so unangenehm ist, dass er seinen ganzen Gewinn einem Nachfolger überlassen muss. Die Frage in diesem Vers ist rhetorisch, sie zielt darauf, dass niemand weiss, ob derjenige, der nach ihm kommt, ein Weiser oder ein Tor sein wird. Im Fall von Salomo allerdings, um den es sich nach dieser Fiktion beim König ja handelt (vgl. 1,1.12), weiss man, dass sein Nachfolger (Rehabeam) ein Tor war, der sich falsch beraten liess und so die Teilung des Grossreichs seines Vaters bewirkte (vgl. 1Kön 12; Sir 47,23). Wie stark diese Geschichte im Hintergrund von 2,19 steht, lässt sich nicht mehr eruieren. Jedenfalls stellt der König mit seiner Frage eine weitere Lehre der traditionellen Weisheit in Frage. In dieser nämlich wird häufig angedeutet, dass sich auch noch beim Erbe oder den Erben zeigt, ob einer ein Gerechter war oder ein Frevler (vgl. z. B. Ps 112,2; Hiob 27,13–17; Spr 13,22; 28,8; Sir 14,4). Wohl aus Erfahrung weiss der König dass das nicht stimmt, dass es auch dem Besten widerfahren kann, dass sein Erbe in die Hände eines törichten Nachfolgers fällt. Neben der Ungerechtigkeit ist für den König daran v. a. auch unerträglich, dass damit das Fortbestehen seines Lebenswerks in Frage gestellt ist. Das spricht er so zwar nicht aus, deutet es aber an, indem er sagt, dass der Nachfolger über alles «verfügen» wird (dieses Verb begegnet im Koheletbuch noch in 5,18; 6,2 und 8,9 – stets mit der Konnotation des Arbiträren). Ist dieser Nachfolger ein Tor, hat dem König all seine Arbeit und Mühe nichts genutzt; sein Erworbenes/Lebenswerk wird bald nicht mehr da sein.

Obwohl der König seinen Gedankengang schon in 2,19 mit einem «auch das ist nichtig» abschloss, führt er das Thema in 2,20–21 fort, bringt dabei inhaltlich allerdings nichts Neues. In **2,20** wiederholt er nochmals die Aussage des Beginns von 2,18, wobei er seine Gefühle hier nicht als Hass, sondern als Verzweiflung beschreibt. Die einleitende Wendung (vgl. «so kam ich dazu»; wörtlich «ich wandte mich») impliziert, dass dieses Gefühl erst mit der Zeit entstanden ist. Im Hebräischen ist weiter angedeutet, dass der König von diesem Gefühl der Verzweiflung nicht überrollt wurde, sondern sich aktiv dafür entschieden hat – zumindest heisst es hier wörtlich, dass er sein «Herz verzweifeln lassen» habe. Was genau damit gemeint ist, ist schwer zu sagen, da das Verb «verzweifeln» im AT nur selten vorkommt (vgl. z. B. Hiob 6,26) und «verzweifeln lassen» nur hier.

In **2,21** wiederholt der König die Aussage des Fortgangs von 2,18 (sowie manches aus der ersten Hälfte von 2,18 und aus 2,19). Wieder geht es hier um einen Nachfolger, der ohne eigenes Zutun zu einem Erbe kommt (anders als in 2,18 fällt dabei mit *ḥēlæq* eines der Lieblingswörter Kohelets; hier allerdings anders als sonst mit der spezifischen Bedeutung «Erbteil»). Anders als zuvor spricht der König hier nicht mehr konkret von sich, sondern allgemein von «einem». Und anders als zuvor betont er dabei weniger die Mühe, durch die er bzw. eben jemand zu seinem Erworbenen kam, sondern primär die «Weisheit», die «Erkenntnis» und das «Geschick» (zu Letzterem vgl. 4,4). Auch hier aber laufen seine Ausführungen nochmals darauf hinaus, dass all das mühselig und geschickt Erworbene am Ende einem «überlassen» werden muss, der sich selbst gar nicht darum bemüht hat. Für den König ist dies ein Grund zur Verzweiflung bzw. ein grosses «Übel». Auch ausserhalb der Königsfiktion beurteilt Kohelet manche Situationen mit diesem starken Wort; in 5,12.15 und 6,1 wie hier im Zusammenhang mit dem Tod. Wieder aber lassen sich dabei bezeichnende Unterschiede beobachten: Während Kohelet, der Weise, v. a. dann von einem «Übel» spricht, wenn es jemandem vor dem Tod nicht gelingt, das Leben zu geniessen, ist für den König die Vergänglichkeit als solche das Problem; dass er dieser weder durch die Erinnerung (vgl. 2,13–17) noch durch den Erwerb von Besitz (vgl. 2,18–21) entrinnen kann, verdirbt ihm alles, auch die guten Momente selbst.

Selbst für den König aber lässt sich dieser Schlussstrich unter die Freuden des Lebens nicht so abrupt ziehen. Unter nochmals neuen Gesichtspunkten nimmt er die Frage nach dem Gewinn im Leben in **2,22–26** ein weiteres Mal auf. Insgesamt bleibt sein Fazit dabei pessimistisch, in 2,24–26 weist er in manchem aber auch auf Gedanken voraus, die Kohelet ab Kap. 3 positiv entfaltet.

Der König eröffnet seine letzte Reflexion in **2,22** mit einer Frage, die manches in Erinnerung bringt, was vorher schon gesagt wurde. Die Frage selbst («was hat der Mensch ...?») erinnert an die Fragen von 1,3 («welchen Gewinn hat der Mensch ...?») und 2,3 («was ist gut für den Menschen ...?»). Mit dem Stichwort «Mühe» knüpft der «König» weiter an seine Überlegungen aus 2,18–21 an und mit «Streben» (im Hebräischen «... seines Herzens») an 1,17 (wo das Wort mit «Greifen» übersetzt wurde).

Dieser letztgenannte Zusammenhang wird v. a. dann deutlich, wenn man auch **2,23** mitberücksichtigt. Hier beantwortet der König seine Frage aus dem vorangehenden Vers. Dass die Antwort negativ ausfällt, überrascht nicht, denn bereits die Frage selbst zielte darauf, dass der Mensch von all seiner Mühe nichts hat. In 2,23 spricht der König das aus bzw. beschreibt die Mühen des Lebens in düsteren Farben. Mit «Leiden» und «Verdruss» nimmt er dabei Stichwörter auf, mit denen er in 1,18 Weisheit und Erkenntnis beschrieb. Dieser Zusammenhang ist nicht zufällig, denn auch hier scheint es dem König besonders um die Frage zu gehen, was dem Menschen die (Bemühung um) Weisheit bringt. Das legt zunächst der Kontext nahe, d. h. der Vorsatz des Königs aus 2,12 («Weisheit, Verblendung, und Torheit zu betrachten») und seine Ausführungen in 2,13–17 und 2,18–21. Weiter deutet das Stichwort «Mühe» in diese Richtung bzw. das so übersetzte Wort *ʿinjān*, das im Koheletbuch häufig dort gebraucht ist, wo es um die Bemühung um Erkenntnis geht (vgl. 1,13; 2,26). Und schliesslich impliziert auch der Verweis auf das «Herz», das in der Nacht nicht zur Ruhe kommt, dass es dem König in diesem Vers besonders um das Bemühen um Weisheit bzw. Erkenntnis geht: Neben der Erwähnung des Erkenntnisorgans deutet darauf v. a. der Anklang an 8,16, wo Kohelet davon spricht, dass er sich weder bei Tag noch bei Nacht Ruhe gönne, weil er die Weisheit verstehen will. So betrachtet, bringt der König mit 2,22–23 seinen in 2,12 genannten Vorsatz zu einem Ende: Nachdem er in 2,13–21 zur Erkenntnis kam, dass einem die Weisheit in Bezug auf den Tod nichts hilft, weil auch sie nichts daran ändern kann, dass der Mensch vergänglich ist, formuliert er hier, dass sie auch zu Lebzeiten selbst nur Leiden und Verdruss bringt. Entsprechend beschliesst er 2,23 mit einem weiteren «nichtig»-Urteil.

Ganz zu Ende ist der König mit seinen Überlegungen allerdings noch nicht. In **2,24** spricht er vom Essen, Trinken und Geniessen des Guten und davon, dass all dies aus der Hand Gottes kommt. Er bringt damit ein Thema zur Sprache, auf das Kohelet später mehrfach zurückkommt. Anders als in 3,12–13.22; 5,17–18 und 8,15 geht es hier aber wohl nicht darum, dass es für den Menschen nichts Gutes gibt, «ausser», dass er sich freut. Bereits in der Antike wurde 2,24 zwar z. T. so verstanden, und auch heutige Exegeten/Exegetinnen verfolgen häufig diese Linie – etwa, indem sie argumentieren, im Hebräischen sei der Buchstabe *m* verloren gegangen, sodass der Satz nicht mit «es gibt nichts Gutes» zu übersetzen wäre, sondern mit «es gibt nichts Besseres als». Anders als in 3,22 steht hier aber kein solches «als» und anders als in 3,12 und 8,15 auch kein «ausser». Der erste Satz des Königs besagt vielmehr, dass der Mensch selbst nichts Gutes zustande bringt (im Hebräischen wörtlich «es gibt nichts Gutes im Menschen») – was den Tenor von 2,22–23 fortsetzt. Der zweite Satz des Königs macht klar, dass es ihm um den Kontrast von «im Menschen» und «aus der Hand Gottes» geht: Aus eigener Erfahrung weiss der König, dass es durchaus lustvolle Momente gibt im Leben (vgl. 2,1–10). Daneben hat er aber auch lernen müssen, dass sich das Glück und der Erfolg nicht erzwingen lassen. Dass (die Möglichkeit,) essen, trinken und geniessen zu können, aus der Hand Gottes kommt, begründet für den König damit seine erste Aussage, dass es nichts Gutes gibt «im Menschen». Was aus der Hand Gottes kommt, liegt ausserhalb der Kontrolle des Menschen. Es ist kontingent.

Bevor er diesem Aspekt des Kontingenten in 2,26 ausführlicher nachgeht, spricht der König in **2,25** nochmals explizit von sich selbst. Das nach «essen» genannte zweite Verb ist in der Bedeutung schwierig; manche übersetzen auch mit «geniessen». So oder so scheint des Königs Frage «wer ... wenn nicht ich» darauf zu zielen, dass sein negatives Urteil nicht von äusseren Umständen (wie Armut) abhängt, sondern von einem ausgesprochen wird, der wie kein anderer dazu prädestiniert gewesen wäre, Erfolg zu haben.

Mit **2,26** bringt der König seine letzte Reflexion zu Ende und beendet damit auch die gesamte Königsfiktion. Er spricht dabei von Gott und davon, dass dieser dem einen «Weisheit, Einsicht und Freude» gibt, dem anderen aber die «Mühe» (im Hebräischen wie in 1,13 und 2,23 das Wort *ʿinjān*; die Zürcher Bibel lässt das Wort unübersetzt) zu «sammeln und anzuhäufen», um das Gesammelte dann einem anderen zu geben. Unüberhörbar knüpft er damit an seine früheren Ausführungen an, in denen es um Weisheit und Erkenntnis (vgl. 1,12–15.16–18; 2,12) und um Freude und Genuss des Guten (vgl. 2,1–11.22–25) ging und dabei um die Frage, inwieweit diese dem Menschen verfügbar sind und einen bleibenden Gewinn darstellen (vgl. mit Blick auf die Erinnerung und das Erworbene ähnlich auch in 2,13–17.18–21). Dem Tenor der vorangehenden Ausführungen entsprechend, betont der König auch hier nochmals, dass Weisheit, Freude und Besitz kontingent sind, etwas, was der Verfügungsgewalt des Menschen entzogen ist. Zur Erklärung dieser Erfahrung weist der König wie bereits in 1,13 und 2,24 auf Gott, und betont, dass dieser es ist, der «gibt» (im Hebräischen ist das Verb dreimal wiederholt). Dieses Geben Gottes ist für den König hart, denn es impliziert, dass der Mensch nicht einfach «nimmt» oder «erreicht». Entsprechend geht es ihm auch bei der Unterscheidung zwischen demjenigen, der Gott gefällt (im Hebräischen wörtlich «der gut ist in seinen Augen»), und demjenigen, dessen Leben verfehlt ist (im Hebräischen wörtlich «Sünder»), kaum um eine objektive Unterscheidung zwischen Gerechtem und Frevler o. ä., sondern eher um das subjektive Urteil Gottes, das für die Menschen oft nicht nachvollziehbar ist. Im weiteren Fortgang des Buchs, kommt Kohelet, der Weise, des Öfteren auf das Thema Unverfügbarkeit zurück; auch er erfährt die Welt als kontingent. Während er dabei aber v. a. dazu aufruft, die guten Momente als Geschenk Gottes zu geniessen und die weniger guten als Aspekt des menschlichen Lebens zu akzeptieren, gelingt dem König eine solche philosophische Ruhe nicht. Als Souverän ist er nicht gewillt oder in der Lage, die Souveränität an Gott abzutreten. Er kann die Unverfügbarkeit von Weisheit, Glück und Erfolg nicht akzeptieren, sondern empfindet sie als Willkür. Entsprechend beschliesst er seine Überlegungen ein letztes Mal mit dem Urteil, dass alles nichtig sei und ein Greifen nach Wind.

3,1–9 Zeit und Stunde

1 Für alles gibt es eine Stunde,
und Zeit gibt es für jedes Vorhaben unter dem Himmel:
2 Zeit zum Gebären
und Zeit zum Sterben,
Zeit zum Pflanzen
und Zeit zum Ausreissen des Gepflanzten,
3 Zeit zum Töten
und Zeit zum Heilen,
Zeit zum Einreissen
und Zeit zum Aufbauen,
4 Zeit zum Weinen
und Zeit zum Lachen,
Zeit des Klagens
und Zeit des Tanzens,
5 Zeit, Steine zu werfen,
und Zeit, Steine zu sammeln,
Zeit, sich zu umarmen,
und Zeit, sich aus der Umarmung zu lösen,
6 Zeit zum Suchen
und Zeit zum Verlieren,
Zeit zum Bewahren
und Zeit zum Wegwerfen,

7 Zeit zum Zerreissen
und Zeit zum Nähen,
Zeit zum Schweigen
und Zeit zum Reden,
8 Zeit zum Lieben
und Zeit zum Hassen,
Zeit des Kriegs
und Zeit des Friedens.
9 Welchen Gewinn hat, wer etwas tut, davon, dass er sich abmüht?

Obwohl Kohelet bzw. der Verfasser des Buchs nirgends sagt, dass er nur in 1,12–2,26 in der Rolle des König spricht (zur Königsfiktion und dem Unterschied zwischen Kohelet und Verfasser s. o. S. 11–13), nicht mehr aber ab Kap. 3, ist dieser Rollenwechsel recht deutlich: Neben der grundsätzlichen Beobachtung, dass der Inhalt ab Kap. 3 sehr viel positiver ist und die «nichtig»-Urteile markant zurückgehen, zeigt sich das v. a. auch daran, dass Kap. 3 als Neuanfang markiert ist, insofern hier nochmals wie in Kap. 1 (vgl. 1,3–11) mit einem Gedicht philosophischen Inhalts eingesetzt wird (vgl. die Korrespondenz von 1,3 und 3,9, des ersten und letzten Verses der beiden Gedichte).

In **3,1–9**, seinem berühmt gewordenen Gedicht über die Zeit, stellt Kohelet 14-mal zwei menschliche Tätigkeiten zu einem Paar zusammen. Von diesen Tätigkeiten ist jeweils die eine positiv besetzt und die andere negativ; die Pointe aber liegt gerade darin, dass sie nicht gewertet werden. In der Regel besteht zwischen den beiden Paaren, die im gleichen Vers genannt sind, ein gewisser Zusammenhang. Mit Gebären und Sterben (vgl. 3,2) sowie Krieg und Frieden (vgl. 3,8) wird die Reihe durch zwei Paare gerahmt, bei denen das Ganze des menschlichen Lebens auf dem Spiel steht, ohne dass ein gewöhnlicher Mensch darauf Einfluss nehmen könnte. Dazwischen stehen harmlosere Paare wie Bewahren und Wegwerfen oder Zerreissen und Nähen. Ohne Gewichtungen und Wertungen formuliert Kohelet bei allen (mehr oder weniger) gleich (vgl. die Ausnahmen in 3,4.5.8). Nach 3,1 geht es ihm darum, dass neben den positiven auch die (scheinbar) negativen Tätigkeiten ihre Zeit haben. Das passt zu 3,11, wonach Gott alles «schön» gemacht hat zu seiner Zeit.

In **3,1** formuliert Kohelet seine These, die er in den folgenden Versen in zahlreichen Beispielen entfaltet. Das Stichwort, das dann im Folgenden bei jeder Tätigkeit wiederholt wird, ist «Zeit»; in 3,1 ist parallel dazu von «Stunde» die Rede. Während «Stunde» im Biblischen Hebräisch ein seltenes Wort ist (es wird erst in späterer Zeit gebräuchlich), wird «Zeit» häufig und in unterschiedlichen Bedeutungen gebraucht. Kohelet verwendet es wiederholt in der Verbindung von «Zeit und Gericht» (vgl. 8,5–6) bzw. «Zeit und Zufall» (vgl. 9,11), und auch sonst spricht er über die «Zeit» als etwas, das den Menschen überfällt (vgl. 3,17; 9,12). Häufig laufen seine Überlegungen dabei darauf hinaus, dass der Mensch diese Zeiten nicht kennen kann (vgl. bes. 8,5), womit er Gedanken aufnimmt, die im Hellenismus insgesamt typisch waren. Während dort aber häufig das Schicksalhafte und Zufällige betont wird, spricht Kohelet an anderen Stellen auch von rechten (vgl. 7,17; 10,17) und falschen (vgl. 8,9) Zeiten und impliziert damit, dass es eine Ordnung der Zeit gibt. Ähnlich ist im AT v. a. in der Weisheitsliteratur und den Psalmen von rechten oder bestimmten Zeiten die Rede (vgl. z. B. Jer 8,7; Ps 1,3; Hiob 39,1; 104,27; Spr 15,23; Sir 1,23; 4,20.23; 39,34). Kaum geht es dabei darum, dass alles prädestiniert ist (vgl. hinsichtlich grosser Zeiträumen aber Dan 2,21; 7,12) – das zeigt im Koheletbuch neben 7,17 mit der Möglichkeit, dass jemand vor seiner Zeit stirbt, v. a. auch 3,1, denn hier ist dem «alles» als zweites Stichwort «jedes Vorhaben» parallel gesetzt und damit auf das Moment des aktiven Planens gewiesen. (Dass jedes «Vorhaben» seine «Zeit» hat, wird in 3,17 und 8,6 wiederholt.) Sowenig Kohelet demnach behauptet, dass der Mensch in seinem Tun keinen Handlungsspielraum hat, geht es in seinen Ausführungen doch um eine Begrenzung dieses Spielraums, so wenig laufen seine Paare von 3,2–8 darauf hinaus, dass unterschiedliche Tätigkeiten je ihre Zeiten haben. Dass es Gott ist, der diese Zeiten bestimmt, sagt Kohelet hier nicht, wohl dann aber in 3,11. Je nach Tätigkeit und Betonung steht bei den Aussagen von 3,1–8 mehr im Vordergrund, dass ein Mensch die rechten Zeiten beachten soll, oder aber dass auch die (scheinbar) schlechten Momente ihre Zeit haben, sprich: zu akzeptieren sind.

Kohelet eröffnet seine Reihe in **3,2** mit dem Paar Gebären und Sterben. Abgesehen vom Sonderfall Suizid, ist das Sterben ein klassisches Beispiel für etwas, das in jedem Leben seine Zeit hat, über die man selbst aber nicht verfügt. Auf dieser Linie ist wohl auch der Verweis auf das Gebären zu verstehen. Mehrfach erwähnt das AT das Gebären bzw. die Wehen als etwas, das die Frau plötzlich überfällt (vgl. z. B. Jes 21,3; Jer 6,24), und noch mehr gilt das natürlich für das Kind, für das der Zeitpunkt der Geburt so wenig berechenbar ist wie derjenige des Todes. Vielleicht geht es auch beim zweiten Paar von 3,2 (Pflanzen–Ausreissen) um den Anfang und das Ende des Lebens, entweder von Pflanzen oder metaphorisch nochmals von Menschen. Das genaue Verständnis ist schwierig, da das mit «ausreissen» übersetzte Verb im AT in dieser Form sonst nicht mehr vorkommt. In anderen Formen (bzw. Stämmen) wird es einmal in Blick auf die Entwurzelung von Völkern gebraucht (vgl. Zef 2,4) und sonst mehrfach zur Beschreibung der Lähmung von Tieren (vgl. z. B. Gen 49,6; Jos 11,6.9). Nachdem das Gewicht beim ersten Paar von 3,2 (Gebären–Sterben) vom Inhalt her auf dem Passiven (Erleiden) lag, verschiebt sich das Gewicht hier beim zweiten Paar (Pflanzen–Ausreissen) auf das Aktive (Handeln), das auch bei den folgenden Paaren im Vordergrund steht.

Auch in **3,3** bringt Kohelet zuerst ein Paar (Töten–Heilen), bei dem man primär an Handlungen (von Menschen) an Menschen denkt, und dann eines (Einreissen–Aufbauen), bei dem als (implizierte) Objekte zunächst eher Pflanzen oder Häuser in den Sinn kommen, das aber auch eine metaphorische Umschreibung des ersten Paars sein könnte. Dass es eine Zeit zum Töten gibt, klingt in heutigen Ohren falsch; Kohelets Aussage scheint dem Tötungsverbot (vgl. Ex 20,13) zu widersprechen. Dieses ist allerdings mit einem anderen Verb formuliert. Zudem gibt es im AT zahlreiche Schriften, die das Töten von Menschen unter bestimmten Umständen als angemessen erachten – nicht nur im Krieg, sondern etwa auch die Todesstrafe (vgl. z. B. Lev 20,16, mit dem gleichen Verb wie hier). Weiter lässt sich aufgrund der

Parallele mit Einreissen–Aufbauen überlegen, ob es hier gar nicht um das das Handeln von Menschen geht, sondern um das Handeln Gottes. Dass JHWH tötet und wieder lebendig macht, zerschlägt und wieder heilt, sagt er nach Dtn 32,39 selbst; ähnlich wird dieser Gedanke auch an anderen Stellen im AT ausgedrückt (vgl. z. B. 1Sam 2,6; Hos 6,1; Hiob 5,18;) – im Jeremiabuch und anderen Propheten auch über die Metapher des Einreissen–Aufbauen (vgl. z. B. Jes 5,5; Jer 1,10; Ez 36,36).

In **3,4** geht es wieder eindeutig um das Handeln des Menschen, und wieder gehören die beiden Paare Weinen–Lachen und Klagen–Tanzen zusammen. Die Verben «weinen» und «klagen» werden im AT häufig im Zusammenhang von Totenklagen und Trauerriten gebraucht, so auch im Koheletbuch (vgl. 12,5 und mit anderen Wörtern 7,2–4; vgl. ferner mit beiden Verben zusammen Gen 23,2; 2Sam 1,12; Jes 22,12; Ez 24,16.23). Entsprechend wird man auch bei Lachen und Tanzen weniger an spontane Freudenbekundungen zu denken haben, sondern eher an solche im Rahmen von Anlässen wie Geburten oder Hochzeiten.

In **3,5** ist der Zusammenhang zwischen den beiden Paaren weniger evident als in den Versen zuvor. Das hängt aber vielleicht auch damit zusammen, dass unklar bleibt, woran Kohelet denkt, wenn er vom Werfen und Sammeln von Steinen spricht. Steine werfen könnte man etwa in feindlicher Absicht (vgl. 2Kön 3,19.25) oder auch, um ein Feld freizuräumen (vgl. Jes 5,2); Steine sammeln, um etwas zu bauen (vgl. Ex 20,25) oder um Zählsteine zu haben (vgl. Dtn 25,13). Mit Verweis auf Ex 1,16 (wo im Hebräischen nicht von «Geburt», sondern von «Steinen» die Rede ist – entweder ein Verweis auf einen Gebärstuhl oder die männlichen oder weiblichen Genitalien), Jer 2,27 und Mt 3,9 wird im Anschluss an den Midrasch Rabba z. T. argumentiert, es handle sich dabei um Metaphern für das Haben und Nichthaben von Geschlechtsverkehr. Diese Erklärung scheint aber zu weit hergeholt. Zudem sind für das Verb «umarmen» nur in einer anderen Form (dem Piel) erotische Konnotationen bezeugt (vgl. z. B. Spr 5,20; Hld 2,6), und auch hier nur als Ausnahme (vgl. typisch eher Gen 29,13; 48,10). In der Grundform (dem Qal) begegnet das Verb im AT sonst nur noch in 4,5 (Halten/Ineinanderlegen von Händen) und 2Kön 4,16 (Umarmen/Halten eines Kindes). Auch hier bleibt somit offen, woran genau Kohelet denkt.

Einfacher wird es wieder in **3,6** mit den Paaren Suchen–Verlieren und Bewahren–Wegwerfen. Der Erklärung bedarf allerdings das mit «verlieren» übersetzte Wort, denn im Hebräischen ist hier nicht die Grundform (das Qal) gebraucht, sondern eine Form (das Piel), die ein aktives Moment impliziert und sonst häufig in der Bedeutung von «vernichten/zugrunde richten» gebraucht ist (so auch in 7,7; vgl. weiter z. B. Dtn 12,2). Zwar nicht explizit, aber immerhin implizit wird das Verb in dieser Form auch in Jer 23,1 als Kontrast zu «suchen» gebraucht, nämlich in einer Aussage über Könige, die die Schafe ihrer Weide «zugrunde richten und zerstreuen» (vgl. explizit ähnlich Ez 34,4.16). Entsprechend muss man das Verb in 3,6 wohl als «verloren geben» verstehen. Nennt das erste Paar in diesem Vers folglich die beiden Arten, wie man mit Verlorenem umgehen kann (man erklärt es als verloren oder sucht weiter), so das zweite Paar die beiden Arten, wie man mit dem umgehen kann, das man hat (man behält es oder wirf es weg).

In **3,7** folgen mit Zerreissen–Nähen und Schweigen–Reden nochmals zwei Paare, bei denen der Zusammenhang nicht unmittelbar evident ist (vgl. bereits 3,5). Auch hier allerdings findet sich bereits im Midrasch Rabba eine Deutung, nach der ein solcher Zusammenhang besteht: nämlich über das Thema Trauerbräuche, zu denen in atl. Zeit auch das Schweigen (vgl. z. B. Hiob 2,13; Klgl 2,10) und das Zerreissen von Kleidern (vgl. z. B. 2Sam 3,31; Hiob 2,12) gehörten. Wieder scheint diese Deutung sehr gesucht und man tut besser daran, Kohelets Aussagen nicht in diesem Sinn zu verengen. Während das AT über das Zerreissen und Nähen sonst wenig sagt, finden sich insbesondere in der Weisheitsliteratur zahlreiche Aussagen über das Schweigen und Reden. Tendenziell gilt dabei das Schweigen wertvoller als das Reden (vgl. z. B. Spr 10,19; 11,12–13; 12,23; 17,27–28; 29,11; vgl. auch 4,17–5,2), häufig liegt das Augenmerk dabei weniger auf dem Schweigen und Reden an sich, sondern auf dem Wissen um die rechte Zeit (vgl. Spr 15,23; 25,11; Sir 1,24; 4,23; 20,5–7.20). Dass es Zeiten gibt, in denen man reden muss, sagt auch Est 4,14.

Mit den beiden letzten Paaren Lieben–Hassen und Krieg–Frieden bringt Kohelet in **3,8** nochmals ähnlich Grundsätzliches zur Sprache wie zu Beginn seiner Aufzählung – im Fall von Krieg und Frieden geht es dabei wieder um Leben und Tod, wie schon in 3,2 bei Gebären und Sterben. Typisch für die gesamte Reihe ist auch die Ambivalenz, ob es bei diesen Tätigkeiten und Ereignissen um solche geht, die der Mensch aktiv wählt, oder solche, denen er passiv ausgesetzt ist. Dass Gefühle wie Liebe und Hass ausserhalb der Kontrolle des Menschen stehen (und je ihre Zeiten haben), wird im AT besonders deutlich in 2Sam 13,15 gesagt. Daneben aber finden sich hier aber auch zahlreiche Aussagen, wonach man bewusst wählen kann, wen oder was man liebt bzw. hasst (vgl. z. B. Dtn 6,5; Am 5,15; Mi 3,2; Ps 45,8; 97,10). Anderer Art ist die Ambivalenz im Fall von Krieg und Frieden. Hier ist bei gewöhnlichen Menschen klar, dass sie nicht wählen können, ob Krieg oder Frieden ist. Das können nur Herrscher und Feldherren; sie müssen sich überlegen, wann der rechte Zeitpunkt für einen Krieg ist. Neben der politischen Situation gilt es dabei auch die Jahreszeit (vgl. 2Sam 11,1) und den Willen Gottes (vgl. z. B. 1Sam 14,37; 1Kön 22,5) zu bedenken.

Das Gedicht über die Zeit endet in **3,9** mit einer Frage, die an die sehr ähnlich formulierte Frage von 1,3 erinnert. Wie dort fragt Kohelet auch hier danach, welchen «Gewinn» es für den Menschen gibt, wobei er hier aber bezeichnenderweise die Umschreibung «der, der etwas tut» gebraucht. Dass der Mensch vieles tun kann, bestreitet Kohelet nicht, im Gegenteil weist er mit «dass er sich abmüht» ausdrücklich auf dieses Tun. Die Frage aber ist, ob dieses Tun einen «Gewinn» darstellt. Die Antwort auf diese Frage hängt davon ab, wie man das Wort «Gewinn» versteht. Hier gebraucht es Kohelet ähnlich absolut wie in 1,3; 2,11 und 5,15, und vermutlich zielt die Frage entsprechend auf eine negative Antwort (vgl. 2,11). Der Mensch kann sich zwar «abmühen», doch seinem Tun sind deutliche Grenzen gesetzt: Es beginnt damit, dass es keine Tätigkeit gibt, die uneingeschränkt angemessen ist oder Erfolg verspricht. Kohelets Paare haben vielmehr deutlich gemacht, dass sich jeder Tätigkeit eine andere gegenüberstellen lässt, die ebenfalls ihre Zeit hat. Und der Wechsel dieser Zeiten ist der Kontrolle des Menschen entzogen. Er kann allenfalls in Weisheit erkennen, dass es nun für diese oder jene Tätigkeit die rechte Zeit ist; häufig ist es aber auch einfach das Schicksal, das ihm einen solchen Wechsel der Zeiten zeigt. Dass es in 3,9 wie im ganzen Gedicht auch um das Tun des Menschen im Gegenüber zum Tun Gottes geht, deutet sich im Hebräischen in der mit «dass er sich abmüht» übersetzten Formulierung an, denn in dieser ist das (den Menschen bezeichnende) «er» stark betont. Deutlich macht das sodann v. a. der Fortgang mit 3,10–11, wo dieses Gegenüber explizit zum Thema gemacht wird.

3,10–15 Gott hat alles schön gemacht

10 Ich sah, was Gott den Menschen zu tun überlassen hat. 11 Alles hat er so gemacht, dass es schön ist zu seiner Zeit. Auch die ferne Zeit hat er den Menschen ins Herz gelegt, nur dass der Mensch das Werk, das Gott gemacht hat, nicht von Anfang bis Ende begreifen kann. 12 Ich erkannte, dass sie nichts Besseres zustande bringen, als sich zu freuen und Gutes zu tun im Leben. 13 Und wenn irgendein Mensch bei all seiner Mühe isst und trinkt und Gutes geniesst, ist auch dies ein Geschenk Gottes. 14 Ich erkannte, dass alles, was Gott schafft, endgültig ist. Nichts ist ihm hinzuzufügen, und nichts ist davon wegzunehmen. Und Gott hat es so gemacht, dass man sich vor ihm fürchtet. 15 Was einmal geschah, ist längst wieder geschehen, und was geschehen wird, ist längst schon geschehen. Gott aber sucht, was verloren ging.

In **3,10–15** bietet Kohelet eine Art philosophische Zusammenfassung seiner Gedanken über das Tun Gottes und das Unvermögen des Menschen, dieses zu begreifen. Über das Thema Zeit knüpft er dabei deutlich an das vorangehende Gedicht an, daneben bestehen zahlreiche Verbindungen auch zu anderen Abschnitten im Buch.

Eine erste solche Verbindung wird in **3,10** explizit, denn dieser Vers ähnelt der Formulierung des Königs in 1,13 – im Hebräischen fällt in 3,10 wie in 1,13 wieder das Stichwort «Mühe» (*ʿinjān*) (vgl. auch 2,24.26). Fast noch bezeichnender als die Ähnlichkeit ist dabei der Unterschied: dass der König von einer «leidigen» Mühe sprach, Kohelet diese negative Qualifizierung aber weglässt. Anders als dem König geht es Kohelet nicht darum, etwas als «(leidige) Mühe» abzuqualifizieren, sondern darum, diese Mühe besser zu verstehen. Entsprechend spricht er in 3,10 davon, dass er sie «sah», und berichtet im nächsten Vers, was er gesehen bzw. verstanden hat. Wie bereits für den König steht dabei auch für Kohelet von Anfang an ausser Frage, dass es Gott war, der den Menschen diese «Mühe gegeben» (Zürcher Bibel «zu tun überlassen») hat. Warum etwas von Gott Gegebenes eine solche «Mühe» sein kann, erklärt er im nächsten Vers.

Mit dem ersten Satz von **3,11** macht Kohelet dabei zunächst klar, dass Gott «alles» gemacht hat – d. h. nicht nur die in 3,10 erwähnte «Mühe», sondern etwa auch Weinen und Lachen, Liebe und Hass und alles andere in 3,2–8 Genannte (vgl. 3,1 mit dem Stichwort «alles»), den Tag des Glücks und den Tag des Unglücks (vgl. 7,14), das Werden des Kinds im Bauch der Mutter, den Weg des Winds (vgl. 11,5) etc. Dass all dies auf das Handeln (eines) Gottes zurückgeht, war in der Antike selbstverständlich. Das Gott «alles» schafft, wird im AT allerdings nur selten explizit gesagt (vgl. neben Gen 1,31 noch Jes 44,24; 45,7 und Sir 43,33) – wohl auch darum, weil bei diesem allgemeinen «alles» auch das (scheinbar) Negative eingeschlossen ist (vgl. explizit Jes 45,7). Und genau das ist auch der Punkt Kohelets – deshalb hat er in 3,2–8 jeweils einer (scheinbar) positiven eine (scheinbar) negative Tätigkeit gegenübergestellt (vgl. explizit auch 7,14) und sagt nun in 3,11, dass Gott alles so gemacht hat, dass es «schön» ist «zu seiner Zeit». Damit wiederholt er nochmals expliziter und mit Bezug auf Gott, was er bereits in 3,1–9 angedeutet hatte: dass alles seine Zeit hat, auch die scheinbar negativen Momente. Das Wort «schön» ist dabei im Sinne von «gut» oder «angemessen» zu verstehen (vgl. den Gebrauch der beiden Wörter «gut» und «schön» als Synonyme in 5,17). Trotz anderer Wortwahl erinnert Kohelets Formulierung hier kaum zufällig an Gen 1, wo die Güte der Schöpfung mehrfach betont wird (vgl. Gen 1,4.10.12.18.21.25.31). Dass alle Werke Gottes «gut» sind und zu ihrer Zeit ihre Berechtigung haben, wird ausführlich auch in Sir 39,12–35 bedacht (vgl. explizit Sir 39,16.21.33–34). Während das Gewicht in dieser etwas jüngeren Schrift darauf liegt, dass (scheinbar) schlechte Dinge der Bestrafung und Vernichtung der Bösen dienen (und damit ebenfalls wieder gut sind), zeigen die weiteren Ausführungen Kohelets, dass es ihm darum geht, dass der Mensch das Tun Gottes nicht versteht.

Auf dieses Unvermögen des Menschen, das Tun Gottes zu verstehen, spielte Kohelet bereits in der Rolle des Königs an (vgl. besonders 1,13 und 2,26). Explizit spricht er den Gedanken ein erstes Mal in der zweiten Vershälfte von 3,11 aus (vgl. danach noch in 8,16–17 und 11,5–6). Das Ende dieses Halbverses ist einfacher zu verstehen als der Anfang; klar und deutlich sagt Kohelet hier, dass der Mensch das Tun Gottes nicht «begreifen», sprich: verstehen kann. Mit der Präzisierung «von Anfang bis Ende» versucht er klarzustellen, dass er nicht sagen will, dass der Mensch das Tun Gottes überhaupt nicht versteht. Das meint Kohelet nicht – er selbst spricht ja häufig von diesem göttlichen Tun, und zwar durchaus nicht nur in Aussagen darüber, dass man es nicht erkennen könne. In der Gesamtheit aber übersteigt das Tun Gottes das Fassungsvermögen des Menschen – nicht zuletzt auch durch die zeitliche Limitierung, durch die auch das Erkenntnisvermögen begrenzt ist (vgl. 9,5–6.10 sowie 7,2 mit dem Stichwort «Ende»). Und diese Limitierung zeigt sich auch zu Lebzeiten: Der Mensch versteht das Tun Gottes nicht vollumfänglich. Das ist der Grund, warum es aus menschlicher Perspektive neben Zeiten des Glücks auch solche des Unglücks gibt (vgl. 7,14; 9,12), neben guten Erfahrungen auch solche, die aus menschlicher Perspektive schlecht sind (vgl. die Paare in 3,2–8). Aus Gottes Perspektive aber sind all diese Zeiten gut bzw. «schön».

Inwiefern all das aufs Engste mit der in 3,10 genannten «Mühe» verbunden ist, erklärt Kohelet am Anfang der zweiten Hälfte von 3,11. Wie in 3,10 spricht er auch hier wieder von einem Geben Gottes, hier aber nicht vom Geben der «Mühe», sondern davon, dass Gott den Menschen die «ferne Zeit» ins Herz gegeben hat. Woran genau er bei «ferne Zeit» denkt, ist umstritten. (Wenig überzeugend sind Vorschläge, das hebräische Wort sei hier mit «Dunkelheit», «Wissen» oder «Welt» zu übersetzen; zu einfach macht man es sich auch mit der These, es handle sich hier um einen Verschreiber für «Arbeit/Mühe».) Das hebräische Wort *ʿôlām*, das häufig auch mit «Ewigkeit» übersetzt wird, meint die fernste Zeit sowohl in der Vergangenheit (vgl. 1,10 mit «längst schon einmal») als auch in der Zukunft (vgl. 2,16; 3,14 mit «endgültig»). Im Kontext von Kap. 3 erinnert das sowohl an die vielen in 3,1–8 genannten Zeiten, als auch an den Ausdruck «von Anfang bis Ende» am Ende des Verses. Da es dort um das menschliche Erkennen geht und hier das Erkenntnisorgan «Herz» genannt ist, ist zu vermuten, dass Kohelet davon spricht, dass Gott den Menschen ein Wissen um die grössere Zeitdauer bzw. die grösseren Zusammenhänge gegeben hat. Diese an sich höchst positive Aussage wird im folgenden Satz radikal relativiert: Sosehr der Mensch um die grösseren Zusammenhänge weiss, kann er das Tun Gottes doch nicht vollständig erfassen. Der Mensch erfährt verschiedene Zeiten; dass sie aber alle «schön» sind, versteht er nicht, weil er nur eine Ahnung von der «fernen Zeit» hat, das Tun Gottes aber nicht von Anfang bis Ende überblickt (s. o.). Und genau diese Diskrepanz erklärt, warum Kohelet in 3,10 von «Mühe» (Zürcher Bibel: «zu tun überlassen hat») spricht: Da der Mensch um die grösseren Zusammenhänge weiss bzw. eine Ahnung von ihnen hat, versucht er sie auch zu verstehen. Doch dieses Bemühen bleibt oft ein Bemühen, der Mensch kommt an seine Grenzen. Während der König ob solcher Erfahrung zu sehr negativen Schlüssen kam (vgl. 1,12–18; 2,22–26), formuliert Kohelet in den folgenden Versen positive Konsequenzen aus seinen Einsichten, zunächst primär mit Blick auf den Menschen, dann stärker auch mit Blick auf Gott (vgl. 3,12–13 und 3,14–15, je eingeführt mit «ich erkannte»).

Als erste Konsequenz ruft Kohelet in **3,12–13** zur Lebensfreude auf. Wieder greift er dabei auf Formulierungen des Königs zurück, gibt diesen aber eine positive Wendung. Während sich der König in 2,24 beklagte, dass es nichts Gutes im Menschen selbst gibt, dass das Gute vielmehr aus der Hand Gottes kommt, ruft Kohelet hier dazu auf, dieses Gute aus der Hand Gottes als Geschenk zu verstehen und sich darüber zu freuen. Wenn man die grösseren Zusammenhänge nicht versteht, nicht weiss, was das Leben bringt, ist es das Beste, die guten Momente zu geniessen (vgl. 3,22; 5,17–18; 8,15). Wie bereits in der Rolle des Königs spricht Kohelet hier neben «sich freuen» und «geniessen» konkret v. a. von «essen» und «trinken». Weiter erwähnt er das «Tun» des Guten. Die meisten Exegeten/Exegetinnen verstehen den Ausdruck parallel zu «sich freuen» im Sinn von «sich Gutes verschaffen» bzw. «es sich gut gehen lassen». Ein solches Verständnis ist nicht auszuschliessen, passt aber eigentlich eher zum König (vgl. 2,1–10, besonders 2,8). Bei Kohelet selbst ist es m. E. wahrscheinlicher, dass er hier bei seinem ersten Aufruf zur Lebensfreude klarmachen will, dass es ihm nicht um einen plumpen Hedonismus geht, dass zum Geniessen des Guten vielmehr auch tatkräftiges Tun gehört (vgl. auch 4,5; 7,17; 8,12; 9,10; 11,1–6; sowie 7,20, wo «Gutes tun» im Kontrast zu «sündigen» gebraucht ist).

Nach seinem praktischen Aufruf zur Lebensfreude tritt Kohelet in 3,14–15 sozusagen nochmals einen Schritt zurück und denkt weiter darüber nach, was seine Reflexionen aus 3,10–11 im Blick auf Gott bedeuten. In **3,14** beginnt er mit der Aussage, dass alles, was Gott schafft, «endgültig» ist. Er wiederholt dabei das Wort *'ôlām* (das in 1,4 und andernorts mit «ewig» übersetzt ist), das er schon in 3,11 gebrauchte, wo es um die «ferne Zeit» ging, die Gott den Menschen ins Herz gelegt hat. Der Fortgang des Satzes zeigt, dass es Kohelet hier darum geht, dass das Tun Gottes vollkommen ist. In Anlehnung an die sog. Kanonformel (vgl. Dtn 4,2; 13,1) formuliert er nämlich, dass man dem Tun Gottes weder etwas hinzufügen noch etwas von ihm wegnehmen kann. Damit nimmt er nochmals den Gedanken auf, dass Gott alles «schön» gemacht hat (vgl. 3,11), und macht dabei durch die Verbform klar, dass das nicht nur für die Vergangenheit gilt, sondern auch für die Gegenwart und die Zukunft. Implizit wendet sich Kohelet damit gegen die Apokalyptik, nach der die gegenwärtige Welt noch nicht die endgültige ist, sondern erst die kommende (vgl. z. B. Dan 2,44; 7,18; 12,2–3). Gut weisheitlich hält Kohelet gegenüber einer solchen Weltanschauung fest, dass Gottes Schöpfung, so wie sie ist, vollkommen ist (vgl. auch bereits 1,4 mit der Aussage, dass die Erde «ewig» bestehen bleibt). Während die ältere Weisheit diesen Gedanken als gegeben voraussetzen konnte, sieht sich Kohelet gezwungen, die Diskrepanz zur menschlichen Erfahrung zu begründen. Explizit tat er das in 3,11 mit der Bemerkung, der Mensch könne das Werk Gottes nicht «von Anfang bis Ende» begreifen. Hier in 3,14 spricht er diesen Gedanken nicht nochmals aus, erinnert mit der Rede von «nichts hinzufügen» und «nichts wegnehmen» aber daran. Sehr ähnliche Gedanken formuliert nach Kohelet auch Ben Sira, etwa in 42,21–22: «Seine machtvolle Weisheit hat er [Gott] fest gegründet, er ist der Einzige von Ewigkeit her. Nichts ist hinzuzufügen, nichts wegzunehmen, er braucht keinen Lehrmeister. Alle seine Werke sind vortrefflich, doch sehen wir nur einen Funken und ein Spiegelbild.» (vgl. auch Sir 16,26–27; 18,6–7).

Während Kohelet so in der ersten Hälfte von 3,14 nochmals in anderen Worten formuliert, was das in 3,11 Gesagte im Blick auf Gott und Gottes Werk besagt, bringt er in der zweiten Hälfte des Verses mit dem Stichwort «(Gott) fürchten» nochmals einen neuen Gedanken ins Spiel, bei dem es darum geht, wie der Mensch Gott begegnen soll. Dass man Gott «fürchten» soll, ist im AT v. a. in der Weisheitsliteratur ein geläufiger Gedanke; Kohelet kommt später noch mehrfach darauf zurück (vgl. 5,6; 7,18; 8,12–13; vgl. ferner die Zusammenfassung in 12,13). Es geht dabei nicht um Angst, sondern um Ehrfurcht. Nach Kohelet ist eine solche Haltung der Ehr- bzw. eben Gottesfurcht angesichts der Vollkommenheit der Schöpfung Gottes und dem Unvermögen des Menschen, diese ganz zu begreifen, nicht nur die einzig angemessene Antwort des Menschen; diese menschliche «Antwort» ist vielmehr selbst ein Werk Gottes bzw. dasjenige, worauf Gott mit seinem Tun zielt. Woher er das weiss, sagt Kohelet nicht.

Auch in **3,15** argumentiert Kohelet in einer Art, die seinen eigenen Prinzipien eigentlich widerspricht, weil sich seine Aussagen empirisch nicht überprüfen lassen. Über den Verweis auf das Vergangene und das Zukünftige nimmt er noch einmal das Thema Zeit und Ewigkeit auf, das er ja seit 3,1 wiederholt angesprochen hat. Seine Ausführungen sind wohl als eine Erklärung dafür zu verstehen, wie es sein kann, dass alles, was Gott schafft, «endgültig» ist (vgl. 3,14), es aber dennoch einen Wechsel der Zeiten gibt (vgl. 3,1–8). Kohelet erklärt diese scheinbare Diskrepanz mit dem Gedanken der Wiederkehr des Gleichen, den er ähnlich bereits in 1,4–11 formuliert hat (vgl. bes. 1,9–10). Während er in der Rolle des Königs dort noch rein kosmologisch argumentierte und Gott nicht nannte, verweist er hier im letzten Satz des Abschnitts explizit auf Gott. Was genau er meint, ist allerdings umstritten (und Sir 5,3, wo auf 3,15 angespielt sein könnte, hilft auch nicht weiter, da auch dort verschiedene Deutungen möglich sind). Hinter der in der Zürcher Bibel mit «was verloren ging» übersetzten Wendung steht im Hebräischen ein Verb, das «verfolgen» heisst. Die griechische Übersetzung verstand sie persönlich, d.h. im Sinn «der Verfolgte». Im Hebräischen aber hat das Verb häufig auch übertragene Bedeutung, kann es auch um ein «verfolgen» im geistigen Sinn («das Verfolgte») gehen (vgl. z.B. Dtn 16,20; Ps 34,15). In Hos 12,2 ist von «verfolgen» bzw. dem Wind «nachjagen» die Rede, und zwar parallel zur Idee, dass man den Wind «weidet», wobei in dieser Parallele das Verb gebraucht wird, das hinter Kohelets Wendung «Greifen» nach Wind steht (vgl. 1,14 u.ö.). Je nachdem, welche dieser Linien man verfolgt, spricht Kohelet hier davon, dass sich Gott für die Verfolgen einsetzt, dass Gott das in die Vergangenheit Entschwundene sucht (und zu seiner Zeit wieder bringt), dass Gott das sucht (und findet), was er vorher schon «verfolgt» hat, d.h. immer wieder das Gleiche, oder darum, dass Gott das sucht (und findet), worum die Menschen sich vergeblich bemühen. Zu dieser letzten Deutung passt, dass Kohelet andernorts davon spricht, dass die Menschen zu verstehen «suchen», dabei aber nicht «finden» (vgl. 7,25.28–29; 8,17). So verstanden, ginge es Kohelet in diesem letzten Satz nochmals um sein Hauptthema in diesem gesamten Abschnitt: die Begrenztheit des Menschen und die Vollkommenheit des göttlichen Tuns.

3,16–22 Den Gerechten und den Frevler wird Gott richten

16 Und weiter sah ich unter der Sonne: Zur Stätte des Rechts dringt das Unrecht vor, und zur Stätte der Gerechtigkeit das Unrecht. 17 Ich sagte mir: Den Gerechten und den Frevler wird Gott richten. Denn Zeit gibt es für jegliches Vorhaben und so auch für alles, was dort geschieht. 18 Ich dachte über die Menschen: Gott hob sie heraus und sah, dass sie doch nur Tiere sind. 19 Das Geschick der Menschen gleicht dem Geschick der Tiere, es trifft sie dasselbe Geschick. Jene müssen sterben wie diese, beide haben denselben Lebensgeist, und nichts hat der Mensch dem Tier voraus, denn nichtig und flüchtig sind sie alle. 20 Alle gehen an ein und denselben Ort, aus dem Staub sind alle entstanden, und alle kehren zurück zum Staub. 21 Wer weiss denn, ob der Lebensgeist des Menschen nach oben steigt und der Lebensgeist der Tiere hinab in die Erde? 22 So sah ich, dass es nichts Besseres gibt, als dass der Mensch sich freut bei seinem Tun, denn das ist sein Teil. Wer würde ihn denn dazu bringen zu sehen, was künftig sein wird?

Nach seinen Reflexionen über Gottes Tun und dessen (Un-)Erkennbarkeit richtet Kohelet seinen Blick in **3,16–22** wieder auf das Tun «unter der Sonne», die empirisch beobachtbare Welt. Beobachtungen über Recht und Unrecht (vgl. 3,16–17) führen ihn zu Reflexionen über die Sterblichkeit aller (3,18–21) und schliesslich zu einem erneuten Aufruf zur Lebensfreude (vgl. 3,22).

In **3,16** eröffnet Kohelet auch diesen Abschnitt wieder mit dem Verb «ich sah», mit dem «weiter» scheint er dabei bewusst auf den vorangehenden Abschnitt zurückzuverweisen. Sein Einsatzpunkt ist dabei derjenige einer Diskrepanz: Zumindest auf den ersten Blick stehen seine Beobachtungen zu Unrecht an der Stätte des Rechts und der Gerechtigkeit im Widerspruch zu seiner Erkenntnis von 3,11, dass alles «schön» ist zu seiner Zeit. Nach der traditionellen Weisheit tragen Recht und Gerechtigkeit letztlich immer den Sieg davon. Und dies würde man insbesondere auch beim Gerichtswesen erwarten, dem Ort von Recht und Gerechtigkeit. Genau hier im Konkreten zeigt sich allerdings auch, dass die Ideologie oft nicht der Realität entspricht. Im AT spiegelt sich dies bereits in Ermahnungen wie derjenigen von Ex 23,6–8 («Du sollst das Recht deines Armen in seinem Rechtsstreit nicht beugen ...») oder in der heftigen Kritik der Propheten (vgl. z.B. Jes 1,23; 10,1–2; Jer 5,28; Am 5,12). 5,7 zeigt, dass auch Kohelet konkret an die Beugung des Rechts der Armen denkt; hier in 3,16 belässt er es bei der allgemeinen Beobachtung, dass es selbst am Ort des Rechts bzw. der Gerechtigkeit Unrecht gibt.

Vermutlich als eine Art Erklärung der impliziten Diskrepanz spricht Kohelet in **3,17** vom Gericht Gottes bzw. davon, dass Gott sowohl den Gerechten wie den Frevler richten wird. Das Verständnis dieses Verses ist schwierig und kontrovers. Manche Exegeten/Exegetinnen können ihn überhaupt nicht mit Kohelets sonstigen Aussagen vereinbaren und argumentieren, er sei vom gleichen Redaktor hinzugefügt worden, der das Buch mit 12,(9–)14 abschloss. Nun finden sich im Koheletbuch aber durchaus auch noch andere Aussagen über das Gericht Gottes, so explizit in 11,9 und implizit in 8,5–6 und 8,12–13 (vgl. auch 7,17). Bei allen diesen Stellen stellt sich die Frage, ob Kohelet an ein jenseitiges Gericht nach dem Tod denkt oder an ein diesseitiges Gericht zu Lebzeiten – je nach Stelle scheint dabei die eine oder andere Möglichkeit wahrscheinlicher, bei ihnen allen aber bleibt die Frage letztlich ungeklärt. In 3,17 spricht Kohelet einfach allgemein von der «Zeit», die es für jegliches Vorhaben gibt. Insofern er damit an 3,1–8 bzw. 3,1–11 zurückerinnert, impliziert er wohl, dass diese Zeiten in Gottes und nicht des Menschen Hand sind. Interessant, aber ebenfalls nicht eindeutig ist das «dort» am Ende des Verses. Nach manchen weist es auf das Jenseits, nach anderen aber auf den Ort des Rechts bzw. der Gerechtigkeit. Ambivalent ist auch Kohelets Aussage, dass Gott «*den Gerechten* und den Frevler» richten wird – insbesondere wenn man weiss, dass er später sagt, dass niemand so gerecht sei, dass er niemals sündige (vgl. 7,20 sowie die allgemeinen Aussagen über die Bosheit der Menschen in 8,6.11; 9,3; vgl. allerdings auch 12,12, wo vom «Gericht» über «gut» und «böse» die Rede ist). Derart auf Mehrdeutigkeiten aufmerksam gemacht, kann man schliesslich auch 3,16 nochmals anders lesen, nämlich in dem Sinn, dass letztlich alles Unrecht an den Ort des Rechts und der Gerechtigkeit kommt, sprich: gerichtet wird. All diese Mehrdeutigkeiten sind wohl nicht zufällig, sondern von Kohelet bewusst eingesetzt – sei es, um seine Zuhörerschaft zum Nachdenken zu bringen, sei es, weil er über ein Thema spricht, über das sich «unter der Sonne» (vgl. 3,16), d. h. empirisch, nichts Sicheres sagen lässt.

Wie schon 3,17 durch «ich sagte mir» eingeleitet, bringt Kohelet in **3,18** ein neues Thema zur Sprache: den Tod und die Frage, ob es diesbezüglich Unterschiede gibt. Nach 3,17 ist in diesem Vers zunächst beachtenswert, dass es keine Rolle mehr spielt, ob einer ein Gerechter oder ein Frevler ist, Kohelet vielmehr pauschal vom Menschen im Unterschied zum Tier spricht. Grammatikalisch ist der Vers mit manchen Schwierigkeiten belastet, inhaltlich aber ist klar, dass Kohelet beim Gedanken einer Sonderstellung des Menschen einsetzt. Wenn er davon spricht, dass Gott die Menschen «herausgehoben» habe, werden seine Zeitgenossen wohl an Texte wie Gen 1,26–28 und Ps 8 gedacht haben, in denen ausformuliert wird, dass Gott die Menschen mit einer besonderen Ehre bedacht und über die Tiere gesetzt hat. Kohelet scheint diesen Gedanken zu teilen – über die Tiere spricht er sonst kaum, und wenn, dann in der Rolle von unwichtigen Statisten (vgl. z. B. 2,7; 9,12; 10,1) –, sein Punkt aber ist ein anderer. Ihm geht es darum, dass es im Blick auf den Tod keinen Vorzug des Menschen vor dem Tier gibt. Diese Präzisierung, dass es ihm um den Tod geht, bringt Kohelet allerdings erst in 3,19. In 3,18 formuliert er zunächst sehr allgemein, dass «sie», d. h. die Menschen, «Tiere sind». Nach dem Versanfang kommt diese Aussage überraschend und für Menschen mit hohem Selbstbewusstsein wie ein Schock.

Erst in **3,19** erklärt Kohelet, dass er bei seiner Aussage über die Gleichheit von Menschen und Tieren nicht an ein animalisches Verhalten denkt, sondern an das «eine Geschick», den Tod. Sehr ähnlich sprach der König in 2,14–17 davon, dass das «eine Geschick» alle trifft. Während des Königs Überlegungen im Zusammenhang der Frage nach einem «Gewinn» der Weisheit vor der Torheit standen (vgl. 2,13) und darauf hinausliefen, dass es einen solchen Gewinn im Blick auf den Tod nicht gibt, da der Weise wie der Tor sterben muss, geht es Kohelet hier um die Sterblichkeit von Mensch und Tier – mit der Schlussfolgerung, dass es angesichts des Todes keinen Vorzug des Menschen vor den Tieren gibt. (Das in der Zürcher Bibel mit «hat nichts voraus» übersetzte Wort ist im Hebräischen mit dem in 2,13 mit «Gewinn» übersetzten Wort verwandt). Zum ersten Mal, seit er nicht mehr in der Rolle des Königs spricht, bringt Kohelet hier ein «nichtig»-Urteil. Hier hat dieses aber eine andere Funktion als in der Königsfiktion (vgl. 2,17 u. ö.): Es ist nicht (pessimistische) Schlussfolgerung, sondern (realistische) Begründung. Das Wort *hæbæl* ist dabei wohl im engeren Sinn von «flüchtig, vergänglich» zu verstehen. Die etwas freiere Übersetzung der Zürcher Bibel mit zwei Wörtern («nichtig und flüchtig») bringt das gut auf den Punkt. Bereits in 3,19 erwähnt Kohelet «denselben Lebensgeist» von Mensch und Tier. Woran er dabei genau denkt, erklärt er im weiteren Fortgang.

In **3,20** geht es zunächst aber noch nicht um den «Lebensgeist», sondern um den «Staub». Kohelet erinnert an die biblische Tradition, wonach die Menschen bzw. alle Geschöpfe aus Staub erschaffen wurden (vgl. Gen 2,7.19; Ps 103,14) und dorthin auch wieder zurückkehren (vgl. z. B. Gen 3,19; Ps 90,3; 104,29; Hiob 34,15).

Erst in **3,21** kommt Kohelet nochmals auf den «Lebensgeist» zu sprechen. Er knüpft dabei an die altorientalische Tradition an, wonach Gott mit diesem das Leben gibt (vgl. Gen 2,7; Ez 37,5) und wieder nimmt (vgl. Ps 104,29; Hiob 34,14). Die Kontrastierung der Meinung, der Lebensgeist des Menschen steige nach oben und derjenige der Tiere nach unten, zeigt, dass Kohelet hier gegen Zeitgenossen argumentiert, die davon ausgehen, dass es in dieser Hinsicht zwischen Mensch und Tier einen Unterschied gebe. Im AT selbst wird das so nirgends gesagt, allerdings ist hier i. d. R. nur vom Lebensgeist der Menschen die Rede (vgl. z. B. Gen 2,7 mit Gen 2,19) und nur sehr selten (vgl. Gen 7,15; Ps 104,29–30) von demjenigen aller Lebewesen. Im AT werden erst in jüngeren Texten Unterschiede hinsichtlich der postmortalen Existenz gemacht, und hier verläuft die Linie nicht zwischen Mensch und Tier, sondern zwischen Gerechten/Frommen und Frevlern/Gottlosen (vgl. Ps 49,16; 73,24; Dan 12,2). Für Kohelet sind solche Differenzierungen falsch bzw. müssig. (Wie dem König gelingt es ihm beim Weisen/Toren aber auch nicht ganz, den Gedanken des «einen Geschicks» gelassen anzunehmen; vgl. 2,14.16; 9,2–3). Im Blick auf die Frage der postmortalen Existenz von Mensch und Tier sind seine Aussagen dabei etwas widersprüchlich, denn er argumentiert sowohl ontologisch als auch epistemologisch. Ontologisch betont Kohelet, dass das postmortale Schicksal von Mensch und Tier gleich ist (vgl. «dasselbe Geschick», «derselbe Lebensgeist», «derselbe Ort»; viermal «alle»). Epistemologisch aber argumentiert er, dass man über das postmortale Schicksal überhaupt nichts sagen kann, weil niemand etwas darüber weiss. Das Unvermögen des Menschen, etwas über die Zukunft wissen zu können, ist ein wichtiges Thema Kohelets, er kommt später immer wieder darauf zurück (vgl. 6,12; 7,14; 8,7; 9,12; 10,14). Im Blick auf die Frage der postmortalen Existenz von Mensch und Tier aber hält ihn das doch nicht von eigenen Meinungen ab: Nicht nur nämlich laufen seine Formulierungen von 3,19–21 ja auf die Gleichheit des postmortalen Schicksals von Mensch und Tier hinaus, in 12,7 spricht er auch ganz unbekümmert davon, dass der Lebensgeist des Menschen zu Gott zurückkehrt.

In **3,22** beendet Kohelet seinen Gedankengang mit praktischen Konsequenzen. Wie in 3,21 verweist er auch hier wieder mit einer rhetorische Frage auf die Begrenztheit des menschlichen Wissens. Anders als dort spricht er dabei aber nicht mehr vom «wissen», sondern fragt danach, wer den Menschen ein solches Wissen vermitteln könnte (vgl. «dazu bringen zu sehen») – vermutlich ein Seitenhieb gegen solche, die mit entsprechenden Ansprüchen auftreten (vgl. ähnlich 6,12; 8,7; 10,14). Ambivalent bleibt, ob er dabei immer noch hauptsächlich an Theorien hinsichtlich des postmortalen Schicksals denkt oder an Prognosen über die Zukunft im Allgemeinen: Im Hebräischen ist von «was nach ihm sein wird» die Rede, womit andernorts im Buch z. T. auf die Zeit nach dem Tod verwiesen wird (vgl. 2,12.18; siehe auch 9,3), häufig aber auch allgemein auf die Zukunft (vgl. 6,12; 7,14; 10,14). An diesem Punkt geht es Kohelet v. a. um die Konsequenzen: Wenn man nicht weiss, was die Zukunft (zu Lebzeiten oder nach dem Tod) bringt, dann geniesst man am besten die Gegenwart. In längerer Form hat Kohelet diese praktische Konsequenz bereits in 3,12–13 formuliert. Während er dort von Gott und seinem Geschenk sprach, so hier vom «Teil» des Menschen. 5,17–18 zeigt, dass beides für Kohelet eng zusammengehört: Der «Teil» des Menschen ist nicht ein dauerhafter «Gewinn» (vgl. die Differenzierung in 2,10–11), nicht etwas, das sich der Mensch selbst erarbeiten könnte und dann Anspruch darauf hätte. Wie ein «Erbteil» (vgl. 2,21) ist der «Teil» vielmehr etwas, das dem Menschen geschenkt wird. Kohelet distanziert sich hier wohl nicht nur von der Position des Königs, dem ein solcher «Teil» nicht genug war, weil er realisierte, dass er darüber nicht dauerhaft verfügt (2,10–11; 2,24–26). Im Zusammenhang der vorangehenden Verse zielt Kohelets Argumentation wohl auch darauf, dass man nicht auf das Jenseits bzw. die Zeit nach dem Tod setzen soll (vgl. das Anliegen, mit dem der König scheiterte, in 2,13–21), sondern besser daran tut, den «Teil» im Diesseits («bei seinem Tun») zu erkennen und zu geniessen.

4,1–3 Die Tränen der Unterdrückten

1 Und wiederum sah ich all die Unterdrückung, die unter der Sonne verübt wird. Und sieh: die Tränen der Unterdrückten, und sie haben keinen, der sie tröstet. Und von der Hand ihrer Unterdrücker geht Gewalt aus, und sie haben keinen, der sie tröstet. 2 Da pries ich die Toten, die schon gestorben sind, glücklicher als die Lebenden, die noch da sind. 3 Besser als beide aber hat es, wer noch nicht da war, wer das böse Tun noch nicht gesehen hat, das unter der Sonne verübt wird.

4,1–3 ist eine der Passagen, die Kohelet in den Verruf gebracht haben, ein Pessimist zu sein. In der Tat könnte man 4,2–3 so verstehen, dass Kohelet das Leben hasst (wie der König in 2,17) und ihm den Tod bzw. das Nicht-geboren-Werden vorzieht. Auch weiter hinten im Buch äussert Kohelet noch einmal Gedanken, die in diesem Sinn (miss?-)verstanden werden können (vgl. 7,1–2). Daneben aber finden sich im Koheletbuch ja mehrere Passagen, in denen er positiv über das Leben bzw. über den Genuss und die Freude spricht, und in 9,4 zitiert er sogar ein Sprichwort – «ein lebendiger Hund hat es besser als ein toter Löwe» –, in dem das Leben dem Tod explizit vorgezogen wird. Von daher versteht man 4,2–3 besser nicht isoliert, sondern im Zusammenhang mit 4,1. Kohelet zieht den Tod bzw. das Nicht-auf-die-Welt-Kommen dem Leben nicht grundsätzlich vor, wohl aber angesichts bestimmter Missstände. Ähnlich wird in Sir 41,1–2 formuliert, dass der Tod je nach Umstand eine Bedrohung, aber auch eine Erlösung sein kann.

Gegenüber 3,22 stellt **4,1** einen deutlichen Wechsel im Tonfall dar. Im Hebräischen ist dieser Wechsel markiert, insofern dem «ich sah» ein «ich wandte mich um» vorangestellt ist (vgl. 4,7; 9,11). Das Wort, mit dem Kohelet beschreibt, was er sieht, ist im Hebräischen zweideutig. Naheliegend ist zunächst ein Verständnis im personalen Sinn von «die Unterdrückten»; so gebraucht Kohelet das Wort danach (vgl. «die Tränen der Unterdrückten»). Daneben wird das Wort z. T. aber auch im abstrakten Sinn von «Unterdrückung» gebraucht (vgl. Am 3,9; Hiob 35,9), und auf ein solches

Verständnis deutet hier zu Beginn von 4,1 auch der Relativsatz («die ... verübt wird»). Jedenfalls ist das Substantiv eine Wortbildung aus der Wurzel «unterdrücken», die im Fortgang des Verses noch zweimal wiederholt wird, nämlich zur Bezeichnung der Opfer («die Unterdrückten») und der Täter («ihre Unterdrücker»). Das Wort wird im AT häufig dort gebraucht, wo es um die Beugung des Rechts der Armen und Geringen geht (vgl. z. B. Dtn 24,14; Jer 7,6; Ez 22,29; Am 4,1). Kohelet spricht in diesem Vers auch von «Gewalt». Ansonsten aber spezifiziert er nicht, welche Arten von Unterdrückung er im Blick hat, vielmehr betont (und übertreibt) er, dass er «*all* die Unterdrückung» gesehen hat. Neben der Unterdrückung spricht Kohelet auch von der mangelnden Solidarität – durch die Wiederholung von «sie haben keinen, der sie tröstet» rückt dieser Gedanke sogar in den Vordergrund. In einer sehr ähnlichen Formulierung und ebenfalls refrainartig (und im Zusammenhang der Erwähnung von Tränen) wird die mangelnde Solidarität auch in Klgl 1,2.9.17.21 beklagt (vgl. mit einem anderen Verb, aber sonst ähnlich auch in Jes 59,16; Ez 22,30). In 4,1 fällt auf, dass beim zweiten «sie haben keinen, der sie tröstet» unklar ist, an wen Kohelet bei «sie» denkt. Vom Sinn her sind die Unterdrückten naheliegender, von der Grammatik her aber die Unterdrücker. Diese Zweideutigkeit, wie auch die Art der Formulierung insgesamt, erweckt zunächst den Eindruck, dass Kohelet dem beobachteten Unrecht gegenüber distanziert bleibt. Dass dem so nicht ist, zeigt erst die Fortsetzung.

In **4,2–3** nämlich zieht Kohelet Konsequenzen, die radikaler nicht sein könnten. Er formuliert, dass es die Toten besser haben als die Lebendigen und diejenigen, die überhaupt nicht geboren wurden, besser als die Toten. Im AT findet sich dieser Gedanke sonst noch im Jeremia- und im Hiobbuch (vgl. Jer 15,10; 20,14–18; Hiob 3) – dort je als Ausspruch der Protagonisten, die derart leiden müssen, dass sie sich wünschten, nie geboren geworden zu sein. Kohelet spricht demgegenüber aus grösserer Distanz; es ist nicht seine eigene Situation, die ihn zu seinem Urteil führt. Auch er aber bewertet nicht allgemein den Tod bzw. nicht auf die Welt gekommen zu sein höher als das Leben. Auch ihm geht es vielmehr um konkrete Missstände und die Einsicht, dass diese den Wert des Lebens entwerten können. Dieser Gedanke findet sich ähnlich auch bei manchen griechischen Schriftstellern, in der ägyptischen Weisheitsliteratur und bei Ben Sira (vgl. Sir 30,17; 41,1–2). Kohelet selbst kommt in 6,3–5 nochmals auf das Thema zurück. In absoluter Form formuliert er sodann in 7,1, dass der Tod besser sei als geboren zu werden – dort allerdings kaum als eigene Meinung, sondern als absurde Überspitzung einer Lehre, die er selbst nicht teilt.

4,4–6 Besser eine Hand voll Ruhe als beide Hände voll Mühe

4 Und ich sah, dass alle Mühe und alles geschickte Tun Neid des einen auf den anderen ist. Auch das ist nichtig und ein Greifen nach Wind. 5 Der Tor legt seine Hände ineinander und verzehrt sein eigenes Fleisch. 6 Besser eine Hand voll Ruhe als beide Hände voll Mühe und Greifen nach Wind.

Auch in **4,4–6** bleibt Kohelets Ton negativ, denn weiterhin kritisiert er Missstände – hier solche rund um die Arbeit. Als eine der Grundkonstanten des menschlichen Lebens erwähnt Kohelet die Arbeit bzw. Mühe (hebräisch *'āmāl*) häufig, meist im Zusammenhang der Frage, was sie bringt. Anders in diesen Versen: Hier geht es Kohelet um die Arbeit selbst, genauer um die Frage, was sie motiviert und wie viel zu viel oder zu wenig ist.

Kohelet beginnt seine Ausführungen in **4,4** mit einer Gleichsetzung von Arbeit mit «Neid». Von «Neid» bzw. «Eifersucht» spricht er später nochmals, dort in Verbindung mit Liebe und Hass (vgl. 9,6). Das hebräische Wort hat z. T. positive Konnotationen (vgl. z. B. Jes 9,6; Hld 8,6), in der Regel aber negative (vgl. z. B. Hiob 5,2; Spr 14,30). Hier zeigt spätestens das abschliessende Urteil, dass Kohelet nicht an einen positiven «Eifer» denkt. Die Erwähnung des «geschickten Tuns» (im Hebräischen wörtlich «Geschick» oder «Gewinn» des Tuns) und die Präzisierung «des einen auf den anderen» deuten darauf hin, dass es ihm um die Motivation geht, besser zu sein als die anderen. Das Urteil «das ist nichtig und ein Greifen nach Wind» dient in diesem Zusammenhang wohl einem doppelten Zweck: Zunächst gibt Kohelet damit seiner Kritik an einer solchen Motivation Ausdruck. Sowohl im vorangehenden Abschnitt (vgl. 4,1) wie auch im folgenden Abschnitt (vgl. 4,7–12) macht er deutlich, dass ihm die zwischenmenschliche Solidarität wichtig ist. Diese aber wird durch Eifersuchts- bzw. Gewinndenken verunmöglicht – für Kohelet ein Grund zur Klage. Darüber hinaus erinnert er mit seinem Urteil daran, dass das Bestreben, alle anderen zu übertreffen, letztlich selbst bei Erfolg nichts bringt – nicht zuletzt darum, weil alle «flüchtig», d. h. sterblich, sind. Das hat er ja bereits in der Rolle des Königs vorgeführt (vgl. bes. 1,16; 2,7.9; 2,13–26), und an dessen Urteile (vgl. 1,14; 2,11.17.26) erinnert er mit seinem Urteil hier.

Vermutlich um Missverständnissen zuvorzukommen, spricht Kohelet in **4,5** einen anderen Missstand im Zusammenhang mit Arbeit an: Faulheit. Sein Satz über die Faulheit des Toren klingt sehr traditionell. Kritische Urteile über Faule bzw. Warnungen vor Faulheit sind in der Weisheitsliteratur gang und gäbe (vgl. z. B. Spr 10,4; 18,9; 19,15). Ähnlich wie in 4,5 wird die Faulheit in Spr 6,10; 24,33 über das Bild der Hände beschrieben, die nicht tätig sind, sondern verschränkt im Schoss liegen (vgl. ähnlich 10,18). Auf den ersten Blick ist die zweite Hälfte des Verses ambivalent; im Hebräischen heisst es nur, dass der Faule «sein Fleisch» verzehrt. Manche Exegeten/Exegetinnen haben überlegt, ob Kohelet hier nicht sagen wolle, dass auch die Faulen «ihr Fleisch» d. h. ihre Nahrung erhalten. Andere haben dagegen darauf aufmerksam gemacht, dass es für eine solche Deutung des Personalpronomens bei «Fleisch» im ganzen AT nur eine einzige Parallele gebe (vgl. Hiob 31,31), daneben aber zahlreiche Gegenbeispiele, die eine Deutung auf das eigene Fleisch bzw. den eigenen Leib wahrscheinlicher machen (vgl. so auch in 2,3; 5,5; 11,10). Vom Verzehren des eigenen Fleisches ist auch in Jes 49,26 die Rede, dort in einer Gerichtsankündigung Gottes. Nach Kohelet bringt sich der Faule derart selber «ins Gericht» bzw. richtet sich durch seine Faulheit selber zugrunde.

Nachdem Kohelet in 4,4 vor zu grossem Eifer und in 4,5 vor zu grosser Faulheit gewarnt hat, formuliert er in **4,6** eine Mittellösung. Er gebraucht dabei die in der Weisheitsliteratur übliche Form des Besser-als-Spruchs. Seine Aussage ist auf den ersten Blick verwirrend, denn er erklärt «eine Hand voll ...» als besser als «beide Hände voll ...» (wobei im Hebräischen im zweiten Ausdruck nicht das übliche Wort für «Hand» verwendet wird, sondern ein Wort, das die «hohle Hand» bezeichnet, die besonders viel fassen kann). Verwirrend ist weiter, dass diese Hände mit Verschiedenem gefüllt sind: die eine Hand mit «Ruhe», die beiden Hände aber mit «Mühe und Greifen nach Wind». Dieses Ungleichgewicht bietet den Schlüssel zum Verständnis von Kohelets Aussage: Die beiden vorangehenden Verse haben gezeigt, dass er es weder für gut hält, wenn man beide Hände voller Mühe bzw. Arbeit hat (vgl. 4,4), noch wenn man beide Hände ruhen lässt (vgl. 4,5). Gut in Kohelets Augen ist hingegen die Mittellösung, dass man Arbeit und Ruhe im Gleichgewicht behält (vgl. ähnlich 5,9–6,7, wo es um die Balance von Arbeit und Lebensfreude geht). Dass Kohelet diesen Gedanken über das Bild der einen Hand voll Ruhe ausdrückt und es dabei seiner Zuhörerschaft überlässt, sich die andere Hand als mit Arbeit gefüllt vorzustellen, hängt damit zusammen, dass er an das Bild von 4,5 anknüpft. Kritisierte er dort, dass die (beiden) Hände des Toren müssig sind, so sagt er hier, dass *eine* Hand voll Ruhe gut ist – besser als zwei Hände voll Ruhe, aber auch besser als zwei Hände voll Arbeit (vgl. 6,5, wo er u. a. mit Verweis auf die «Ruhe» argumentiert, dass es die Missgeburt besser hat als jemand, der sein Leben nicht geniesst).

4,7–12 Zwei haben es besser als einer allein

7 Und wiederum sah ich Nichtiges unter der Sonne: 8 Da ist einer allein, ohne einen anderen, hat weder einen Sohn noch einen Bruder. Und all seine Mühe hat kein Ende. Auch kann sein Auge nicht genug Reichtum sehen. Und für wen mühe ich mich ab und versage mir jeden Genuss? Auch das ist nichtig und eine leidige Mühe. 9 Zwei haben es besser als einer allein, denn sie haben einen guten Lohn für ihre Mühe. 10 Wenn sie fallen, kann der eine seinem Gefährten aufhelfen. Doch wehe dem, der allein ist und fällt, und keiner ist da, der ihm aufhelfen kann. 11 Auch ist zweien warm, wenn sie sich schlafen legen. Doch einer allein, wie kann ihm warm werden? 12 Und wenn einer den überwältigt,

der allein ist, so halten die zwei jenem stand. Und der dreifache Faden zerreisst nicht so bald.

In **4,7–12** thematisiert Kohelet zunächst einen weiteren Missstand im Zusammenhang mit Arbeit, um daran anschliessend positiv über den Wert menschlicher Gemeinschaft nachzudenken. Wenn er seine Ausführungen dabei mit einem Beispiel abschliesst, in dem es darum geht, dass zwei der Gewalt eines Angreifers standhalten können, zeigt er damit implizit einen Weg auf, der es ermöglichte, der «Unterdrückung», von der er in 4,1 sprach, ein Ende zu bereiten.

In **4,7**, wo die gleiche Einleitung wie in 4,1 einen deutlichen Neuanfang markiert, nimmt Kohelet von Anfang an vorweg, dass es im Folgenden um einen Missstand geht – bzw. um «Nichtiges». Wie schon in 4,4 ist das Wort *hæbæl* hier wohl sowohl Ausdruck von Kohelets Unbehagen als auch ein Hinweis, dass dieses Unbehagen mit der Flüchtigkeit (menschlichen Lebens) zusammenhängt.

4,8 bestätigt diese Vermutung, denn hier wird über die Frage «für wen» angedeutet, dass es auch darum geht, dass das Leben eines jeden Menschen ein Ende hat – auch das Leben jener, die zu Lebzeiten so viel arbeiten, dass ihre Mühe kein Ende hat. Dass ein Leben ohne Ruhe in seinen Augen falsch ist, hat Kohelet schon in 4,6 gesagt. Hier fragt er danach, wem solch extensive Arbeit eigentlich etwas bringe, und macht auf einen Fall aufmerksam, der besonders deutlich zeigt, dass die Antwort «niemandem» ist. Er nimmt dabei ein Thema auf, das er schon in der Rolle des Königs angesprochen hat. Liefen dessen Überlegungen darauf hinaus, dass all seine Mühe (und damit das ganze Leben) «nichtig» ist, weil er am Schluss alles einem anderen überlassen muss und selbst nichts mehr hat (vgl. 2,18–21), so deutet Kohelet hier an, dass sich diejenigen, die einen Erben haben, noch glücklich schätzen können, weil die Situation sehr viel tragischer ist, wenn jemand keinen Erben hat. Spätestens die folgenden Verse zeigen, dass es ihm darüber hinaus noch um ein anderes geht: die Frage, was dem Leben *im Diesseits* Qualität gibt. Dass das nicht die Arbeit ist, deutet er in diesem Vers gleich doppelt an: durch seine Aussage, das Auge bekomme vom Reichtum nie genug (im Hebräischen ist wörtlich von «satt werden» die Rede; vgl. ähnlich 1,8; 5,9), und durch die Parallelsetzung von «sich abmühen» (das Verb, das im Hebräischen gleich lautet wie das Substantiv «Arbeit/Mühe») mit «sich Genuss versagen» (im Hebräischen ist wörtlich vom Versagen des «Guten» die Rede). Einmal mehr zeigt sich an dieser Stelle der Unterschied zwischen Kohelet und dem König: Dieser hat sich neben seiner Mühe durchaus Gutes gegönnt, hat seine Mühe und sein Leben aber letztlich doch negativ beurteilt, und zwar weil er realisierte, dass er über das Gute nicht dauerhaft verfügen kann (vgl. 2,1; 2,3–11; 2,24–26). Kohelets Problem ist ein anderes: Ihn dauern Menschen, die sich ein Leben lang abrackern und niemanden haben, der sich (nach ihrem Tod oder mit ihnen) am Ertrag dieser Arbeit erfreuen kann (vgl. ähnlich 5,12–14; ähnliche Gedanken finden sich auch im Sirachbuch, vgl. etwa Sir 14,13–14.16). Dass der «für wen mühe ich mich ab»-Satz in der ersten Person formuliert ist und nicht wie der Rest des Verses in der dritten, gibt der Frage etwas Existenzielles. Möglich ist, die Ich-Rede als Zitat des beschriebenen Menschen zu verstehen oder als Einwurf Kohelets, der sich mit diesem identifiziert.

In **4,9** kommt Kohelet auf das Thema zu sprechen, das er in den drei folgenden Versen an drei Beispielen erläutern wird: Zwei haben es besser als einer allein – ein Gedanke, der in der einen oder anderen Form auf der ganzen Welt bekannt ist und der im AT ausser in diesem Vers besonders deutlich in Gen 2,18 ausformuliert ist (dort allerdings nur im Blick auf die Gemeinschaft von Mann und Frau). Über das Stichwort «Mühe» erstellt Kohelet in diesem Vers eine Verknüpfung auch mit den beiden vorangehenden Versen, in denen das Thema ja implizit ebenfalls anklang. Etwas unklar ist im Hebräischen, wie der Nebensatz («sie haben einen guten Lohn ...») mit dem Hauptsatz zusammenhängt: Das verbindende Wort, das in der Regel mit «denn» übersetzt wird (vgl. so auch die Zürcher Bibel), kann auch «die» oder «wenn» heissen. Sachlich geht es bei dem Unterschied um die Frage, ob Kohelet grundsätzlich der Ansicht ist, dass zwei einen besseren Lohn für ihre Mühe haben als einer («denn»), oder ob er denkt, es sei der gute Lohn für die Mühe, der dazu führt, dass es gewisse Paare besser haben als Einzelne («die» bzw. «wenn»). Welchem Verständnis man auch den Vorzug gibt, vom Kontext (und dem Wortgebrauch in 9,5) her ist jedenfalls klar, dass es bei «Lohn» nicht um einen finanziellen Gewinn geht, sondern um einen immateriellen. Denkt man an den in 4,8 genannten «Genuss» zurück, liegt eine Interpretation mit «wenn» näher, denn genauso wie einer eine Wahl treffen muss, müssen sich auch zwei zusammen entscheiden, ob sie in ihrem Leben nur auf Gewinn bedacht sein oder dieses auch noch geniessen wollen. Sieht man im Stichwort «Lohn» hingegen einen Vorverweis auf die in 4,10–12 beschriebenen Vorzüge menschlicher Gemeinschaft, liegt eine Interpretation mit «denn» näher, impliziert Kohelet bei seinen Beschreibungen dieser Vorzüge doch, dass er Allgemeingültiges beschreibt. Auch hier allerdings bleibt unter einem sachlichen Gesichtspunkt einzuwenden, dass all diese Vorzüge erst dann zum Tragen kommen, wenn die zwei einander gut gesinnt sind und entsprechend handeln.

Als erstes Beispiel, das seine These von 4,9 erläutert, führt Kohelet in **4,10** die Situation an, dass «sie fallen». In der Regel wird der Plural hier im Sinn von «wenn einer der beiden fällt» interpretiert. Denkbar ist aber auch, dass Kohelet sich vorstellt, dass zwei zusammen fallen, denn auch in einem solchen Fall kann einer dem anderen helfen. Kohelet spricht an dieser Stelle von «einem» und «seinem Gefährten». Anders als in 4,8 und in 4,11 geht es ihm hier um Gemeinschaft jedwelcher Art, und nicht nur um diejenige innerhalb der Familie oder einer Partnerschaft. Allgemein bleibt Kohelet auch, insofern er nicht präzisiert, welche Art von «Fallen» oder Stürzen er vor Augen hat. Vermutlich lässt er diese Frage bewusst offen, sodass seine Aussage auch im übertragenen Sinn verstanden werden kann. Zentral ist für ihn der Unterschied, dass einer allein niemanden hat, der ihm wieder auf die Beine hilft, einer mit Gefährten aber schon.

Im zweiten Beispiel zur Erläuterung seiner These von 4,9 spricht Kohelet in **4,11** davon, dass zwei sich im Schlaf gegenseitig wärmen können, während einer allein friert. Im Hintergrund seiner Aussage steht die Realität kalter Nächte in Palästina (vgl. Ex 22,25–26; Hiob 31,19–20; 24,7), in denen neben Feuern auch die Körperwärme von Mitmenschen und Tieren begehrte Wärmequellen waren. Möglicherweise liegt darüber hinaus auch eine Anspielung auf 1Kön 1,1–4 vor, wo berichtet wird, dass dem alternden David eine junge Frau zur Seite gestellt wurde, damit sie in seinem Schoss liege und ihn «wärmt». Da diese Passage deutlich sexuelle Konnotationen hat, ist es denkbar, dass Kohelet hier speziell an ein Paar denkt. Dann könnte man die Rede von «warm werden» (auch) im übertragenen Sinn verstehen, sei es im Sinn sexueller Erregung (so in Jes 57,5 mit dem gleichen Verb, allerdings in einem anderen Stamm) oder im Sinn starker Emotionen (so in Dtn 19,6; Ps 39,4, wo beide Male von «warm werden» des Herzens gesprochen wird, allerdings nicht im Sinn von Liebe, sondern im Gegenteil im Sinn von Zorn und Schmerz).

Als drittes Beispiel, das zeigt, dass zwei es besser haben als einer allein, beschreibt Kohelet in **4,12** die Situation eines Überfalls: Während einer allein vom Angreifer überwältigt wird, können ihm zwei zusammen standhalten. In der zweiten Hälfte des Verses formuliert Kohelet denselben Gedanken abstrakter, über das Bild eines dreifachen Fadens, der nicht zerreisst, d. h. besser hält als ein einfacher oder doppelter Faden. Kohelet zitiert hier wohl ein Sprichwort, denn von einem dreifachen Faden ist bereits im Gilgamesch-Epos die Rede (s. o. S. 33). Will man die Identität des Dritten bestimmen, liesse sich sowohl an ein Kind (des Paares) oder an Gott denken. Aber vermutlich geht es Kohelet nicht um eine bestimmte Dreierkonstellation, sondern um den allgemeinen Gedanken.

4,13–16 Der König und die Armen

13 Besser ein Kind, arm aber weise, als ein König, alt aber töricht, der nicht mehr die Einsicht hat, sich warnen zu lassen. 14 Selbst wenn einer aus dem Gefängnis auf den Thron kam, wurden doch auch unter seiner Herrschaft Arme geboren. 15 Ich sah, wie all die Lebenden, die unter der Sonne wandeln, schon auf der Seite eines nächsten Kindes standen, das an seine Stelle treten sollte. 16 Wer immer sich an ihre Spitze stellte, hatte zahlloses Volk hinter sich. Doch die Späteren hatten keine Freude mehr an ihm. Denn auch das ist nichtig und ein Greifen nach Wind.

In **4,13–16** spricht Kohelet über die Macht des Königs (vgl. ähnlich 8,2–5). Dass er diese für begrenzt hält, macht er bereits im ersten Vers des Abschnitts klar. In den folgenden Versen bringt er weitere Argumente – zentral ist insbesondere der Gedanke, dass kein König ewig an der Macht bleibt. Da Kohelet dabei von einer Abfolge von Königen spricht, wurde verschiedentlich versucht, diese Könige mit legendären oder historischen Gestalten zu identifizieren. Vorgeschlagen wurden etwa Pharao und Josef, Saul, David und Salomo sowie verschiedene Herrscher der Ptolemäer und Seleukiden. Angesichts der Schwierigkeiten, den Text im Detail zu verstehen, bleiben diese Versuche alle sehr spekulativ. Das heisst nicht, dass Kohelet vielleicht doch bestimmte Könige vor Augen hat. Seine Formulierungen zeigen aber, dass es ihm nicht um Biografisches geht, sondern um Allgemeines.

In **4,13** präsentiert Kohelet eine unkonventionelle Ansicht in konventioneller Form: In einem weiteren Besser-als-Spruch macht er klar, dass Weisheit nicht immer mit Reichtum und Alter einhergeht und höherer sozialer Stand (und Reichtum) nicht immer mit Weisheit. Ohne explizit zu werden, kritisiert er damit die traditionelle Weisheit, die enge Zusammenhänge zwischen Weisheit und Alter (vgl. z. B. Hiob 32,4–7; Spr 1,8), Weisheit und Reichtum (Spr 8,18; 19,10; 24,4) und Weisheit und sozialer Stellung (vgl. z. B. 1Kön 3,28; Hiob 28,7–10; Spr 8,15–16) postuliert. Ähnlich zeigt Kohelet auch in 9,13–18 und 10,5–7 auf, dass diese Zusammenhänge nicht immer gegeben sind. Während er in diesen beiden anderen Abschnitten über die (begrenzte) Macht der Weisheit nachdenkt, geht es ihm in diesem Abschnitt um die Grenzen der Macht des Königs. In diesem ersten Vers spricht er von der Begrenzung durch mangelnde Weisheit, die darin resultiert, dass sich der König nicht «warnen lässt». Kohelet spezifiziert nicht, an welche Art von Warnungen er denkt. Das Verb wird im AT sonst häufig gebraucht, wenn es um Warnungen geht, die (indirekt) auf Gott zurückgehen (vgl. 2Kön 6,10; Ez 33,3–9; Ps 19,12). Kohelet legt das Gewicht auf die nicht mehr vorhandene Weisheit (vgl. «der nicht mehr die Einsicht hat») – vielleicht ein Hinweis auf die beginnende Senilität des alternden Königs.

Das Verständnis von **4,14** ist schwierig, was sich in unterschiedlichen Übersetzungen spiegelt. Das Hauptproblem liegt im Gebrauch von Formen der 3. Person Singular, bei denen unklar ist, auf wen sie sich beziehen. Nach einer Interpretation handelt es sich bei dem «einen» um das arme und weise «Kind» aus 4,13 und so auch bei dem in der zweiten Vershälfte Genannten (vgl. «seine Herrschaft»). Nach dieser ersten Interpretation (vgl. die Übersetzung der Zürcher Bibel) kritisiert Kohelet hier, dass selbst einer, der aus schwierigen Verhältnissen heraus auf den Thron kam, es nicht verhindern kann, dass unter seiner Herrschaft Arme geboren werden. Das ist eine plausible Interpretation, aber nicht die einzig mögliche. Nach einer zweiten Interpretation beschreibt Kohelet in der zweiten Vershälfte, dass derjenige, der aus dem Gefängnis heraus König wurde, unter der Herrschaft seines Vorgängers arm geboren wurde. Nach einer dritten Interpretation kontrastiert er in diesem Vers einen Auf- mit einem Abstieg: Einer kam aus dem Gefängnis auf den Thron, ein anderer aber wurde als König (bzw. «in sein Königtum») geboren, wurde dann aber arm. Da es im nächsten Vers darum geht, dass sich die Untertanen einem nächsten Herrscher zuwenden, liegt die erste oder zweite Interpretation näher als die dritte. Folgt man der zweiten Interpretation, geht es in 4,14 und 4,15 um das gleiche Phänomen: dass jeder König früher oder später von einem nächsten abgelöst wird. Folgt man der ersten Interpretation kann man 4,14 als Grund für 4,15 verstehen: Weil selbst der aus dem Gefängnis aufgestiegene König die Armut nicht aus der Welt schaffen kann, wenden sich die Untertanen einem nächsten König zu.

In **4,15** ist von einem «zweiten» bzw. «nächsten» Kind die Rede. Da es von diesem heisst, dass es «an seine Stelle» treten wird, handelt es sich wohl um denjenigen, der nach dem ersten «Kind» (vgl. 4,13) König wurde (vgl. die Formulierungen in den Königebüchern, wenn einer «an Statt» oder «an Stelle» seines Vorgängers König wird; z. B. 1Kön 11,43). Kohelet weist hier auf die Macht der Untertanen (vgl. auch

Spr 14,28), die sich schon zu Lebzeiten eines Königs einem «nächsten Kind» zuwenden können. Ob er damit auch sagen will, dass das Volk so einen König stürzen und dazu beitragen kann, dass ein anderer an dessen Stelle König wird, bleibt offen. So oder so zeigt seine Beschreibung eine weitere Begrenzung der Macht von Königen, die nicht kontrollieren können, wem die Loyalität ihrer Untertanen gilt.

Mit **4,16** beendet Kohelet seinen Abschnitt über die Grenzen der Macht des Königs. Der Vers bietet zahlreiche Schwierigkeiten, die ähnlich wie diejenigen von 4,14 damit zusammenhängen, dass häufig von «ihnen» und «ihm» die Rede ist, ohne dass geklärt würde, um wen es geht. Zentral für das Verständnis des Verses ist die Frage, wer der «ihm» ist, an dem die Späteren keine Freude mehr haben. Möglich sind sowohl das Volk als auch der Herrscher. Da Kohelet in den vorangehenden Versen die Grenzen der Macht des Königs thematisierte, liegt eine Deutung auf den Herrscher näher (so die Übersetzung der Zürcher Bibel). Wie im vorangehenden Vers weist Kohelet in diesem Vers nochmals darauf hin, dass die Loyalitäten des Volks wechseln können: In einem Moment hat ein Herrscher zahlreiches Volk hinter sich – im Hebräischen ist wörtlich davon die Rede, dass das Volk «kein Ende» hat (oder es in Bezug auf das Volk kein Ende gibt) –, dann aber haben «Spätere» keine Freude mehr an ihm (und wenden sich wieder einem nächsten Herrscher zu; vgl. 4,15).

Kohelet beschliesst den Abschnitt mit einem «auch das ist nichtig und ein Greifen-nach-Wind»-Urteil. Wie andernorts hat dieses hier wieder sachliche Gründe: Der Wechsel von Königen zeigt, dass die Macht jedes einzelnen Königs vergänglich ist. Insofern Kohelet in der Rolle des Königs vor Augen geführt hat, wie absurd es ist, dieser Realität entkommen zu wollen (vgl. 1,12–2,26), lässt sich vermuten, dass er selbst sie gar nicht als so tragisch empfindet.

4,17–5,6 Fürchte Gott

17 Gib acht auf deine Füsse, wenn du zum Hause Gottes gehst. Und tritt hinzu, um zu hören, und nicht, um ein Schlachtopfer zu stiften wie die Toren. Sie verstehen nicht, dass sie Schlechtes tun.

**1 Sei nicht vorschnell mit deinem Mund, und dein Herz übereile sich nicht,
etwas vor Gott zu bringen. Denn Gott ist im Himmel, und du bist auf der Erde.
Darum mach nicht viele Worte. 2 Denn wer viel Mühe hat, fängt an zu träu-
men, und wer viel spricht, fängt an, töricht zu reden. 3 Wenn du Gott ein Ge-
lübde ablegst, erfülle es ohne Verzug. Denn die Toren gefallen ihm nicht. Was
du gelobst, das halte. 4 Besser du gelobst gar nichts, als dass du gelobst und es
nicht hältst. 5 Lass nicht zu, dass dein Mund dich in Schuld bringt, und sage
nicht vor dem Boten: Es war ein Versehen. Warum soll Gott zornig werden über
dein Reden und das Werk deiner Hände verderben? 6 Wo Träume sich mehren
und Nichtigkeiten und viele Worte, da fürchte Gott!**

Nach der Politik kommt Kohelet in **4,17–5,6** auf die Religion(spraxis) zu sprechen. Rechter Gottesdienst besteht für ihn nicht in Taten (Opfern; vgl. 4,17) und Worten (vgl. 5,1–5), sondern im (schweigenden) Hören (vgl. 4,17) und einer inneren Haltung: der Gottesfurcht (vgl. 5,6).

In **4,17** äussert Kohelet Kritik am Opferwesen – nicht aber am Tempel, dem Haus Gottes. Dass man zu diesem geht, steht für ihn ausser Frage. Es geht ihm darum, was man dort macht. Bei seiner Ermahnung, auf seine «Füsse» zu achten, denkt Kohelet kaum daran, dass man nicht zum Tempel rennen oder stolpern soll, sondern daran, dass man sich den Gang zum Tempel gut überlegt. Nach Kohelet nämlich gibt es gute und schlechte Gründe, in den Tempel zu gehen. Nicht gut bzw. töricht ist das Darbringen von Schlachtopfern. Manche Exegeten/Exegetinnen argumentieren, er kritisiere damit nicht das Opferwesen an sich, sondern nur dieses bestimmte Opfer. Anders als etwa das Brandopfer wird es nicht vollständig verbrannt, vielmehr dürfen diejenigen, die das Opfer darbringen, einen Teil davon essen (vgl. Gen 31,54; Ex 34,15). Vermehrt ist das Schlachtopfer im Zusammenhang von Volksfesten erwähnt (vgl. Ri 16,23; 1Sam 9,12–13; 20,6). Von diesen Besonderheiten des Schlachtopfers spricht Kohelet in 4,17 allerdings nicht, vielmehr stellt er ihm das «Hören» gegenüber. Insofern geht es ihm wohl doch eher um das Opferwesen im Allgemeinen. Er reiht sich damit in eine Tradition ein, die im AT v.a. bei den Propheten (vgl. Jes 1,11–13; Jer 6,20; Hos 6,6; 8,13; Amos 5,21–22) und in der Weisheit/den Psalmen (vgl. Ps 40,7; 50,13; 51,18; Spr 15,8; 21,27; Sir 34,21–23) gut bezeugt ist. Für Kohelet ist das Darbringen von (Schlacht-)Opfern typisch für Toren. Seine Begründung ist schwer verständlich. Entschuldigt er die Toren, die nicht realisieren, dass ihr Tun nicht gut ist? Oder erklärt er, dass ihre Opfer schlecht sind, weil sie den Unterschied zwischen Gut und Böse nicht kennen, d.h. nicht ethisch handeln? Grammatikalisch ist auch der Satz davor schwierig. Inhaltlich aber ist klar, dass Kohelet hier als guten Grund, sich dem Tempel zu nähern, das «Hören» nennt. Ob er damit an das Hören von Schriftlesungen oder Liedern denkt oder «hören» eher im Sinn von «gehorchen» versteht (vgl. so im Zusammenhang mit Opferkritik 1Sam 15,22; Jes 1,19; Jer 7,23; Ps 40,7), bleibt offen.

Ab 5,1 behandelt Kohelet verschiedene Formen der religiösen Rede. Rief er in 4,17 dazu auf, (schweigend) zu hören, so ermahnt er in diesen Versen, nicht zu viel zu reden. In **5,1**(–2) geht es ihm zunächst um das Gebet bzw. jegliches Anliegen, das jemand «vor Gott bringt». Kohelet ist nicht grundsätzlich gegen das Beten. Seine Ermahnung richtet sich gegen übereiltes und zu vieles Reden. Gegen zu viele Wörter in Gebeten wendet sich auch Ben Sira (vgl. Sir 7,14; anders aber Sir 7,10). Während seine Ermahnung gegen unnötige Wiederholungen zielt, geht es Kohelet um mehr als um die Länge von Gebeten. Seine Begründung «Gott ist im Himmel, und du bist auf der Erde» erinnert vielmehr an die Distanz zwischen Gott und Mensch. Kohelet will damit wohl nicht sagen, dass Gott die Gebete der Menschen nicht hört (vgl. dazu 1Kön 8,27–49, wo beschrieben wird, wie die Gebete der Menschen von Gott im Himmel gehört werden; weiter z.B. Ps 11,4; 33,13). Wohl aber erinnert er mit seinem Satz an die Überlegenheit Gottes (vgl. Ps 115,3), den man besser nicht mit Alltäglichem überschüttet, und an die Unterlegenheit der Menschen, die von

Gott nur ein sehr begrenztes Wissen haben und nur schon deshalb nicht zu viel über und zu ihm reden sollten.

Die Einleitung von **5,2** («denn») zeigt, dass dieser Vers als weitere Begründung zum Ratschlag von 5,1 zu verstehen ist. In der zweiten Vershälfte erinnert Kohelet an die traditionell weisheitliche Einsicht, dass (zu viele) Worte die Torheit des Sprechenden verraten können (vgl. 3,7; 10,14). Im Kontext von 5,1 geht es ihm darum, dass mit zu vielen Worten über oder zu Gott unausweichlich auch sehr viel Törichtes geredet wird. Entsprechend ist in der ersten Vershälfte «Mühe» (*ʿinjān*) wohl wieder (wie schon in 1,13 u. ö.) im Sinn von «Bemühen um Erkenntnis» (hier: von Gott) zu verstehen. Nach Kohelet sind solche Bemühungen zum Scheitern verurteilt: Bei noch so grosser Mühe und vielen Worten, bleibt das Wissen des Menschen um Gott begrenzt. Entsprechende Reden sind nichts mehr als Traumgebilde, ohne Anhalt an der Realität (vgl. ähnlich 5,6; Sir 34,1–7).

In 5,3–4 kommt Kohelet auf eine besondere Ar religiöser Rede zu sprechen: auf das Gelübde. Er denkt dabei wohl kaum besonders an das Nasiräergelübde (vgl. Num 6), sondern eher an Gelübde jeglicher Art (vgl. z. B. Gen 28,20; Ri 11,30; Jon 1,16). In einer Formulierung, die derjenigen von Dtn 23,22 sehr ähnlich ist, ermahnt er in **5,3** zunächst, die Erfüllung eines solchen Gelübdes nicht hinauszuschieben (vgl. Sir 18,22; gegen das Brechen von Gelübden vgl. Num 30,3). Mit seiner Begründung, Gott habe an Toren keinen Gefallen, drückt Kohelet auch seine Meinung aus, dass diejenigen, die ihre Gelübde nicht erfüllen, Toren sind (vgl. schon in 4,17 über diejenigen, die Schlachtopfer darbringen).

In **5,4** spricht Kohelet weiter von der Möglichkeit, gar kein Gelübde abzulegen. Das erinnert an Spr 20,25 und Sir 18,23, wo vor vorschnellen Gelübden gewarnt wird. Nach 4,17 könnte man erwarten, dass Kohelet wie beim Gebet auch beim Gelübde zur Zurückhaltung mahnt. Die Besser-als-Formulierung besagt allerdings nur, dass es besser ist, gar kein Gelübde abzulegen als ein Gelübde abzulegen und es nicht zu erfüllen (vgl. auch Dtn 23,23). Was Kohelet davon hält, ein Gelübde abzulegen und es zu erfüllen, sagt er nicht.

Als dritte Form religiöser Rede thematisiert Kohelet in **5,5** Erklärungen, durch die ein Fehlverhalten als «Versehen» (*šᵉgāgā*) entschuldigt wird. Im Hintergrund seiner Ermahnung steht die Unterscheidung von bewussten und versehentlichen Vergehen, die in den priesterlichen Texten des Pentateuch wichtig ist (vgl. Lev 4–5; Num 15). Nach Num 15,27–31 können nur versehentliche Sünden gesühnt werden, bewusste Sünden aber werden mit dem Tod (oder dem Ausschluss aus der Gemeinschaft bestraft. Wenn Kohelet seine Zuhörerschaft ermahnt, vor dem «Boten» – gemeint ist wohl der Priester (vgl. Mal 2,7) – nicht (zu häufig) von einem «Versehen» zu reden, kritisiert er damit wohl, dass zu viele Vergehen als «Versehen» entschuldigt wurden. Implizit ruft er damit dazu auf, zu seinen Sünden zu stehen. Offenbar geht er nicht davon aus, dass man in einem solchen Fall mit dem Tod bestraft oder aus dem Tempel ausgeschlossen wird. Der «Zorn» Gottes kommt nach ihm vielmehr über jene, die ihre Sünden als «Versehen» abtun. Für diejenigen, die zu ihren Sünden stehen, rechnet er hingegen wohl mit Vergebung (vgl. so typisch in der Weisheit und den Psalmen; vgl. z. B. Ps 32,5; 51; 130,3–4; Spr 28,13; Dan 9,9; Sir 4,26). Unklar ist, ob es Kohelet auch schon in seiner ersten Ermahnung («lass nicht zu, dass dein Mund dich in Schuld bringt») speziell um die Schuld der «Versehen»-Ausrede geht, oder ob er hier (in Anschluss an 5,4) allgemein dazu aufruft, seine Zunge zu hüten, weil auch diese einen in Schuld und ins Verderben stürzen kann (vgl. Lev 5,4; 19,2; Ps 39,2; 141,3–4; Spr 20,25; Jak 3,5–6).

In **5,6** beschliesst Kohelet seine Ausführungen zur Religion(spraxis) mit einem Aufruf zur Gottesfurcht. Spätestens die Kontrastierung mit Träumereien, Nichtigkeiten und vielen Worten zeigt, dass er damit den Bogen zurückschlägt zu 4,17, wo er den Abschnitt mit einer Ermahnung zum Hören eröffnet hat. Es ist unklar, ob der erste Teil des Verses nicht als eigener Satz zu übersetzen wäre («Wo Träume sich mehren und Nichtigkeiten, da gibt es viele Worte»). Jedenfalls zeigt die Aufzählung, dass Kohelet hier ein letztes Mal in diesem Abschnitt (vgl. dann wieder 6,11; 10,14; indirekt auch bereits in 1,8.10) kritisch über zu viele Worte spricht und diese mit Träumen (vgl. 5,2) und Nichtigkeiten gleichsetzt (wobei er mit «Träume» und «Nichtigkeiten» wohl das Gleiche meint: Hirngespinste, ohne Anhalt an der Realität). Weil Gott im Himmel ist und der Mensch auf Erden (vgl. 5,1), sind zu viele Worte zu oder über Gott nach Kohelet verfehlt. Der Mensch kann Gott nicht vollumfänglich begreifen (vgl. 3,11; 8,16–17; 11,5), so viele und ausgeklügelte Worte er auch macht. Entsprechend akzeptiert man die Unbegreiflichkeit Gottes besser mit schweigendem Hören und antwortet auf Gottes Überlegenheit mit Gottesfurcht.

5,7–8 Die Armen und der König

7 Siehst du, dass in der Provinz die Armen unterdrückt und Recht und Gerechtigkeit verweigert werden, so wundere dich nicht darüber. Denn ein Höherer gibt von oben acht auf einen Hohen, und über ihnen sind noch Höhere. 8 So ist es für ein Land allemal ein Gewinn, wenn jedes bebaute Feld einen König hat.

Nach seinen Reflexionen über die Religion (vgl. 4,17–5,6) kommt Kohelet in **5,7–8** auf die Politik zurück (vgl. 4,13–16). Die beiden Verse sind schwer zu verstehen. Vermutlich kritisiert Kohelet das Verwaltungssystem seiner Zeit.

Wie schon in 3,16 und 4,1 spricht Kohelet in **5,7** nochmals von Unterdrückung und Rechtsmissbrauch. Anders als in diesen vorhergehenden Versen ist dies hier aber nicht sein eigentliches Thema; sein Verweis dient ihm vielmehr als Einstieg, um auf die Hohen und noch Höheren zu sprechen zu kommen, die übereinander wachen. Die meisten Exegeten/Exegetinnen sehen in Kohelets Satz eine Anspielung auf das hierarchische Verwaltungssystem der Ptolemäer, das insbesondere beim Eintreiben von Steuern zum Tragen kam (s. o. S. 42–44). Unklar bleibt, ob Kohelet mit seiner Aussage trösten will: man solle über die Missstände nicht «erschrecken», da die Hohen von noch Höheren «überwacht» werden (und das Recht so letztlich wieder hergestellt wird), oder ob er kritisierend erklärt, man solle sich über sie nicht «wundern», da die Hohen von noch Höheren «beschützt» werden (und diese so nicht zur Rechenschaft gezogen werden). Nach den vorangehenden kritischen Äusserungen über die begrenzte Macht des Königs (vgl. 4,13–16) ist diese zweite Deutung die wahrscheinlichere. Dafür spricht auch, dass «Hoher» im AT sonst nie neutral zur Bezeichnung eines (hohen) Beamten gebraucht ist, wohl aber häufig in der Bedeutung von «Hochmütiger» (vgl. z. B. Jes 5,15; Ez 21,31; Ps 138,6).

Noch schwieriger als 5,7 ist **5,8**. Klar ist, dass Kohelet hier wieder vom König spricht (vgl. 4,13–16). Doch was meint er, wenn er von einem «Gewinn» für das Land spricht? Meint er diese Aussage ernst? Sieht er diesen Gewinn darin, dass der König anders als all die Hohen tatsächlich für jedes «bebaute Feld» (und damit jeden Bauern) da ist? Das klingt mehr nach offizieller Königspropaganda als nach Kohelet. Oder versteht er «König» im übertragenen Sinn und propagiert gegenüber dem hierarchischen Verwaltungssystem ein Modell, wonach jeder Besitzer eines bebauten Felds sein eigener König ist? Oder zielt seine Aussage ironisch-kritisch darauf, dass der «Gewinn» des Landes einzig dem König zukommt, der über jedes Feld herrscht? Neben diesen werden in der exegetischen Literatur noch weitere Verständnismöglichkeiten diskutiert. Letztlich bleiben die Fragen offen.

5,9–6,9 Reichtum und Armut

9 Wer das Geld liebt, wird des Geldes nicht satt. Und wer liebt Reichtum ohne
Ertrag? Auch das ist nichtig. 10 Mehrt sich das Gut, so mehren sich, die es ver-
zehren. Und welchen Gewinn hat der Besitzer ausser dem Zusehen? 11 Süss ist
der Schlaf des Arbeiters, ob er wenig oder viel zu essen hat. Doch die Sättigung
des Reichen lässt ihn nicht schlafen.

12 Es gibt ein schlimmes Übel, das ich unter der Sonne sah: Da wurde Reich-
tum von seinem Besitzer aufgespart für einen Unglücksfall. 13 Doch durch ein
Unglück ging der Reichtum verloren. Er aber hatte einen Sohn gezeugt, und
nun hat er nichts mehr in der Hand. 14 Wie er aus dem Leib seiner Mutter
kam, so muss er wieder gehen, so nackt wie er kam. Und nichts bleibt ihm von
seiner Mühe, das er weitergeben könnte.

15 Auch dies aber ist ein schlimmes Übel: Wie einer kam, so muss er wieder
gehen, und welchen Gewinn hat er, wenn er sich abmüht für den Wind? 16 All
seine Tage muss er in der Finsternis fristen, er hat viel Verdruss, ist krank und
zornig.

17 Sieh, was ich Gutes sah: Es ist schön, zu essen und zu trinken und Gutes
zu geniessen für all die Mühe und Arbeit unter der Sonne in der ganzen Zeit sei-
nes Lebens, die Gott einem gegeben hat. Das steht einem jeden zu als sein Teil.
18 Auch wenn Gott einem Menschen Reichtum und Vermögen gibt und ihm ge-
stattet, davon zu essen und seinen Teil davonzutragen und sich zu freuen an

dem, wofür er sich abgemüht hat, so ist das ein Geschenk Gottes. 19 Nicht oft
denkt er an die Frist seines Lebens, denn Gott erfreut sein Herz.

1 Es gibt ein Übel, das ich unter der Sonne sah, und schwer lastet es auf dem
Menschen: 2 Da gibt Gott einem Mann Reichtum, Vermögen und Ehre, und es
mangelt ihm an nichts von allem, was er begehrt. Doch Gott erlaubt es ihm
nicht, davon zu essen, sondern ein Fremder verzehrt es. Das ist nichtig und ein
schlimmes Leiden.

3 Wenn ein Mann hundert Kinder zeugte und viele Jahre lebte und ein hohes
Alter erreichte, sich aber nicht sättigen könnte von seinem Gut – selbst wenn er
nicht begraben wäre, sage ich: Die Fehlgeburt hat es besser als er. 4 Denn in
Nichtigkeit kam sie, und im Dunkel geht sie dahin, und im Dunkel bleibt ihr
Name verborgen. 5 Auch hat sie die Sonne nicht gesehen und nicht gekannt. Sie
hat mehr Ruhe als er. 6 Und wenn einer zweimal tausend Jahre gelebt, aber
nicht Gutes genossen hätte – gehen nicht alle an denselben Ort?

7 Alles Mühen des Menschen ist für seinen Mund, und doch wird sein Verlan-
gen nie gestillt. 8 Denn was hat der Weise dem Toren voraus? Was nützt es dem
Armen, wenn er zu leben versteht? 9 Besser geniessen, was man vor Augen hat,
als das Verlangen schweifen lassen. Auch das ist nichtig und ein Greifen nach
Wind.

In **5,9–6,9** denkt Kohelet darüber nach, was es braucht, um ein glückliches Leben zu führen. In vielen seiner Reflexionen geht es um Reichtum und Armut (vgl. auch 2,8–9; 4,8.13–14; 9,11.15–16; 10,6.19–20). Vehement macht er klar, dass Reichtum allein das Glück nicht garantiert, dass es vielmehr darauf ankommt, was man damit macht.

Kohelet eröffnet seine Überlegungen in **5,9–11** mit sprichwortartigen Aussagen, in denen es je darum geht, dass Reichtum auch seine Schattenseiten hat. Solch kritische Aussagen über Reichtum sind in der Weisheitsliteratur nicht unüblich (vgl. Spr 11,28; 18,11), sosehr Reichtum hier auch als Zeichen geglückten Lebens gilt (vgl. Spr 10,22).

Einen ersten Nachteil von Reichtum formuliert Kohelet in **5,9**: Geld macht nicht satt. Seine Aussage ist doppeldeutig, denn das Verb «satt werden» kann sowohl im (übertragenen) Sinn von «nicht genug bekommen» verstanden werden (vgl. so in 1,8; 4,8), aber auch im (wörtlichen) Sinn von «sich sättigen/essen» (vgl. so in 6,3). Aufgrund der Ähnlichkeiten mit 4,8 ist eine übertragene Bedeutung näherliegend, aber vielleicht spielt Kohelet auch bewusst mit der Doppeldeutigkeit. Sein zweiter Satz in diesem Vers ist schwerer zu verstehen. Im Hebräischen könnte man neben «wer liebt Reichtum ohne Ertrag?» nämlich auch mit «wer Reichtum liebt, (bleibt) ohne Ertrag» übersetzen. Folgt man dieser Möglichkeit, könnte man «Ertrag» entweder als Verweis auf die Ernte verstehen (vgl. z. B. Ex 23,10; Jos 5,12) – dann ginge es Kohelet um den Gegensatz zwischen Geld- und Ackerwirtschaft (vgl. die wörtliche Deutung des ersten Satzes) – oder übertragen (vgl. z. B. Spr 8,19; 18,20) – dann formulierte er hier, dass Geld (allein) keinen echten «Ertrag» bringt (sondern höchsten finanziellen; vgl. die übertragene Deutung des ersten Satzes). Ob wörtlich oder übertragen verstanden, Kohelet ginge es bei einer solchen Übersetzung des zweiten Satzes in beiden Aussagen von 5,9 um den gleichen Gedanken. Folgt man hingegen der Übersetzung der Zürcher Bibel («wer liebt Reichtum ohne Ertrag?»), formuliert Kohelet im zweiten Satz, dass Reichtum tatsächlich einen «Ertrag» bringt, denn sonst liebte ihn ja niemand. Für diese Interpretation spricht, dass Kohelet die beiden Sätze verschieden formuliert (im Hebräischen ist das «wer» nur im zweiten Satz betont). So verstanden, argumentiert Kohelet mit seinem zweiten Satz gegen eine zu pauschale Abwertung von Reichtum und weist mit dem Stichwort «Ertrag» auf die folgenden Reflexionen voraus, in denen es darum geht, wie man Reichtum positiv nutzen kann (vgl. besonders 5,18)

In **5,10** allerdings bleibt Kohelet zunächst kritisch: Er weist auf das Problem, dass Reichtum Leute anzieht, die auch etwas davon haben wollen (vgl. Spr 14,20; 19,4.6). Statt Reichtum spricht er hier von «Gutem» bzw. «Gut» (vgl. 6,3), was nochmals zeigt, dass er Reichtum nicht grundsätzlich abgeneigt ist. Der Verweis auf die, die dieses Gut «verzehren», ist wieder mehrdeutig: Durch das Stichwort «essen» kommen einem zunächst diejenigen in den Sinn, die tatsächlich auf Unterstützung angewiesen sind, da sie sonst verhungern würden. Daneben kann «essen» von Reichtum aber auch metaphorisch im Sinn von «brauchen» oder «geniessen» verstanden werden (vgl. 5,18; 6,2). Und schliesslich ist mit dieser Wortwahl auch angedeutet, dass der Reichtum «verzehrt» wird – er schwindet dahin.

Wieder fragt Kohelet danach, was das eigentlich bringt. Anders als in 5,9 spricht er hier nicht von «Ertrag», sondern von «Gewinn», wobei er nicht das sonst übliche Wort *jitrōn* verwendet, sondern ein Wort, das im AT nur er gebraucht (vgl. 2,21; 4,4; dort allerdings in der Bedeutung von «Geschick»). In der Regel wird Kohelets Antwort in dem Sinn verstanden, dass der Reiche keinen (echten) Gewinn hat, weil er nichts anderes machen kann als «zuzusehen», wie ihm sein Reichtum wieder abhandenkommt. Dagegen wurde aber daran erinnert, dass Kohelet «sehen» häufig auch im Sinn von «geniessen» verwendet (vgl. mit «Augen» in 6,9; 11,9; zusammen mit «Gutes» in 2,24; 3,13; 5,17; ferner 9,9). Folgt man dieser Linie, nennt Kohelet hier einen echten Gewinn bzw. ermahnt seine Zuhörerschaft, ein derartiges Verschwinden von Reichtum nicht (nur) negativ zu sehen, sondern das Beste daraus zu machen. Kann man den Reichtum schon nicht behalten, so soll man ihn wenigstens geniessen, solange er noch da ist – sei es, dass man selbst davon «isst», sei es, dass man sich mit denen freut, die ihn «verzehren».

In **5,11** benennt Kohelet einen dritten Nachteil von Reichtum: Neben Freude bringt er auch Sorge bzw. Schlaflosigkeit. Interessant ist die Kontrastierung von «Reichem» und «Arbeiter», denn sie impliziert, dass ein Reicher nicht arbeitet. Vielleicht geht es Kohelet auch besonders um die körperliche Arbeit, die dazu beiträgt, dass man gut schlafen kann. Der Reiche hingegen findet keinen Schlaf (zum Problem der Schlaflosigkeit vgl. 2,23; 8,16). Neben der impliziten Anspielung auf das Fehlen von (körperlicher) Arbeit begründet Kohelet diese Schlaflosigkeit mit der «Sättigung» des Reichen. Auch hier wieder ist seine Formulierung doppeldeutig: Sie kann als Anspielung auf Völlerei verstanden werden (vgl. Spr 25,16; Sir 31,19–20) oder aber auf die Unersättlichkeit nach immer mehr (vgl. 5,9). Vermutlich geht es Kohelet darüber hinaus auch allgemein um die Sorge um den Reichtum, die den Reichen nicht schlafen lässt. Ein ähnlicher Gedanke findet sich auch in Sir 31,1. Während dort aber im gleichen Zusammenhang auch von der Schlaflosigkeit und dem Hunger des Armen gesprochen wird (vgl. Sir 31,2.4), lässt Kohelet das Problem zu grosser Armut ausser Acht. Er spricht nicht vom «Armen», sondern vom «Arbeiter» und geht davon aus, dass dieser immer etwas zu essen hat.

In **5,12–14** behandelt Kohelet ein weiteres Problem im Zusammenhang mit Reichtum: dass Reichtum verloren geht und nicht an die Nachkommen weitervererbt werden kann. Anders als in den Versen zuvor diskutiert er dieses Problem nicht in Form sprichwortartiger Aussagen, sondern anhand eines Fallbeispiels.

Kohelet beginnt seine Fallerzählung in **5,12** unter dem Stichwort «schlimmes Übel» und deutet dabei mit der Bemerkung, er habe dieses unter der Sonne gesehen, an, dass es sich nicht nur um einen Einzelfall handelt, sondern um ein allgemeines Phänomen (vgl. 6,1; ähnlich 10,5). Im ersten Vers seiner Fallerzählung berichtet Kohelet, dass ein Besitzer seinen Reichtum für einen Unglücksfall zusammengespart hat. In den folgenden Versen beschreibt er dann, dass dieser Reichtum wieder verloren ging. Dennoch sieht Kohelet das «Übel», von dem er in diesem ersten Vers spricht, wohl nicht erst in diesem Verlust, sondern bereits darin, dass jemand seinen gesamten Reichtum spart, ohne etwas davon zu geniessen (vgl. 4,8; ähnlich Sir 14,5–6). Wer sich so auf das «Unglück» oder das «Schlechte» konzentriert, verpasst den Genuss des Guten – bereits an sich ein «Übel» bzw. «Unglück» (im Hebräischen verwendet Kohelet zweimal dasselbe Wort).

In **5,13** führt Kohelet seine Fallerzählung weiter und berichtet, dass der zusammengesparte Reichtum wieder verloren ging. Dieser Verlust wird auf ein «schlechtes Geschäft» (Zürcher Bibel: auf ein «Unglück») zurückgeführt und damit angedeutet, dass jemand (wohl der Besitzer) diesen Reichtum verspielt hat. Zunächst unvermittelt erwähnt Kohelet in diesem Vers weiter, dass derjenige, der seinen Reichtum verloren hat, einen Sohn gezeugt hat. Entsprechend ist am Ende des Verses nicht ganz klar, ob Kohelet an den Vater oder an den Sohn denkt, wenn er sagt, dass «er» nichts (mehr) in der Hand hatte.

Das Problem, dass unklar ist, ob es Kohelet um den Vater oder den Sohn geht, setzt sich in **5,14** fort. Näherliegend ist die Deutung auf den Vater. Dann spricht Kohelet in diesem Vers aus, was schon in 5,13 impliziert war: dass das Tragische dieses Verlusts darin besteht, dass nun auch der Sohn den Reichtum des Vaters nicht mehr geniessen kann. Etwas verschlüsselt spricht er dabei vom Tod des Vaters, der zu «gehen» hat. Dass er «nackt» gehen muss, gehört zum Sterben (vgl. Hiob 1,21). Kohelet erwähnt es hier wohl, um daran zu erinnern, dass man seinen Reichtum (oder sonst irgendeinen Gewinn) nicht ins Grab mitnehmen kann (vgl. Ps 49,18). Während er in der Rolle des Königs schon nur diesen Umstand bedauerte bzw. sich darüber beklagte, dass er alles seinem Erben hinterlassen muss (vgl. 2,18–21), sieht er die Tragik hier darin, dass der Vater gar nichts mehr hat, das er seinem Sohn überlassen könnte (vgl. umgekehrt in 4,8, wo jemand zwar Reichtum hat, aber keinen Erben). Wenn Kohelet dabei wieder (vgl. 2,18–21) von der «Mühe» spricht, erinnert er leise nochmals daran, dass es ohnehin besser wäre, Reichtum bzw. das Gute insgesamt zu Lebzeiten zu geniessen (vgl. so andeutungsweise in 5,12; explizit wieder in 5,17–18).

In **5,15–16** setzt Kohelet seinen Gedanken von 5,12–14 fort. Manche lesen die Verse als Fortsetzung des Fallbeispiels (und übersetzen dann nicht mit «wie einer kam», sondern mit «wie er kam»). Da Kohelet allerdings bereits in 5,14 vom Tod des Vaters sprach und 5,15 mit «auch dies ist ein schlimmes Übel» einführt, liegt es näher, in diesen beiden Versen eine eigene kleine Einheit zu sehen. In allgemeiner Form nimmt Kohelet darin nochmals das Problem auf, das er bereits in 5,12–14 diskutiert hat. Anders als dort konzentriert er sich hier aber nicht auf den Verlust von Reichtum, sondern auf die Tragik, dass jemand sein Leben nicht geniesst.

In **5,15** beschreibt Kohelet nochmals, dass einer so wieder «gehen», d. h. sterben, muss, wie er gekommen ist. In 5,14 hat er in diesem Zusammenhang von «nackt» gesprochen und damit daran erinnert, dass man nichts ins Grab mitnehmen kann. Dieser Gedanke steht auch hier im Raum. Mit seinem Satz erinnert Kohelet aber auch einfach grundsätzlich daran, dass jeder früher oder später sterben muss. Wieder fragt Kohelet nach dem «Gewinn» (hier mit *jitrōn*; vgl. 1,3; 3,9; vgl. 5,10 mit *kišrōn*), und spätestens die Qualifizierung der Arbeit als Mühe «für den Wind» zeigt, dass seine Frage dabei auf eine negative Antwort zielt. Die Exegeten/Exegetinnen verstehen diese «für den Wind»-Bemerkung verschieden: Wenn man 5,15–16 mit 5,12–14 zusammen liest, könnte man darin eine Erinnerung sehen, dass der Reichtum des Vaters wieder verloren ging. Sein Streben nach Reichtum war ein Streben nach Wind. Anders als andernorts spricht Kohelet hier aber nicht von einem «Streben» bzw. «Greifen» nach Wind. Zudem braucht er das Wort «Gewinn» ja häufig dort, wo es ihm darum geht, dass nichts, was der Mensch tut, von bleibendem Wert ist. Das gilt auch für den, der seinen Reichtum nicht verliert, sondern ihn an seinen Sohn weitervererben kann (vgl. 2,21). Daher ist zu vermuten, dass es Kohelet bei der Mühe «für den Wind» nicht nur um unsinnige Bemühungen geht, sondern um die menschliche Arbeit im Allgemeinen. Insofern alle Menschen sterben müssen und nichts ins Grab mitnehmen können, ist Arbeit immer auch «Mühe für den Wind». Für sich allein genommen ist das für Kohelet kein «Übel». In 5,17–19 beschreibt er vielmehr, wie der Mensch das Beste aus dieser Grundtatsache menschlicher Existenz machen kann.

Zum Problem wird die in 5,15 beschriebene Grundtatsache erst, wenn jemand mit ihr nicht umgehen kann. Diesen Fall beschreibt Kohelet in **5,16** und macht damit verständlich, warum er 5,15 mit dem Stichwort «schlimmes Übel» einleitete. Schlimm ist es, wenn jemand sein Leben nicht geniesst, sondern missmutig, krank und zornig hinfristet. Wohl nicht zufällig gebraucht Kohelet in dieser Beschreibung Stichwörter, die an andere Stellen in seinem Buch erinnern. «Dunkelheit» und «Verdruss» bringt er andernorts mit Torheit in Verbindung (vgl. 2,13–14; 7,9), «Finsternis» in 6,4 weiter mit einer «Fehlgeburt», einem Menschen also, der nie wirklich gelebt hat. Ähnlich gebraucht er «krank» bzw. «Krankheit/Leiden» in 6,2 in seinem abschliessenden Urteil über jemanden, der das ihm von Gott Gegebene nicht geniessen darf. In 6,2 und zahlreichen weiteren Stellen (vgl. etwa die unmittelbar folgenden Verse 5,17–18) beschreibt er solchen Lebensgenuss u. a. mit Verweis auf das

«Essen» – und dieses Stichwort fällt auch in 5,16, wo im Hebräischen nicht von «fristen», sondern vom «essen» in der Finsternis die Rede ist. Aufschlussreich ist in diesem Zusammenhang der Vergleich mit 2,22–23: In der Rolle des Königs hat Kohelet das Leben insgesamt als «Leiden» und «Verdruss» beschrieben, denn dass der Mensch essen und trinken und das Gute geniessen darf, zählte für den König nicht, da es der Verfügungsgewalt des Menschen entzogen ist. Anders Kohelet selbst: Für ihn wird das Leben erst dann zu einem «Verdruss», wenn es der Mensch zu einem solchen macht, indem er das Gute nicht geniesst, sondern in Dunkelheit «isst» – bzw. eben «fristet», wie die Zürcher Bibel treffend paraphrasiert. Weniger gelungen scheint die Wiedergabe mit «(fristen) muss», denn nach Kohelet ist dieser Zustand gerade kein «Muss», sondern ein Fehler. Wie «Dunkelheit» ist in diesem Zusammenhang wohl auch «krank» im metaphorischen Sinn zu verstehen. Das «schlimme» Übel, das Kohelet beschreibt, besteht darin, dass manche Menschen das Gute nicht geniessen (vgl. Hiob 21,25); sie machen sich selber «krank» – was im Hebräischen besser zum Ausdruck kommt, da das mit «schlimm» übersetzte Wort eine Form des Verbs «krank sein» ist.

Nach seinem negativen Fallbeispiel und den daran anschliessenden allgemeineren Reflexionen über verfehltes Leben kommt Kohelet in **5,17–19** positiv auf das Gelingen von Leben (Lebensglück) zu sprechen und nennt dabei wie andernorts Essen, Trinken, Geniessen und die Freude als das, was das Leben lebenswert macht. Über das Thema Reichtum und Sterblichkeit bleibt der Abschnitt eng mit dem vorangehenden verbunden.

Durch die Einleitung «sieh, was ich Gutes sah» signalisiert Kohelet in **5,17**, dass er nach seinem negativen Beispiel (vgl. 5,12) nun von einer positiven Erfahrung berichtet bzw. darlegt, was man tun muss, damit das Leben nicht zu einem «schlimmen Übel» wird, sondern «gut» bleibt. Mit der Aufzählung «essen, trinken, und Gutes geniessen» erinnert er an 3,13, wo er diese drei Formen von Lebensgenuss als «Geschenk» Gottes qualifiziert hat. Dieses Stichwort bringt Kohelet in diesem Abschnitt erst im nächsten Vers. Doch auch hier weist er bereits auf Gott, und zwar als denjenigen, der dem Menschen das Leben gegeben hat (vgl. 8,15; 9,9; 12,1.7). Dass auch das Gute und Schöne von Gott gemacht bzw. dem Menschen gegeben ist, sagt Kohelet explizit erst im nächsten Vers. Über das Stichwort «schön» deutet er den Gedanken hier aber bereits an, erinnert dieses doch an 3,11, wo er ausgeführt hat, dass Gott alles «schön» gemacht hat. Hier in 5,17 geht es Kohelet allerdings in erster Linie um den Menschen. Einerseits erinnert er mit der Erwähnung der «Zeit seines Lebens» daran, dass die menschliche Lebenszeit begrenzt ist (vgl. 5,14–15.19) – was es umso wichtiger macht, dass man das Leben geniesst, solange man kann. Und andererseits sagt er, dass ein solcher Lebensgenuss der «Teil» des Menschen ist. Wie auch andernorts im Buch (vgl. 2,10; 3,22; 9,9) bringt er damit zum Ausdruck, dass die Lebensfreude dem Menschen zukommt. Sie ist das, was er bei all seiner Arbeit und Mühe positiv hat – nicht als bleibenden «Gewinn» (vgl. 2,11), wohl aber als etwas, was man im Moment geniessen kann.

Erst in **5,18** spricht Kohelet aus, dass es Gott ist, der dem Menschen diesen «Teil» gibt. Die (Möglichkeit zur) Lebensfreude ist ein «Geschenk Gottes» (vgl. 3,13; mit negativer Beurteilung des Königs ähnlich 2,24). Interessanterweise erwähnt Kohelet dabei nicht nur das «Essen» und das «sich Freuen» (vgl. 3,22), sondern auch «Reichtum» und «Vermögen» – und zwar als das, «wovon» man essen und so seinen Teil davontragen und sich freuen kann. Spätestens hier ist klar, dass Kohelet Reichtum durchaus nicht nur negativ sieht (vgl. andeutungsweise bereits in 5,9–10). Wichtig ist, dass man das Leben geniesst – sei es mit viel «Vermögen» (vgl. 5,18) oder mit nur wenig (vgl. 5,9.17). Während er in 4,8 und 5,12–14 beklagte, dass jemand Reichtum hat, diesen aber nicht geniesst, spricht er hier positiv von der Möglichkeit, dass man von seinen Reichtum Gebrauch macht (von ihm «isst») und sich so des Lebens freut. Da Kohelet die (Möglichkeit zur) Lebensfreude als Geschenk Gottes betrachtet, nennt er Gott hier auch als denjenigen, der dem Menschen Reichtum gibt. Entscheidend ist dabei nicht der Reichtum selbst, sondern dass Gott einem «gestattet», diesen zu nutzen. Wie im folgenden Abschnitt, in dem er den Fall durchspielt, dass Gott jemandem nicht erlaubt, seinen Reichtum zu nutzen, macht Kohelet auch in diesem Vers Gott dafür verantwortlich, ob jemand seinen Reichtum positiv nutzt oder nicht (s. u. zu 6,2).

In **5,19** schliesslich nennt Kohelet als weiteren Aspekt des «Guten», dass man nicht zu oft an die «Frist seines Lebens» denkt, weil Gott einem das Herz «erfreut» (bzw. «mit Freude beschäftigt», wie die Hebräische Wendung wohl wörtlich zu übersetzen ist). Die Nennung der «Frist seines Lebens» erinnert dabei wieder an die Begrenztheit menschlichen Lebens (vgl. 5,17). Nach 7,2 und 9,5 erachtet Kohelet das Wissen um die eigene Sterblichkeit allerdings nicht (nur) als etwas Negatives. Von daher geht es ihm hier vielleicht mehr um ein zu intensives Nachdenken über die «Frist» bzw. die «Tage» (wie es im Hebräischen wörtlich heisst), die einem zu Lebzeiten gegeben sind. Sein Fallbeispiel von 5,12–14 hat ja gezeigt, dass zu viel Sorge um die Zukunft das «Unglück» erst herbeiführen kann. Kohelet argumentiert dabei wohl kaum grundsätzlich gegen vorausdenkendes Planen (vgl. 11,2; dazu weiter Sir 11,24–25; 18,25). Wohl aber geht es ihm darum, dass man ob der Frage, was die Zukunft bringen wird, nicht verrückt werden soll. Darüber kann man sowieso nichts wissen (vgl. 3,21–22; 11,6 u. ö.). Dass man sich nicht immer nur «freuen» kann, sondern manchmal auch an den Tod und die dunklen Tage «denkt», weiss Kohelet und hat offenbar auch nichts dagegen (vgl. 9,5; 11,8). Wer sich aber zu stark mit entsprechenden Fragen beschäftigt, kommt entweder nicht mehr zum Arbeiten (vgl. 11,4) oder wird depressiv (vgl. 2,23). Besser ist es demgegenüber, die von Gott ermöglichte Freude zu geniessen (und sich dem «Tag des Unglücks» dann zu stellen, wenn er kommt; vgl. 7,14).

6,1–2 ist das negative Pendant zu 5,17–19: Nach dem «Guten» berichtet Kohelet hier von einem weiteren «Übel», das wie dasjenige von 5,12–14 darin besteht, dass jemand seinen Reichtum nicht geniesst. Wie dort wird dabei auch hier angedeutet, dass der Reichtum wieder verloren geht. Anders als dort wird dieser Verlust hier aber auf Gott zurückgeführt, wobei das Gewicht wie in 5,18 nicht auf dem Reichtum selbst liegt, sondern auf der Frage, ob Gott einem erlaubt, diesen zu geniessen.

Wie in 5,12 spricht Kohelet in **6,1** von einem «Übel», das er «unter der Sonne sah», und deutet damit an, dass es sich um etwas handelt, das kein Einzelfall ist. Obwohl er dabei nicht von einem «schlimmen» Übel spricht (vgl. 5,12.15), ist auch hier klar, dass er es als schlimm empfindet. Deutlich wird das in 6,2, wo er den Abschnitt mit einem «nichtig»-Urteil abschliesst und dabei in der Erweiterung von einem «schlimmen Leiden» spricht (s. u.). Doch bereits in 6,1 ist dieses Urteil angedeutet: im Nachsatz, dass dieses Übel «schwer» auf den Menschen laste. Der hebräische Ausdruck ist allerdings etwas weniger klar als die deutsche Übersetzung, denn statt von «schwer» ist von «gross» bzw. «zahlreich» die Rede und ein Verb fehlt (statt «lastet» könnte man auch einfach «ist» ergänzen). Kohelet gebraucht die gleiche Wendung nochmals in 8,6 – auch dort in einer Beschreibung des «Übels», das auf den Menschen ist (die Zürcher Bibel übersetzt dort kontextbedingt mit «Bosheit»; im Hebräischen ist es dasselbe Wort). In beiden Fällen spricht er dabei nicht von «den Menschen», sondern allgemein von «dem Menschen». Offenbar geht es ihm nicht um Quantität, sondern um Qualität: weniger darum, dass das Übel unter vielen Menschen verbreitet ist, sondern darum, dass es ein schweres (schlimmes) Übel ist.

Das Übel selbst beschreibt Kohelet erst in **6,2**. Der Anfang des Verses erinnert an 5,18, denn wieder spricht Kohelet davon, dass Gott einem Mann, d. h. jemandem, «Reichtum» und «Vermögen» gibt. Als dritte Gabe nennt er hier die «Ehre», die nach traditionell weisheitlicher Weltsicht eng mit Reichtum (und Weisheit) verbunden ist (vgl. Spr 3,16; 8,18; 22,4; zum Zusammenhang zwischen Ehre und Weisheit vgl. auch 10,1). Zusammenfassend beschreibt Kohelet den guten Zustand damit, dass es diesem Mann an nichts mangelt, was er «begehrt». Das Verb, das er dabei wählt, wird im AT sonst häufig im negativen Sinn von «gieren nach» gebraucht (vgl. Num 11,4; Spr 13,4; 21,26). Hier ist es wohl neutral gemeint bzw. hat damit zu tun, dass Kohelet besonders an das Begehren von Gütern wie Reichtum und Ehre denkt – nicht aber an solche wie Lebensgenuss. Darin nämlich besteht die Tragik, die er in diesem Vers beschreibt: dass Gott es diesem Menschen nicht erlaubt, seinen Reichtum zu geniessen (wieder spricht Kohelet von «essen»; vgl. 5,10.18), und zwar nicht einmal ein wenig, wie die Präposition «(da)von» zeigt. Stattdessen wird der Reichtum von einem «Fremden» genossen/verbraucht. Kohelet lässt offen, um wen es sich bei diesem Fremden handelt: Denkbar wäre jemand, an den der Mensch seinen Reichtum verloren hat (vgl. 5,13), jemand, der von seinem Reichtum profitiert (vgl. 5,10), oder auch ein Erbe (vgl. 2,18.21). Kohelet spricht nicht über diese Alternativen – ihm geht es um das «Übel», dass jemand nicht selbst von seinem Reichtum «essen» bzw. sich des Lebens freuen kann. Theologisch interessant, aber auch schwierig ist dabei, dass er Gott selbst für dieses Übel verantwortlich macht (vgl. für den positiven Fall schon in 5,18). Ähnlich hat er in der Rolle des Königs bereits in 2,26 argumentiert. In 4,8 und 5,12–16 hingegen liess Kohelet Gott aus dem Spiel und implizierte damit, dass die Entscheidung, ob man seinen Reichtum geniesst oder nicht, (auch) eine Entscheidung des Menschen ist. Daher könnte man argumentieren, dass er hier besonders an den Fall denkt, dass jemand seinen Reichtum wieder verliert und damit tatsächlich keine Möglichkeit mehr hat, diesen zu geniessen. Vermutlich aber geht es hier um eine grundsätzlichere Ambivalenz, die damit zusammenhängt, dass Kohelet den Lebensgenuss als «Geschenk» Gottes versteht (vgl. 3,13;

5,18). In der Regel betont er dabei, dass dieses Geschenk der «Teil» für den Menschen ist, und ruft diesen dazu auf, das Leben auch tatsächlich zu geniessen (vgl. 3,22; 8,15; weiter 6,9; 7,14; 9,7–9). Daneben impliziert der Geschenk-Gedanke aber natürlich auch, dass es noch vor dem Menschen von Gott abhängt, ob der Mensch sein Leben geniessen kann, ist ein Geschenk doch etwas, auf das man keinen Anspruch hat. Anders als sonst nimmt Kohelet diese Unverfügbarkeit hier nicht gelassen: Er beschliesst die beiden Verse mit einem «nichtig»-Urteil, das er um den Zusatz «ein schlimmes Leiden» erweitert. Im Hebräischen verwendet er dabei ein Wort, das mit demjenigen verwandt ist, das in 5,12 und 5,15 mit «schlimm» übersetzt wurde (wörtlich geht es um «Krankheit» und «krank»). Wenn jemand seinen Reichtum (oder allgemein: die guten Momente des Lebens) nicht geniesst (vgl. Sir 30,19), ist das ein «schlimmes» bzw. «krankes» Übel – selbst wenn diese «Krankheit» (vgl. auch 5,16) von Gott selbst veranlasst sein sollte.

In **6,3–6** laufen Kohelets Überlegungen darauf hinaus, dass es das Wichtigste im Leben ist, dass man Gutes geniesst. Wie in 5,12–16 und 6,1–2 legt er das auch hier wieder über (zwei) negative Fälle dar, wobei Formulierungen und Inhalt hier zeigen, dass es sich um fiktive Fälle handelt. Anders als in den Versen zuvor spielt Reichtum dabei (fast) keine Rolle, wohl aber werden andere Güter genannt, die in der traditionellen Weisheit hoch bewertet sind. Kohelets Ausführungen zielen darauf, dass kein anderes Gut das Fehlen von Lebensgenuss aufwiegen kann – wem ein solcher Genuss des «Guten» versagt bleibt, ist mehr zu bemitleiden als eine «Fehlgeburt».

In einem ersten fiktiven Beispiel berichtet Kohelet in **6,3** von einem Mann, der hundert Kinder zeugte und sehr lange lebte. Mit Kinderreichtum (vgl. Dtn 28,11; Ps 112,2; 127,3) und langem Leben (Spr 9,11; 10,27; 1Chr 29,28) nennt er dabei zwei Güter, die traditionell sehr hoch bewertet sind und als Zeichen eines gesegneten Lebens gelten. Die Aussage über die lange Lebenszeit ist im Hebräischen schwierig. Nach manchen besagt er, dass der Mann so viele Jahre lebte wie die Tage seiner Jahre, was man als Hinweis auf Henoch verstehen könnte, der nach Gen 5,23 365 Jahre alt wurde. Nach anderen sagt Kohelet hier, dass der Tage seiner Jahre viele sind. Letztlich geht es so oder so darum, dass dieser Mann «ein hohes Alter erreichte» (so die Zürcher Bibel). Mit dem Verweis auf das hohe Alter und die vielen Kinder legt Kohelet dar, dass es auch diese beiden hohen Güter nicht wettmachen können, falls ein solcher Mann das Gute nicht geniesst. Trotz vielen Kindern und langem Leben ergeht es der «Fehlgeburt» besser. Was es mit der «Fehlgeburt» auf sich hat, erklärt Kohelet im nächsten Vers. Hier geht es ihm darum, was diesen Mann disqualifiziert: dass er sich nicht «vom Guten» «sättigt». Der Gebrauch des Verbs «sich sättigen» ist in diesem Zusammenhang nicht im Sinn von «satt werden» zu verstehen – denn eine solche «Sättigung» wäre nach Kohelet wohl auch beim Guten nicht möglich (vgl. 1,8; 4,8; 5,9). Die Präposition «von» deutet vielmehr darauf hin, dass Kohelet an ein «sich sättigen» denkt (vgl. ähnlich Hiob 31,31; Spr 18,20). Das erinnert an 5,18 und 6,2, wo er die Essens-Metapher gebrauchte, um das Geniessen zu beschreiben. Dass es darum auch hier geht, bestätigt 6,6, wo Kohelet an paralleler Stelle von «sehen» des Guten spricht und damit eine andere Metapher gebraucht, die er häufig zur Beschreibung des Geniessens verwendet. Im Blick auf 6,6 fällt ein weiterer

Unterschied auf: Dort ist «Gutes» ohne Artikel verwendet, hier aber mit – wie in 5,10. Daher lässt sich vermuten, dass Kohelet hier wie dort besonders an «das (Hab und) Gut» denkt. Jedenfalls bleibt es dabei, dass es ihm in beiden Versen darum geht, die Tragik zu beschreiben, dass jemand sein Leben nicht bzw. nie geniesst. Schwierig einzuordnen ist in diesem Zusammenhang Kohelets Bemerkung «selbst, wenn er nicht begraben wäre». Manche haben spekuliert, das habe wieder mit Henoch zu tun (zur Entrückung Henochs vgl. Gen 5,24). Doch um eine Entrückung oder einen besonderen Menschen wie Henoch geht es Kohelet hier kaum. Da im Hebräischen das «wenn» des Satzanfangs hier nicht wiederholt wird, könnte man den Satz auch mit dem vorangehenden über das Nicht-Geniessen als Grund verstehen, warum Kohelet die «Fehlgeburt» glücklicher schätzt. Dass auch er die traditionelle Ansicht teilt, dass zu einem guten Leben ein anständiges Begräbnis gehört, zeigt 8,10. Das Problem bei einer solchen Interpretation ist, dass die so verstandene (traditionelle) Aussage der Pointe der (provokativen) Aussage über die «Fehlgeburt» die Spitze nimmt. Ist der Satz vielleicht auf einen späteren Redaktor zurückzuführen, der Kohelets Urteil verständlicher machen will? Oder will Kohelet sagen, dass sein Urteil auch dann gilt, wenn der von ihm beschriebene Mensch noch nicht gestorben ist?

In **6,4** beschreibt Kohelet die Existenz einer «Fehlgeburt». Wenn er dabei mit der Rede von «(in Nichtigkeit) kommen» und «gehen» auf ihren (vorzeitigen) Tod verweist (vgl. 5,15) und daneben v.a. die «Dunkelheit» betont, bleibt seine Beschreibung düster. Sie zielt weniger darauf, zu erklären, inwiefern es eine «Fehlgeburt» besser hat als der Mensch von 6,3, sondern in erster Linie darauf, die Radikalität dieses Urteils zu verstärken. Neben der Rede von «Nichtigkeit» und «Dunkelheit» zeigt das auch der Hinweis auf den «Namen» der «verborgen» bleibt. Während die traditionelle Weisheit behauptet, dass der «Name» des Gerechten erinnert bleibt (vgl. Spr 10,7), und Kohelet weiss, dass früher oder später alle in Vergessenheit geraten (vgl. 1,11; 2,16; 9,5), ist der Fall einer «Fehlgeburt» besonders schlimm, denn ihr Name war immer «verborgen».

In **6,5** setzt Kohelet seine Beschreibung der «Fehlgeburt» fort. Mit seinen Aussagen, dass sie die Sonne «nicht gesehen» (vgl. Ps 58,9; Hiob 3,16) und «nicht gekannt» habe, beschreibt er einen Zustand, der an sich eher trostlos ist (vgl. 9,4–6, wo er das Wissen der Menschen dem Nichtwissen der Toten vorzieht). Wie schon in 6,4 geht es ihm dabei aber darum, dass dieser Zustand immer noch besser ist als derjenige des in 6,3 beschriebenen Menschen (vgl. die ähnliche Taktik in 4,2–3). Aufschlussreich ist der letzte Satz, dass die «Fehlgeburt» mehr «Ruhe» hat als dieser Mensch. Wer sich von seinem Gut «nicht sättigt» (vgl. 6,3) und das Gute «nicht sieht/geniesst» (vgl. 6,6), verpasst nicht nur äussere Freuden. Er ist v.a. auch darum bemitleidenswert, weil er immer angespannt oder in Sorge ist (vgl. 5,11.16; 6,9 u.ö.) und so die «Ruhe» nicht findet, die wesentlich zum «Guten» im Leben gehört (vgl. auch 4,6).

In **6,6** doppelt Kohelet noch einmal nach: Sein negatives Urteil gilt auch dann, wenn jemand 2000 Jahre lang lebte. Ein Leben mag noch so lang sein, irgendwann kommt es zu einem Ende (zum «einen Ort», an den alle gehen, vgl. 3,20). Und dann spielt die Anzahl der Jahre, die man gelebt hat, keine Rolle mehr (ebenso wenig, wie viele Erben man hat, wie grossen Reichtum und Ruhm man erworben hat etc.) – wohl aber, ob man das «Gute» «genossen» hat (bzw. «gesehen», wie es im Hebräischen wörtlich heisst: vgl. auch 2,1; 3,13; 5,17). Kohelet weiss, dass es Menschen gibt, denen es versagt bleibt, das Leben zu geniessen und «Ruhe» zu finden – sei es, dass ihnen die nötigen Mittel fehlen, sei es, dass sie diese nicht richtig gebrauchen. Seine Ausführungen zielen nicht darauf, diese Menschen zu verurteilen (vgl. 5,18; 6,2, wo er Gott dafür verantwortlich macht, ob jemand sein Leben geniessen kann oder nicht). Wohl aber beklagt er das «Übel», dass es Menschen gibt, die voller Verdruss «in der Finsternis fristen» (vgl. 5,15), und macht damit klar, was er für das Wichtigste im Leben hält.

Kohelet beschliesst den langen Abschnitt zu Reichtum und Armut und der Frage nach dem Glück mit **6,7–9**, wobei er wie zu Beginn (vgl. 5,9–11) nochmals in sprichwortartigen Aussagen formuliert. Viele dieser Aussagen sind mehrdeutig – und das Verständnis des Abschnitts entsprechend hypothetisch.

Als Erstes formuliert Kohelet in **6,7**, dass die «Mühe» des Menschen für den «Mund» ist, was daran erinnert, dass die meisten Leute arbeiten müssen, um essen zu können. Im Hebräischen spricht er daran anschliessend davon, dass die *næfæš* nicht «voll» wird. Das gleiche Verb «voll werden» ist in 1,8 parallel zu «satt werden» gebraucht. Geht es Kohelet hier ähnlich wie in 4,8 und 5,9 negativ nochmals um die menschliche Unersättlichkeit? Oder eher neutral wie in 1,8 darum, dass das menschliche Verlangen (wie der Magen) nie ein für alle Mal befriedigt ist, sondern immer wieder neu «gefüllt» werden muss? Die Antwort auf diese Frage hängt auch von der Interpretation von *næfæš* ab. Eine der Grundbedeutungen dieses Worts ist «Kehle»; in der Regel hat es die Bedeutung «Begierde», «Lebenskraft» oder auch einfach «Person». Kohelet hat das Wort in 2,24; 4,8; 6,2–3 gebraucht, und zwar stets zur Bezeichnung der eigenen Person (vgl. «sich», «mir», «ihm»). Da *næfæš* hier parallel zu «Mund» und mit dem Verb «voll werden» verwendet wird, muss es hier wohl in der Bedeutung von «Begierde» bzw. eben «Verlangen» verstanden werden. Das passt auch zu den vier anderen Stellen, an denen Kohelet das Wort gebraucht, denn diese handeln alle davon, dass man seiner *næfæš* etwas gönnt oder versagt. Bei dreien dieser Stellen geht es dabei ausdrücklich um das Geniessen des Guten (vgl. 2,24; 4,8; 6,3) – nicht aber in 6,2, der einzigen dieser Stellen, bei der im gleichen Zusammenhang vom «begehren» die Rede ist. Da neben den genannten Stellen auch das Stichwort «Mund» an Kohelets Aufruf zur Lebensfreude (Essen, Trinken, ...) erinnert, liegt dieser Zusammenhang aber dennoch nahe. Worauf aber zielt dann Kohelets Satz? Stammt er überhaupt von Kohelet oder zitiert er hier einen «Gegner», der gegen seine Lebensphilosophie argumentiert, Essen und Trinken seien nicht gut, weil sie das Verlangen nicht stillen können? Das scheint zu weit hergeholt. Wenig plausibel ist auch die Interpretation, wonach Kohelet hier zwischen Nahrung für den Körper und «Seelen-Nahrung» unterscheidet bzw. zu erkennen gibt, dass es ihm bei seinen Erwähnungen von Essen und Trinken nicht um das Füllen des Magens geht, sondern um ein tieferes Verlangen des Menschen. Denkbar ist hingegen die Deutung, wonach Kohelet hier ausspricht, dass er weiss, dass das Verlangen des Menschen nach Lebensfreude nicht ein für alle Mal gestillt werden kann, dass man Glück und Lebensfreude vielmehr immer wieder neu erfahren muss (und kann).

In **6,8** stellt Kohelet zwei Fragen, bei denen es weder klar ist, ob sie auf eine positive oder eine negative Antwort zielen, noch wie sie mit den Versen zuvor und danach zusammenhängen. Die Frage, was der Weise dem Toren voraushat, ist im Hebräischen in einer Art formuliert, die an Kohelets Aussagen zum «Gewinn» erinnert. Ähnlichkeiten bestehen insbesondere zu 2,13–17, wo Kohelet in der Rolle des Königs argumentierte, dass es für den Weisen letztlich keinen «Gewinn» gibt, weil er wie der Tor sterben muss. Da Kohelets «Gewinn»-Fragen sonst immer auf eine negative Antwort zielen (vgl. 1,3; 3,9; 6,11), nehmen die meisten Exegeten/Exegetinnen an, dass dies auch hier der Fall ist. Im Kontext von 6,7 könnte es ihm dabei darum gehen, dass auch ein Weiser nicht einfach dauerhaft mit Lebensfreude «gefüllt» bleibt, sondern sich immer wieder neu darum bemühen muss. Oder er erinnert daran, dass selbst ein noch so weiser Mensch, der wie er weiss, was das Gute im Leben ist, es nicht in der Hand hat, dieses Gute geniessen zu können, weil darüber letztlich Gott entscheidet (vgl. 5,18; 6,2). Noch schwieriger zu verstehen ist Kohelets Frage zum «Armen», v.a. auch, weil unklar ist, was er mit dem Ende des Satzes meint, den die Zürcher Bibel mit «zu leben versteht» übersetzt. Wörtlich ist im Hebräischen davon die Rede, dass der Arme «weiss», «vor dem Leben/den Lebenden zu gehen». Geht es Kohelet darum, dass der Arme sich mit anderen Menschen gut versteht? Oder darum, dass er sich im Leben gut zurechtfindet? Oder denkt er hier an das «Leben» nach dem Tod (vgl. Ps 56,14; 116,9)? Wie immer es sich verhält, aufgrund der Parallele mit der ersten Vershälfte steht zu vermuten, dass auch diese Frage wieder auf eine negative Antwort zielt. Nach einer plausiblen Erklärung weist Kohelet damit die sog. Armenfrömmigkeit zurück, in der Armut spirituell verherrlicht wurde (vgl. z.B. Ps 37,16–19, mit der Aussage, dass «die Gerechten ... in den Tagen des Hungers satt werden»). Demgegenüber betont Kohelet, dass solche Sprüche bzw. ein solches (Pseudo)-«Wissen» einem Armen, der nichts zu essen hat, nichts hilft.

In einem traditionellen Besser-als Spruch formuliert Kohelet in **6,9**, dass das «Sehen» der «Augen» (vgl. «was man vor Augen hat») besser ist als das «Verlangen schweifen» zu «lassen». Mit «Sehen der Augen» weist er auf das Geniessen des Guten (vgl. 11,9, wo der gleiche Ausdruck verwendet ist; und 2,24; 3,13; 5,17; wo es um das «Sehen» bzw. eben «Geniessen» des Guten geht; ähnlich auch 5,10). Die Formulierung erinnert dabei daran, dass ein solches Geniessen des Guten immer vorübergehend ist – im Augenblick, den es zu «sehen» bzw. eben zu «geniessen» gilt. Damit erklärt sich auch, was Kohelet meint, wenn er von «schweifen lassen» des «Verlangens» spricht. Wörtlich ist im Hebräischen vom «Gehen der *næfæš*» die Rede, womit Kohelet je ein Stichwort aus 6,7 und 6,8 aufnimmt. Aufschlussreich ist v.a. der Zusammenhang mit 6,7: Hat Kohelet dort gesagt, dass man zwar essen und trinken kann, das «Verlangen» aber nicht (bzw. nie ganz) gestillt wird, so sagt er hier, dass man diese Tatsache akzeptieren soll. Wer essen und trinken kann, kann auch immer wieder das Gute «sehen». Wichtig ist, dass man die Augenblicke, in denen das möglich ist, auch bewusst als solche wahrnimmt (vgl. 7,14; 11,9). Schwierig hingegen wird es, wenn man nicht im Jetzt lebt, sondern gedanklich «davonmarschiert» und davon träumt, wie es auch noch sein könnte. Wer so lebt, verrennt sich selbst, seine *næfæš* kommt auf Abwege. Das abschliessende «nichtig»-Urteil bezieht sich wohl nicht auf den ganzen Vers, sondern lediglich auf dieses Sich-Verrennen bzw. das menschliche Bestreben, das Verlangen ganz zu stillen und das Glück ein für alle Mal zu besitzen. Insofern sich eine solche Haltung ebenso im falschen Umgang mit Reichtum manifestiert (vgl. das Thema ab 5,9), kann man den Vers auch als Abschluss des gesamten Abschnitts verstehen. Für Kohelet sind solche Versuche, das Glück ganz zu fassen oder zu besitzen, genauso sinnlos wie ein «Greifen nach Wind».

6,10–7,14 Wer weiss, was gut ist für den Menschen?

10 Was war, ist längst mit Namen benannt, und bekannt ist, was ein Mensch ist, und dass er nicht rechten kann mit dem, der mächtiger ist als er. 11 Doch es gibt viele Worte, die das Nichtige vermehren. Was hat der Mensch davon? 12 Wer weiss denn, was gut ist für den Menschen im Leben, in der Zeit seines flüchtigen Lebens, die er verbringt wie ein Schatten? Wer könnte dem Menschen kundtun, was künftig sein wird unter der Sonne?

1 Besser ein guter Ruf als guter Geruch – und der Tag des Todes als der Tag der Geburt. 2 Besser, in ein Haus zu gehen, wo man trauert, als in ein Haus zu gehen, wo man feiert; denn da zeigt sich das Ende jedes Menschen, und der Lebende nimmt es sich zu Herzen. 3 Besser verdriesslich sein als lachen, denn bei trauriger Miene geht es dem Herzen gut. 4 Das Herz der Weisen ist in einem Haus, wo man trauert, das Herz der Toren aber im Haus, wo man sich freut. 5 Besser, man hört einen Weisen schelten als die Toren singen. 6 Denn wie das Knistern der Dornen unter dem Topf, so ist das Lachen des Toren. Doch auch das ist nichtig. 7 Denn Unterdrückung macht einen Weisen töricht, und Geschenke verderben den Verstand.

8 Besser der Ausgang einer Sache als ihr Anfang, besser langmütig als hochmütig. 9 Werde nicht zu rasch verdriesslich, denn Toren tragen in sich Verdruss. 10 Sage nicht: Wie kommt es, dass die früheren Zeiten besser waren als die jetzigen? Denn nicht aus Weisheit fragst du so. 11 Weisheit ist so gut wie Besitz und ein Vorteil für jene, die die Sonne schauen; 12 denn Weisheit beschirmt und Geld beschirmt, doch dies ist der Vorteil des Wissens: Wer Weisheit hat, den erhält sie am Leben.

13 Betrachte das Werk Gottes: Wer kann gerade machen, was er gekrümmt hat? 14 Am Tag des Glücks sei guter Dinge, und am Tag des Unglücks bedenke: Auch diesen wie jenen hat Gott gemacht, und was künftig sein wird, kann der Mensch nicht wissen.

Nach den Masoreten beginnt mit 6,10 die zweite Buchhälfte. Eine erste kleinere Einheit endet mit der rhetorischen Frage Kohelets, wer dem Menschen kundtun könne, was künftig sein wird (vgl. 6,12). In 7,14 wird diese Frage in Form einer Aussage wieder aufgenommen, sodass man **6,10–7,14** als *einen* grösseren Abschnitt verstehen kann. Zwischen den rahmenden Einheiten (vgl. 6,10–12; 7,13–14) bringt Kohelet eine lange Reihe von Sprüchen, in denen gesagt ist, was gut und was schlecht ist. Vermutlich handelt es sich hier um eine Sammlung von Sprüchen, mit denen Kohelet demonstrieren will, was er meint, wenn er in 6,11 von «(zu) vielen Worten» spricht, «die das Nichtige vermehren».

In **6,10–12** nimmt Kohelet ein Thema auf, das er schon in 3,21–22 angesprochen hat: dass der Mensch über die Zukunft nichts wissen kann (vgl. dann wieder in 7,14; 8,7; 10,14). Hier geht es ihm dabei auch um eine Kritik an jenen, die das Gegenteil behaupten.

Kohelet beginnt die zweite Buchhälfte in **6,10** mit einer Erinnerung an das Gedicht, mit dem er die erste Buchhälfte bzw. das gesamte Buch eröffnet hat. Sprach er dort davon, dass das, «was war» (bzw. «was einmal geschah») wieder geschehen wird (vgl. 1,9; ähnlich 3,15), so hier, dass es «längst mit Namen benannt» ist. Leise weist er damit auf Gott, der alles ins Dasein ruft und ihm mit dem Namen auch eine Bestimmung gibt (vgl. z. B. Gen 1,5.8.10; Jes 40,26; Ps 147,4). Für den Menschen heisst das, dass auch sein Wesen schon lange «bekannt» ist: Er ist ein Mensch (*'ādām*) – wie Adam nach der Paradiesgeschichte (vgl. Gen 2–3) aus dem Erdboden (*'ᵃdāmā*) erschaffen (zur Erdverhaftung des Menschen vgl. auch 5,1) und zu einem Leben bestimmt, das aus Genuss (im Garten und in der Partnerschaft), aber auch aus Arbeit und Mühsal besteht und dann früher oder später wieder zu einem Ende kommt (zur Sterblichkeit des Menschen, die er mit den Tieren teilt, vgl. 3,18–21). Dieses Bestimmtsein der Grundkonstanten ist nicht mit Prädestination zu verwechseln (vgl. bereits zu 3,1.14). Der Mensch hat nach Kohelet Wahlmöglichkeiten. Die Grundbedingungen des Menschseins, die Condition humaine (Sterblichkeit, Wechsel der Zeiten, begrenzte Erkenntnisfähigkeit etc.), aber hat er zu akzeptieren; hier lässt sich nicht «rechten» (zur Unmöglichkeit, mit Gott zu streiten, vgl. auch Jes 45,9; Hiob 9,32; 40,2). In diesem ersten Vers des Abschnitts nennt Kohelet Gott noch nicht explizit, sondern spricht lediglich von «dem, der mächtiger ist als er». Am Ende des Abschnitts kommt er aber nochmals auf das Thema dieser Eingangsverse zurück, und dort weist er dann explizit auf Gott (vgl. 7,13–14).

In **6,11** beklagt sich Kohelet darüber, dass es (zu viele) «Worte» gibt, «die das Nichtige vermehren». Offenbar denkt er dabei an Aussprüche von solchen, die mit Gott «rechten» wollen (vgl. 6,10) oder zu wissen behaupten, was die Zukunft bringt (vgl. 6,12). Die kritische Rede über «(zu) viele Worte» erinnert an 5,1–2.6, wo es um den Abstand zwischen Gott und Mensch ging (vgl. auch 10,14, wo es um die Unmöglichkeit geht, etwas über die Zukunft zu sagen).

In **6,12** erklärt Kohelet weiter, warum er in 6,11 von «Worten» gesprochen hat, «die das Nichtige vermehren». Die zweite Vershälfte ist klar: Kohelet kritisiert jene, die behaupten, den Menschen kundtun zu können, was die Zukunft bringt. Vielleicht denkt Kohelet insbesondere an Propheten oder Apokalyptiker (s. o. S. 31) oder aber auch an andere Weise, die über den Tun-Ergehen-Zusammenhang ebenfalls Prognosen über die Zukunft anstellten. (In unserer Zeit bilden etwa Prognosen zur Wirtschaftsentwicklung eine Parallele.) Kohelet präzisiert nicht, an welche Art von Prognosen er denkt. Offenbar hält er solche ohnehin für verfehlt. Über die Zukunft kann der Mensch nichts wissen, das betont er immer und immer wieder (vgl. 3,21–22; 7,14; 8,7; 10,14). Von dieser zweiten Frage her lässt sich auch die erste Frage in diesem Vers verstehen. 2,19 und 3,21 lassen vermuten, dass Kohelet die Frage «Wer weiss denn» auch hier rhetorisch meint, dass seine Frage auch hier wieder auf ein «niemand» zielt. Etwas verwirrend ist, dass es hier darum geht, «was gut ist für den Menschen» (vgl. 2,3) – eine Frage, auf die Kohelet andernorts durchaus zu antworten weiss (vgl. 3,12.22; 5,17; 7,18; 8,12–13.15; 11,7; vgl. ferner die «besser-als»-Sprüche). Vermutlich aber geht es ihm auch hier allein um ein Wissen um die Zukunft bzw. um «Regeln», nach denen man im Leben erfolgreich sein kann (vgl. die Präzisierung «im Leben, in der Zeit seines flüchtigen Lebens»). Kohelet hält solche Regeln für verfehlt (vgl. 9,11–12 u. ö.). Das Gute lässt sich nach ihm nicht erzwingen oder berechnen, sondern nur jeweils im Moment erleben. So verstanden, gibt dieser letzte Vers des ersten Abschnitts der zweiten Buchhälfte die Leseanweisung, wie der folgende Abschnitt zu verstehen ist.

In **7,1–6** bringt Kohelet ein Reihe von «besser-als»-Sprüchen (wobei im Hebräischen «besser» mit «gut ... von» formuliert ist). Manche dieser Sprüche lassen sich als seine eigene Meinung verstehen, die meisten aber passen nicht zu seinen sonstigen Aussagen (vgl. z. B. 7,1 mit 9,8, oder 7,3 mit 11,9). Nach 6,11–12 lässt sich vermuten, dass Kohelet das in diesen Sprüchen «gut» bzw. «besser» Genannte gar nicht unbedingt für so gut hält. Was er hier präsentiert, ist eine Sammlung von Lebensweisheiten, die allgemein bekannt sind oder die er in Überspitzung an bekannte Sprüche selbst formuliert. Manchen würde er vielleicht zustimmen, zumindest in gewissen Aspekten. Insgesamt aber sind sie Beispiele von «(zu) vielen Worten, die das Nichtige vermehren»: In ihnen allen werden klare «Regeln» formuliert, was gut und was weniger gut ist für den Menschen, obwohl das häufig so klar nicht ist.

Kohelet beginnt seine Sammlung in **7,1** mit einem Spruch, der sehr traditionell klingt. Ein «(guter) Name» bzw. «Ruf» gilt in der gesamten antiken Welt als etwas Wertvolles und wird v. a. auch in weisheitlichen Schriften häufig zum Thema. Besonders eng verwandt mit dem Spruch von 7,1 ist Spr 22,1: «Ein guter Ruf ist wertvoller als grosser Reichtum, Ansehen ist besser als Silber und Gold.» Wenn der «Name» hier nicht mit Reichtum verglichen wird, sondern mit «Öl/Parfüm» (vgl. «guter Geruch»), hängt das wohl primär damit zusammen, dass dieses Wort im Hebräischen sehr ähnlich klingt wie «Name» und so ein Wortspiel entsteht. Da «Öl» aber ein Luxusgut ist (vgl. Spr 21,17), geht es letztlich auch hier um einen ähnlichen Kontrast. Nach traditioneller Lehre ist ein «(guter) Name» nicht nur zu Lebzeiten wichtig, sondern v. a. auch nach dem Tod, denn über den «Namen» lebt ein (weiser, gerechter) Verstorbener in der Erinnerung seiner Nachfahren weiter (vgl. Hiob 18,17; Spr 10,7). Nicht zufällig eröffnet Kohelet seine «besser-als»-Reihe mit diesem Spruch, denn es ist evident, dass er seiner Lebensphilosophie grundlegend widerspricht: In dem Sinn wie hier ist Kohelet der «Name» oder «(gute) Ruf» einer Person sonst kein Anliegen (vom «Namen» spricht er nur noch in 6,4.10), vielmehr betont er, dass durch den Tod früher oder später auch die Erinnerung an eine Person erlischt (vgl. 1,11; 2,16; 9,5). Nicht zuletzt im Wissen um die Begrenztheit des menschlichen Lebens ruft er immer wieder dazu auf, dieses im Moment zu geniessen – u.a. auch mit feinem «Öl» (vgl. 9,8)! Von daher kann es sich auch beim zweiten Spruch von 7,1 nicht um Kohelets Meinung handeln. In 4,2–3 und 6,3–5 formuliert er zwar tatsächlich selbst, dass es Tote besser hätten als Lebende. Diese Aussagen aber gelten nicht absolut, sondern nur im Blick auf bestimmte Lebende bzw. bestimmte Missstände. Grundsätzlich zieht Kohelet den Tod dem Leben nicht vor. Nach 3,2 haben vielmehr Gebären (und damit Geborenwerden) und Sterben je ihre Zeit und sind damit beide «schön» (vgl. 3,11). Ansonsten spricht Kohelet lediglich im Blick auf das Leben von dieser Schönheit bzw. Güte, nicht aber im Blick auf den Tod, denn über diesen kann man nichts wissen. Hier in 7,1 dient ihm der zweite Spruch dazu, die Absurdität des ersten vor Augen zu führen: Wer den Genuss zu Lebzeiten abwertet und stattdessen (nur) auf den «Namen» (und dessen Nachleben) setzt, zieht letztlich den Tod dem Leben vor.

In den Sprüchen von **7,2–4** geht es um den Gegensatz von Trauer und Freude und dabei z.T. wieder wie in 7,1 um den Tod. Auch hier zeigt der Vergleich mit anderen Aussagen, dass die Sprüche nicht Kohelets Meinung wiedergeben. Ausser auf seine zahlreichen Aufrufe zur Lebensfreude ist dabei für alle drei Verse v.a. auf 3,4 zu weisen, wo er die Paare Weinen–Lachen und Klagen–Tanzen unter den Zeiten aufzählt, die nach 3,11 alle «schön» sind.

Mit «Haus, wo man trauert» (wörtlich «Haus der Trauer») ist in **7,2** wohl auf den Ort verwiesen, wo ein Todesfall betrauert wird, bei «Haus, wo man feiert» (wörtlich «Haus des Trinkfests») könnte an den Ort gedacht sein, wo man eine Geburt feiert (vgl. 7,1) oder aber auch eine Hochzeit o.ä. Dass der Gang zum Begräbnis besser ist als der Gang zum Freudenfest, wird damit begründet, dass der Mensch sich so seine Vergänglichkeit (bzw. sein «Ende») zu Herzen nehmen kann (vgl. Ps 39,5; 90,12). Nach 9,5 hält Kohelet es tatsächlich für einen Vorteil, dass der Mensch weiss, dass er sterben wird. Auch in 3,19–22; 9,7–10 und 11,7–12,7 ist ihm das Wissen um die Sterblichkeit wichtig – allerdings nicht als solches, sondern weil es im Blick auf den Tod klarer ist, dass man das Leben geniessen muss, solange man kann. Dass Kohelet mit dem in 7,2 Gesagten höchstens bedingt übereinstimmt, zeigt deutlich v.a. 5,19 mit der Ermahnung, man solle nicht zu oft an «die Frist seines Lebens» denken.

Warum es, wie es in **7,3** heisst, dem «Herzen» bei «trauriger Miene» bzw. «Verdruss» besser gehen soll als beim «Lachen», ist grundsätzlich schwer verständlich und ganz besonders im Rahmen von Kohelets Lebensphilosophie, nach der die Freude zum «Guten» bzw. Besten im Leben gehört. Wohl assoziiert Kohelet in 1,18 (in der Rolle des Königs) «Verdruss» mit viel Weisheit (vgl. demgegenüber aber auch 7,9), in 11,10 aber ermahnt er dazu, das Herz von «Verdruss» frei zu halten (vgl. auch die negative Bewertung von «Verdruss» in 5,16). Vom «Lachen» ist zwar auch sonst nur kritisch die Rede (vgl. 2,2; 7,6; 10,19), das hat aber bei allen diesen Stellen je eigene Gründe. Zudem geht es hier ja nicht nur um das «Lachen», das im AT auch sonst häufig negativ konnotiert ist (vgl. zu 2,2), sondern grundsätzlich um gute oder bedrückte Stimmungen bzw. das, was davon gegen aussen sichtbar wird (zur möglichen Diskrepanz zwischen den beiden vgl. Spr 14,13).

Im Spruch von **7,4** geht es im Grunde nochmals um das Gleiche wie in 7,2. Anders als dort ist die Höherbewertung des «Hauses, wo man trauert» hier aber nicht mit einem «besser-als»-Spruch formuliert, sondern indem es mit dem Weisen assoziiert wird, das «Haus, wo man sich freut» (wie es hier heisst; wörtlich «Haus der Freude») hingegen mit dem Toren. Anders als in 7,2 wird hier auch keine Begründung gegeben. Noch stärker als bei den Sprüchen zuvor macht bei diesem das abwertend gebrauchte Stichwort «Freude» klar, dass Kohelet hier nicht seine eigene Meinung formuliert, sondern sich kritisch mit einer Lebensphilosophie auseinandersetzt, in der Freude mit Torheit gleichgesetzt wird.

Die Sprüche von **7,5–6** setzen das Thema von 7,4 fort, das Stichwort «Schelte» lässt dabei an den Erziehungskontext denken. Da Erziehung in der Weisheitsliteratur ein zentrales Thema ist, ist auch häufig von «Schelte» oder allgemein Zurechtweisung die Rede. Typisch ist etwa Spr 13,1: «Zum weisen Sohn wird man mit der Unterweisung durch den Vater, zum Spötter wird, wer nicht auf Warnungen (Schelte) hört.» (vgl. auch Spr 9,8; 12,1; 15,12; 17,10). In 7,5 wird das Schelten des Weisen positiv vom Singen des Toren unterschieden – und hier deutet sich wieder an, dass Kohelet nicht seine eigene Meinung wiedergibt, sondern sich über eine Lebensphilosophie lustig macht, in der Freude keinen Platz hat. In 12,4 spricht Kohelet nochmals vom Singen bzw. von Liedern, und zwar (im Rückblick) positiv als von etwas, das das Leben (im Unterschied zum Tod) bzw. die Jugend (im Unterschied zum Alter) ausmacht. In 7,6 wird der Spruch von 7,5 über einen Vergleich des «Lachens des Toren» mit dem «Knistern der Dornen unter dem Topf» weitergeführt. Vermutlich geht es um die Kurzlebigkeit und das Selbstzerstörerische. Am Ende dieses Verses spricht Kohelet aus, dass er «auch das» für «nichtig» hält. Dieses Urteil passt zum Inhalt von 7,6 (wie Dornen im Feuer ist auch das Lachen des Toren nur Schall und Rauch). Zugleich aber kann das «nichtig»-Urteil aber auch auf alle Sprüche von 7,1–6 bezogen werden. So verstanden, setzt Kohelet hier nochmals (wie in 6,11–12) ein Signal, dass die Sprüche in diesem Abschnitt nicht seine eigene Meinung widergeben, sondern Beispiele sind für die «(zu) vielen Worte», mit denen Menschen suggerieren, sie wüssten, was «gut ist für den Menschen».

Unklar ist, ob Kohelet in **7,7–12** die in 7,1–6 zum Ausdruck kommende Lebensphilosophie kritisiert oder hier nochmals eine zweite Serie von Sprüchen bringt, die nicht seiner eigenen Meinung entsprechen. 7,7 lässt sich am besten als Begründung des «nichtig»-Urteils verstehen und damit als Kritik Kohelets am Vorangehenden. Auch in 7,8–12 finden sich manche Aussagen, die zu dem in 7,1–6 Gesagten in Widerspruch stehen (vgl. v.a. 7,9 mit 7,3) und gut mit Kohelets eigener Lebensphilosophie in Einklang zu bringen sind. Daneben aber finden sich hier auch Aussagen, die stark an das in 7,1–6 Gesagte erinnern (vgl. v.a. 7,8 mit 7,1–2), und solche, die sehr traditionell klingen (vgl. v.a. 7,11–12). Insofern es dabei häufig um die Zukunft bzw. das gesamte Leben geht, überzeugt die Interpretation, wonach es Kohelet in 7,7–12 nicht (nur) um eine Kritik an 7,1–6 geht, sondern (auch) nochmals um Beispiele von «Worten», in denen nicht ernstgenommen wird, dass niemand wissen kann, «was gut ist für den Menschen im Leben», weil niemand wissen kann, «was künftig sein wird» (vgl. 6,12; 7,14).

Bevor Kohelet nochmals Sprüche bringt, die ein grösseres Wissen vortäuschen, als möglich ist, begründet er in **7,7** sein «nichtig»-Urteil von 7,6. Das macht neben dem einleitenden «denn» v.a. der erste Satz des Verses klar, in dem kritisch von «Unterdrückung» die Rede ist. Damit kritisiert Kohelet vermutlich die (zu) ernste Lebensphilosophie, die er in 7,1–6 zu Wort kommen liess. Wer Feiern, Lachen und Freude abwertet und Weisheit mit Trauer, Verdruss und Schelte assoziiert, der «unterdrückt» den Menschen. Insofern eine solche Lebensphilosophie Torheit als Weisheit ausgibt, macht sie den Weisen töricht. Schwieriger einzuordnen ist der zweite Teil des Verses, in dem es darum geht, dass «Geschenke» den Verstand «verderben». Klar ist, dass Kohelet hier einen Gedanken aufnimmt, der bereits in der Tora zu finden ist (vgl. Ex 23,8; Dtn 26,19) und auch für die Weisheit typisch ist (vgl. Spr 15,27; Sir 8,2; 20,29). Vermutlich geht es ihm um ein Gegengewicht zum ersten Teil des Verses. Will er damit sagen, dass er weiss, dass man den Menschen auch verweichlichen oder durch unlautere Geschenke korrumpieren kann? Oder sind «Geschenke» (und bereits «Unterdrückung») als Hinweis auf das politische System und den Umgang zwischen Herrschern und Untertanen zu verstehen? Nach einer Interpretation handelt es sich bei den Sprüchen von 7,8–12 um die Lebensweisheiten jener «Weisen», deren Verstand durch Geschenke verdorben wurde. Sie haben eine positivere Weltsicht als die «Weisen» hinter 7,1–6, aber auch ihre Weisheiten sind nach Kohelet falsch.

Die erste Hälfte von **7,8** könnte man so verstehen, dass am Anfang noch nicht feststeht, wie etwas herauskommt, sondern erst am Ende (vgl. 1Kön 20,11); oder auch, dass der Anfang (etwa beim Lernen) häufig schwer ist und sich der Erfolg erst später zeigt (vgl. Hiob 8,7). Beidem würde wohl auch Kohelet zustimmen. Hier allerdings heisst es allgemein, dass der Ausgang einer Sache «besser (ist)» als der Anfang, und das stimmt natürlich nicht immer. Kohelet stellt diesen Spruch wohl kaum zufällig an den Anfang seiner zweiten Spruchreihe: Auch wenn hier mit «Ausgang» und «Anfang» nicht unbedingt an Geburt und Tod gedacht sein muss (vgl. ähnlich aber in Sir 11,28), erinnert der Spruch nämlich an 7,1–2, den Anfang der ersten Spruchreihe, in der Kohelet «Weisheiten» zitiert, die nicht seine eigenen sind. Beim zweiten Spruch von 7,8 allerdings lässt sich nur in Analogie schliessen, dass Kohelet ihn wohl ebenfalls für zu pauschal hält. Er selbst nämlich ermahnt zweimal zu Gelassenheit bzw. Geduld (vgl. 8,3; 10,4), freilich beide Male im Blick auf konkrete Situationen. Von Langmut und Hochmut ist in der Weisheitsliteratur häufig die Rede, wobei Langmut gepriesen (Spr 14,29; 15,18; 16,32; 19,11) und Hochmut verurteilt wird (vgl. Spr 11,2; 16,18; 18,12). Kohelet bildet hier beide Begriffe mit *rū^{a}ḥ* (wörtlich «Atem/Wind/Geist»), was für «hochmütig» üblich ist, nicht aber für «langmütig». Das Thema «Langmut» passt zum ersten Spruch in diesem Vers wie auch zum nächsten Vers (s.u.).

Auch in **7,9** geht es um das Thema Langmut oder Geduld, wobei im Hebräischen wie in 7,8 wieder das Stichwort *rū^{a}ḥ* fällt (was nicht ungewöhnlich ist, wenn es um Gemütsregungen des Menschen geht; vgl. 10,4, wo die Zürcher Bibel mit «Unmut» übersetzt). Zur Geduld wird in diesem Spruch mit dem verneinten Verb «(nicht) vorschnell sein» (vgl. «nicht zu rasch») geraten (vgl. 5,1; 8,3), konkret geht es dabei um das «verdriesslich werden». Die in diesem Vers gegebene Wertung von «Verdruss» steht in diametralem Gegensatz zu derjenigen von 7,3! Noch einmal zeigt sich damit, dass das in 7,1–6 Gesagte nicht Kohelets Meinung entspricht. Was er von 7,9 hält, ist nochmals eine andere Frage. Vermutlich würde er den Ratschlag («werde nicht zu rasch verdriesslich») befürworten (vgl. 11,10), nicht aber die pauschale Begründung («Toren tragen in sich Verdruss»; vgl. ähnlich Hiob 5,2; Spr 12,16). Zumindest in der Rolle des Königs nämlich hat er «Verdruss» auch mit «Weisheit» verbunden (vgl. 1,18).

In **7,10** wird die Meinung kritisiert, dass «die früheren Zeiten besser waren als die jetzigen». Unklar ist, ob die Ermahnung darauf hinausläuft, dass die Zeiten immer gleich bleiben bzw. immer mal wieder besser oder schlechter sind, oder aber darauf, dass die Gegenwart (oder die Zukunft) besser ist als die Vergangenheit. Gemäss Kohelet ist Ersteres der Fall (vgl. 1,9–10; 3,15). Kritisiert er hier all diejenigen, die behaupten, früher sei alles besser gewesen? Für eine solche Interpretation spricht, dass dieser Vers als direkte Anrede an ein «Du» formuliert ist und damit auch formal heraussticht (vgl. so in 7,1–12 sonst nur noch der Ratschlag von 7,9). Allerdings geht es in keinem der Verse aus 7,1–12 darum, dass die Vergangenheit besser sei als die Gegenwart – wohl aber einmal mehr darum, dass das Ende (und damit die Zukunft) besser ist als der Anfang (und damit die Vergangenheit) (vgl. 7,1–2.8). Daher wird es sich wohl auch in 7,10 nicht um einen Spruch Kohelets handeln (sosehr er dem in ihm Gesagten zustimmen könnte), sondern wieder um einen Spruch, mit denen er jene zitiert oder nachahmt, deren Lebensweisheit er kritisiert. Worin diese (implizite) Kritik besteht, wird klar, wenn man 7,11–12 als Fortsetzung von 7,10 versteht.

In **7,11–12** geht es um den «Vorteil» von Weisheit (vgl. *jōtēr* in V.11; *jitrōn* in V.12). In beiden Versen wird Weisheit dabei mit «Besitz» bzw. «Geld» verglichen, wobei 7,12 präzisiert, dass dabei an «Schutz» gedacht ist. Die Grundbedeutung dieses Wortes ist «Schatten»; oft wird es im Sinn von «Schutz gebendem Schatten» bzw. eben «Schutz» gebraucht (vgl. z. B. Ps 17,8; vgl. die treffende Übersetzung der Zürcher Bibel mit «beschirmt»). In Übersteigerung dieses Gedankens heisst es am Ende von 7,12, dass Weisheit «am Leben erhält». Sowohl der Vergleich von Weisheit mit Reichtum (vgl. 8,10; 20,15; Sir 51,28) als auch die Assoziation von Weisheit mit Leben (vgl. Spr 3,16.18) sind typisch weisheitlich. Beim Reichtum sind dabei aber «besser-als»-Formulierungen üblich (vgl. Spr 3,14; 8,19; 16,16). Obwohl Kohelet viele der Sprüche aus 7,1–8 als «besser-als»-Formulierungen bringt, formuliert er hier beim Reichtum anders: Er gebraucht die Präposition *ʿim*, die in der Regel «mit» bedeutet, hier aber wohl im Sinn von «wie (auch)» zu verstehen ist (vgl. so auch in 2,16; Hiob 9,26; 37,18). Vermutlich ist das kein Zufall, vielmehr deutet Kohelet seine Zweifel an der traditionellen Lehre an und formuliert in einer Weise, die auch die Deutung zulässt, dass Weisheit «wie» Reichtum bzw. Besitz ist – auch in dem Sinn, dass sie ihrem «Besitzer» (hier übersetzt mit «wer Weisheit hat») wieder verloren gehen kann (vgl. 5,12–13 – ebenfalls mit dem Wort «Besitzer»). Folgt man dieser Linie, kann man auch das Wort «Schatten» in 7,12 dekonstruktiv lesen: nicht im

Sinn von «Schutz», sondern im Sinn von «Vergänglichkeit» (vgl. so in 8,13; Ps 102,12; Hiob 8,9). Subtil macht Kohelet durch diese Zweideutigkeiten darauf aufmerksam, dass er die Maximen über die Vorteile von Weisheit für problematisch hält. Auch er weiss um Vorteile der Weisheit vor der Torheit zu Lebzeiten (vgl. 7,19; 8,1; 9,15; 10,2.10.12; in der Rolle des Königs weiter 2,13). Derart pauschale Aussagen aber, wie er sie in 7,11–12 zitiert oder nachahmt, hält er für falsch (vgl. 6,8; 9,11.16).

In **7,13–14** schlägt Kohelet den Bogen zurück zu 6,10–12 und präsentiert nochmals seine eigene Sicht der Dinge: Der Mensch kann das Tun Gottes nicht verstehen und nicht wissen, was die Zukunft bringt. Entsprechend muss er auch die schlechten Tage als von Gott gegeben akzeptieren. Das ist kein Grund zu verzweifeln, sondern eher Anlass, die guten Tage zu geniessen, solange man kann. Indirekt erklärt Kohelet damit nochmals, dass die Sprüche von 7,1–12 nicht seiner eigenen Meinung entsprechen, sondern von ihm vorgebracht wurden, um zu demonstrieren, was er meinte, als er in 6,11 von «(zu) vielen Worten» sprach, «die das Nichtige vermehren».

In **7,13** signalisiert Kohelet bereits durch die Du-Anrede, dass er hier nicht im Stil der vorangehenden Verse fortfährt. Die Aufforderung, das «Werk Gottes» zu «betrachten», macht weiter deutlich, dass es um Grundlegendes geht. Das Stichwort «Werk Gottes» erinnert an 3,11 zurück, wo Kohelet bereits dargelegt hat, dass der Mensch dieses «Werk» nicht vollumfänglich begreifen kann (vgl. dann nochmals 8,16–17, dort mit einem Seitenhieb gegen «Weise», die das Gegenteil behaupten). Während Kohelet im nächsten Vers über die begrenzte Erkenntnisfähigkeit des Menschen spricht, geht es ihm hier zunächst darum, dass der Mensch das Werk Gottes so akzeptieren muss, wie es ist. Er nimmt dabei nochmals den Gedanken auf, dass man Gekrümmtes nicht geradebiegen kann (vgl. bereits 1,15) und macht dabei ungeniert Gott für das «Gekrümmtsein» verantwortlich (vgl. so auch in 7,14 beim «Tag des Unheils»). Dabei geht es ihm nicht um Kritik an Gott (vgl. 3,11, wo er ja ausdrücklich festhielt, dass Gott alles «schön» gemacht hat), sondern um eine Erinnerung an den Menschen, dass er «mit dem, der mächtiger ist als er» nicht «rechten» kann (vgl. so die Formulierung in 6,10, noch ohne explizite Nennung von Gott; vgl. weiter 3,14, mit der Aussage, dass man dem Werk Gottes weder etwas «hinzufügen» noch etwas von ihm «wegnehmen» kann).

In **7,14** legt Kohelet genauer dar, was es heisst, dass man das Werk Gottes so akzeptieren muss, wie es ist. Schwierig ist das v. a. am «Tag des Unglücks» bzw. in Momenten, die der Mensch als «gekrümmt» (vgl. 7,13) wahrnimmt. Doch gerade hier zeigt es sich, dass man mit Gott nicht «rechten» kann (vgl. 6,10). Besser ist, dass man sich daran erinnert, dass Gott «alles» gemacht hat (vgl. 3,11) – auch die Momente und Zeiten, die für den Menschen schwierig sind (vgl. die negativen Verben in 3,2–8). Aus menschlicher Perspektive sind sie «Tag(e) des Unglücks» – aber mit Abstand betrachtet, lässt sich vermuten, dass sie aus göttlicher Perspektive ebenfalls «schön» sind (vgl. 3,11). Den letzten Gedanken spricht Kohelet hier nicht aus; allerdings deutet er durch den Fortgang, dass man über die Zukunft nichts wissen kann, auf die Grenzen menschlicher Erkenntnisfähigkeit, mit der er in 3,10–15 die Diskrepanz zwischen menschlicher und göttlicher Perspektive erklärte. Hier dient der Satz über die Unmöglichkeit von Zukunftsprognosen wohl in erster Linie als Erinnerung, dass die Zukunft (bzw. Gott) nicht berechenbar ist – weder mit Regeln zum Zusammenhang von Tun und Ergehen (vgl. 7,15; 8,10 u. a.) noch mit Lebens«weisheiten» wie den in 7,1–12 zitierten. Hier wie andernorts schlägt Kohelet als Alternative vor, in der Gegenwart zu leben. Neben dem Akzeptieren des «Tags des Unglücks» (vgl. auch 12,1, und den Zusammenhang mit 11,9–10) heisst das für ihn v. a. auch, dass man den «Tag des Glücks» geniessen soll (vgl. 3,12–13.22; 5,17–19; 8,15; 9,7–10; 11,9–10).

7,15–22 Sei nicht übergerecht, und gib dich nicht gar zu weise

15 Beides sah ich in meinen flüchtigen Tagen: Da ist ein Gerechter, der zugrunde geht in seiner Gerechtigkeit, und da ist ein Ungerechter, der lange lebt in seiner Bosheit. 16 Sei nicht übergerecht, und gib dich nicht gar zu weise. Warum willst du scheitern? 17 Sei nicht zu oft ungerecht, und sei kein Tor. Warum willst du sterben vor deiner Zeit? 18 Gut ist es, wenn du dich an das eine hältst und auch vom anderen nicht lässt. Wer Gott fürchtet, wird beidem gerecht.

19 Die Weisheit macht den Weisen stärker als zehn Machthaber in der Stadt. 20 Doch kein Mensch auf Erden ist so gerecht, dass er nur Gutes tut und niemals sündigt. 21 Achte auch nicht auf all die Worte, die man redet, damit du nicht hörst, wie dein Knecht dich schmäht. 22 Denn du weisst, dass auch du selbst oft andere geschmäht hast.

In **7,15–22** spricht Kohelet über «Gerechtigkeit» und «Ungerechtigkeit», wobei die Parallelsetzung mit «Weisheit» und «Torheit» zeigt, dass er diese Wörter hier im weiten Sinn gebraucht, der die Lebensführung eines Menschen beschreibt. In Fortführung seiner Argumentation von 6,10–7,14 setzt Kohelet mit der Beobachtung ein, dass die Lebensdauer eines Menschen – anders als es die traditionelle Weisheit behauptet – nicht immer mit seinem Lebenswandel in Zusammenhang steht. Er folgert daraus nicht, dass die traditionellen Werte (Weisheit, Gerechtigkeit) keinen Wert hätten, wohl aber, dass man sich ihrer Relativität bewusst sein soll. Implizit formuliert er damit nochmals Kritik an der Position des Königs, der solchermassen auf die Optimierung von Weisheit (und Lebensglück) bedacht war (vgl. 1,16), dass er am Ende verzweifelte. Im zweiten Teil des Abschnitts relativiert Kohelet die traditionellen Werte unter einem weiteren Aspekt und hält fest, dass absolute Gerechtigkeit für Menschen grundsätzlich nicht möglich ist, weil niemand fehlerfrei ist.

Die zwei Beobachtungen, von denen Kohelet in **7,15** berichtet, laufen beide darauf hinaus, dass es zwischen (Un-)Gerechtigkeit und Lebensdauer keinen Zusammenhang gibt. Das ist für uns Heutige nicht weiter erstaunlich, wohl aber im Kontext traditionellen weisheitlichen Denkens. Nach diesem besteht ein enger Zusammenhang zwischen dem Tun eines Menschen und seinem Ergehen, was sich neben anderem auch darin niederschlägt, dass gute Menschen («Gerechte») lange leben (Spr 3,1–2; 10,2; 11,4), schlechte Menschen («Ungerechte» bzw. «Frevler») aber früh sterben (vgl. Ps 34,22; Spr 12,28). Durch die stereotype Rede von «Gerechtem» und «Ungerechtem» nimmt Kohelet auf diese Regel bzw. die dahinter stehende Weltsicht Bezug – seine Beobachtungen bestätigen diese Regel aber nicht, sondern stellen sie in Frage. Sowohl die Formulierung mit «da ist» plus Singular als auch die nächsten beiden Verse zeigen, dass Kohelet nicht grundsätzlich in Frage stellt, dass das Ergehen eines Menschen von seinem Tun beeinflusst sein kann. Wogegen er sich wehrt, ist die Verabsolutierung entsprechender Erfahrungen. Deshalb erinnert er an andere Erfahrungen, die zeigen, dass es zu der allgemeinen Regel auch Ausnahmen gibt (vgl. ähnlich 8,10–14; 9,2).

In **7,16–17** legt Kohelet dar, wie man sich angesichts dieses Nebeneinanders von Erfahrungen, die die Regel bestätigen, und solchen, die sie widerlegen, verhalten soll. Die Lösung liegt für ihn in Mässigkeit: Der Mensch soll es mit (seiner Bemühung um) Weisheit und Gerechtigkeit nicht übertreiben, aber auch nicht ins andere Extrem verfallen und ungerecht und töricht handeln. Dass es Kohelet bei seinen Ermahnungen darum geht, massvoll zu sein, wird allerdings erst in V. 17(–18) klar. In V. 16 ruft er zunächst dazu auf, nicht «übergerecht» zu sein und sich nicht «zu weise zu geben». Abgesehen davon, dass er hier (wie in der Weisheitsliteratur üblich) Gerechtigkeit mit Weisheit und Ungerechtigkeit mit Torheit parallel setzt (siehe zu 7,19), ist dieser Ratschlag höchst unkonventionell. Anders als man nach der Übersetzung der Zürcher Bibel vermuten könnte (vgl. «gib dich nicht ... zu weise»), geht es ihm wohl nicht um den Schein, sondern grundlegender noch um das Sein: Seine Mahnung zielt nicht darauf, dass man sich nicht weiser und gerechter geben soll, als man ist, sondern darauf, dass man nicht zu gerecht und überaus weise sein soll (bzw., dass man sich nicht zu fest um Gerechtigkeit und Weisheit bemühen soll). Als Begründung erwähnt Kohelet die Möglichkeit, dass man «scheitern» könnte. Denkt er daran, dass ein zu fanatisches Streben nach Weisheit und Gerechtigkeit selbstzerstörerische Folgen haben kann? Oder geht es ihm darum, dass man sich nicht zu grosse Hoffnungen machen soll, dass einem Weisheit und Gerechtigkeit ein grossartiges Leben bescheren werden, weil solche Hoffnungen auch enttäuscht werden könnten? Das mit «scheitern» übersetzte Verb wird im AT in der hier vorliegenden Form (dem Hitpoel) sonst nur in der Bedeutung «entsetzt/erstarrt sein» gebraucht (vgl. Jes 59,16; 63,5; Ps 143,4; Dan 8,27), was besser zur zweiten Interpretation passt. Daneben spricht aber auch vieles für die erste Interpretation: In anderen Formen (Stämmen) geht es bei dem mit «scheitern» übersetzten Verb um Zerstörung, und dazu gibt es sowohl in 7,15 (vgl. «zugrunde gehen») als auch in 7,17 (vgl. «sterben») eine Parallele. Dass es Kohelet nicht um eine Fundamentalkritik an den traditionellen Werten der Weisheit geht, wird freilich erst in 7,17 ganz klar, denn hier warnt er davor, ins andere Extrem zu verfallen. Aufschlussreich ist dabei v. a. die Warnung «sei kein Tor», denn sie zeigt, dass Kohelet die traditionellen Werte (Weisheit, Gerechtigkeit etc.) keineswegs aufgegeben hat. Die klassisch weisheitliche Weltsicht spiegelt sich auch in der begründenden Frage «warum willst du sterben vor deiner Zeit?», mit der Kohelet impliziert, dass man bei einem schlechten Lebenswandel einen frühzeitigen Tod riskiert. Unkonventionell bleibt dabei allerdings, dass Kohelet nicht allgemein vor Ungerechtigkeit warnt, lediglich davor, «zu oft» ungerecht zu sein. Nach 7,15–16 wird man in dieser Bemerkung zunächst noch einmal einen Reflex seiner Einsicht zu sehen haben, dass man es auch mit der Gerechtigkeit nicht übertreiben soll. Darüber hinaus zeigt dann 7,20, dass Kohelet es grundsätzlich für unmöglich hält, dass Menschen nur gerecht sind.

In **7,18** fasst Kohelet seine negativ formulierten Mahnungen aus 7,15–16 positiv zusammen und ruft dazu auf, sich sowohl an das «eine» als auch das «andere» (bzw. an «dies» und «dies») zu halten. Unklar ist, ob er dabei an Gerechtigkeit/Weisheit und Ungerechtigkeit/Torheit denkt oder an die Ermahnung von 7,15 und diejenige von 7,16. Der Unterschied zwischen den beiden Interpretationsmöglichkeiten besteht darin, dass Kohelet nach der ersten Möglichkeit ausser zum Streben nach Gerechtigkeit/Weisheit auch zum Festhalten an Ungerechtigkeit/Torheit aufforderte, während er bei der zweiten Möglichkeit nochmals wiederholte, dass man es weder mit Gerechtigkeit/Weisheit noch mit Ungerechtigkeit/Torheit übertreiben soll. 7,17 mit der Ermahnung, kein Tor zu sein, macht die erste Interpretin eher unwahrscheinlich. Für die zweite Interpretation sprechen sodann auch die Verben «sich halten an» und «nicht lassen»: An sich könnte man diese gut auf Gerechtigkeit/Ungerechtigkeit und Weisheit/Torheit beziehen; Kohelet aber gebraucht in 7,15–16 nicht die Substantive («Gerechtigkeit» etc.), sondern entsprechende Verben und Adjektive und hier liegt die Kombination mit den Verben «sich halten an» und «nicht lassen» weniger nahe. Ziemlich unvermittelt kommt Kohelet am Ende des Verses auf den «Gottesfürchtigen» zu sprechen. Das Verb, das er dabei gebraucht (*jṣ'*; Zürcher Bibel «gerecht werden»), lässt verschiedene Interpretationen zu. Nach manchen spricht Kohelet hier davon, dass man mit Gottesfurcht dem Tod und dem Scheitern «entkommen» kann, von dem er in 7,15–16 sprach. Diese Deutung ist allerdings sowohl grammatikalisch als v.a. auch inhaltlich schwierig: Warum sollte Kohelet hier plötzlich eine derart traditionelle Aussage machen (vgl. Spr 10,27), nachdem er vorher so klar gegen die traditionelle weisheitliche Lehre argumentiert hat, dass man mit seinem Verhalten bestimmen kann, wie es einem ergeht? Plausibler ist demgegenüber die Interpretation (vgl. die Übersetzung der Zürcher Bibel), wonach es ihm hier darum geht, dass man mit Gottesfurcht beiden Ermahnungen (7,16 und 7,17) genügen kann – etwa insofern die Gottesfurcht die Haltung ist, die es einem ermöglicht, nach Weisheit und Gerechtigkeit zu streben, ohne diese Werte zu verabsolutieren. Allerdings ist das Verb *jṣ'* in dieser Bedeutung sonst erst nachbiblisch bezeugt. Von daher folgt man wohl am besten der wörtlichen Übersetzung «herausgehen» und versteht den Satz in dem Sinn, dass der Gottesfürchtige mit beiden Ermahnungen (im Herzen o.ä.) (ins Leben) «(aus)zieht».

Nach 7,15–18 kommt **7,19** überraschend, spricht Kohelet hier doch ohne Wenn und Aber über den Wert der Weisheit. Der Spruch klingt traditionell (vgl. Spr 21,22; 24,5), ähnlich wie die Sprüche von 7,11–12. Entsprechend vermuten manche, dass Kohelet hier wieder eine traditionelle Meinung zitiert, die er selbst nicht teilt. Dagegen spricht allerdings, dass er hier (anders als in 7,1–12) keine entsprechenden Signale setzt. Zudem spricht er in 9,13–18 nochmals über die Stärke der Weisheit und beschreibt sie wie hier über einen Vergleich mit der Macht von Herrschern. Dieser später folgende Abschnitt zeigt, dass Kohelet durchaus positiv über die Stärke von Weisheit sprechen kann, obgleich er weiss, dass die Macht der Weisheit nicht grenzenlos ist (vgl. 2,16.21; 9,11.16.18; 10,1) und entsprechend argumentiert, dass der Mensch nicht gar zu weise zu sein versuchen soll (vgl. 7,16; weiter 7,23–24.29). Trotzdem bleibt die Frage, warum Kohelet seine positive Aussage über die Weisheit hier (anders als in 9,13–18) nicht relativiert (vgl. dann aber anders bereits in 7,23–29). Das Problem erübrigt sich, wenn man den nächsten Vers als Fortsetzung von diesem versteht und argumentiert, dass Kohelet «Weisheit» und «Gerechtigkeit» bzw. «gerecht sein» in diesen beiden Versen im weiten Sinn versteht, in dem sie Synonyme sind. Das ist sonst eher typisch für die traditionelle Weisheit (vgl. klassisch Spr 1,2–3), nicht aber für Kohelet. Für eine solche Interpretation spricht hier allerdings, dass Kohelet in den Versen unmittelbar zuvor Weisheit und Gerechtigkeit tatsächlich parallel gesetzt bzw. zusammen verhandelt hat (vgl. 7,16–18) und auch im nächsten Abschnitt nochmals auf diesen Zusammenhang zurückkommt (vgl. 7,25.26; weiter 9,1). Etwas unbefriedigend ist bei dieser Erklärung, dass es in 7,20 explizit um die Ethik geht. Insofern wird man auch für andere Erklärungen offenzubleiben haben – etwa diejenige, dass Kohelet seine positive Aussage über die Weisheit über eine Formulierung relativiert, bei der es im Hebräischen offenbleibt, ob der Weise die Stärke der Weisheit im positiven oder im negativen Sinn zu spüren bekommt.

In **7,20** kommt Kohelet auf das Thema Gerechtigkeit zurück und formuliert, dass kein Mensch so gerecht sein kann, dass er immer nur Gutes tut und niemals sündigt. Damit widerspricht er dem in der traditionellen Weisheit (und der deuteronomistischen Literatur) verbreiteten positiven Menschenbild, nach dem es der Mensch in der Hand hat, sündlos zu bleiben. Noch zu Beginn des Abschnitts hat Kohelet selbst den Eindruck erweckt, dass er dieses Menschenbild teilt, hat er dort doch klar zwischen «Gerechtem» und «Ungerechtem» unterschieden (vgl. 7,15; ähnlich 9,2). Dass solch klare Unterscheidungen Vereinfachungen sind, weil niemand nur gut sein kann, ist kein besonders provokativer Gedanke. Im AT bietet 1Kön 8,46 eine besonders enge Parallele, und auch sonst wird der Gedanke recht häufig formuliert, gerade auch in der Weisheitsliteratur (vgl. Ps 143,2; Hiob 4,17; 9,2; 15,14; Spr 20,9). Kohelet selbst kommt in 8,6.11 und 9,3 auf das Thema zurück und spricht dort dann explizit über die «Bosheit» des Menschen. Hier belässt er es bei der Aussage, dass kein Mensch vollkommen gerecht und sündlos sein kann. Von dieser Aussage her ergeben sich im Nachhinein auch neue Nuancen im Verständnis von 7,15–18. Zunächst verliert die Beobachtung, dass es «Gerechten» und «Ungerechten» nicht immer so ergeht, wie es ihnen nach der Regel der Tradition ergehen sollte (vgl. 7,15), zumindest etwas an Brisanz, denn ganz gerecht können auch diese «Gerechten» nicht gewesen sein. Und weiter laufen die anschliessenden Mahnungen nun eher darauf hinaus, dass der Mensch akzeptieren muss, dass er nicht ganz gerecht sein kann (vgl. 7,16), sich dabei aber weiterhin darum bemühen soll, möglichst gerecht zu sein (vgl. 7,17).

Wenn kein Mensch immer nur gut sein kann (vgl. 7,20), lohnt es sich nicht, sich über kleine Verfehlungen anderer aufzuregen. Besser ist es, sie gelassen zu nehmen und sich daran zu erinnern, dass man selbst auch nicht besser ist. Kohelet erläutert diesen Gedanken in **7,21–22** nicht allgemein, sondern mit einem Beispiel, in das er sein Gegenüber in direkter Du-Anrede miteinbezieht. Er wählt die üble Nachrede, vermutlich, weil das etwas ist, was einen unmittelbar betrifft. Das Verb, das in der Zürcher Bibel mit «schmähen» übersetzt ist, wird im AT sonst häufig im engeren Sinn von «verfluchen» gebraucht (vgl. Gen 12,3; Hiob 3,1), daneben aber auch in der weiteren Bedeutung «schmähen/schlecht reden über» (vgl. Ex 21,17; Lev 19,14). Dass es auch hier nicht ausschliesslich um Verfluchungen geht, sondern allgemeiner um üble Nachrede bzw. Schmähungen, zeigt 7,22, wo Kohelet das «Du» an dessen eigene Schmähreden erinnert (vgl. 10,20). Diese Erinnerung dient der Begründung von 7,21, wo er das «Du» ermahnt, es sich nicht «zu Herzen zu nehmen» (so im Hebräischen wörtlich für «achten»), wenn ein Knecht es schmäht. Über den Verweis auf den Knecht bringt Kohelet hier das Machtgefälle zwischen Höher- und Niedrigerstehenden ins Spiel. Vielleicht geht es ihm dabei auch darum, dass man auch Untergebenen gegenüber nicht absolut «gerecht» sein kann, sodass deren Schmähungen auch berechtigte Kritik enthalten können. 7,22 zeigt aber, dass er die Schuld (in erster Linie) bei denen sieht, die über andere schlecht reden (vgl. den Ratschlag von 10,20, wo es um ein umgekehrtes Machtgefälle geht). Statt sich über diese Schuld der anderen aufzuregen, erinnert man sich nach Kohelet besser an die eigene Fehlerhaftigkeit. Damit nämlich relativiert sich sowohl die Schuld der anderen als auch der Unterschied zwischen Höher- und Niedrigergestellten.

7,23–29 Sie suchten grosse Erkenntnisse

23 All dies versuchte ich mit der Weisheit. Ich sprach: Ich will Weisheit erlangen. Sie aber blieb mir fern.

24 Fern ist, was war, und tief, tief – wer könnte es begreifen? 25 Ich nahm mir vor, Weisheit und Erkenntnis zu verstehen, zu erkennen und zu suchen, zu verstehen, dass Unrecht Torheit ist und Unverstand Verblendung. 26 Und nun finde ich: Die Frau ist bitterer als der Tod, sie ist eine Schlinge, ihr Herz ist ein Netz, ihre Hände sind Fesseln. Wer Gott gefällt, entkommt ihr, der Sünder aber wird von ihr gefangen. 27 Sieh, dies fand ich, sprach Kohelet: Alles in allem findet sich die Erkenntnis, 28 dass ich ständig suchte, aber nicht fand. Unter tausend fand ich einen einzigen Mann, eine Frau aber fand ich bei all diesen nicht. 29 Nur dies fand ich, sieh: Gott hat den Menschen recht gemacht, sie aber suchten grosse Erkenntnisse.

Nach seinem harten Urteil über die Möglichkeit des Menschen, «gerecht» zu sein (vgl. 7,20), spricht Kohelet in **7,23–29** ähnlich hart über das (Un-)Vermögen des

Menschen, Weisheit zu erlangen (vgl. bes. 7,23–24.29). Implizit argumentiert er dabei gegen das Verständnis der traditionellen Weisheit, wonach es dem Menschen ein Leichtes ist, Weisheit zu erlangen – so er sich nur genug anstrengt, sie zu «finden» (vgl. Spr 8,17; Sir 51,26; Weish 6,12–14), bzw. willig ist, sich auf ihre Einladung einzulassen (vgl. Spr 9). Verwoben in Kohelets Rede über die Weisheit sind negative Aussagen über die «Frau», die schwer zu verstehen sind und entsprechend verschieden interpretiert werden. In diesen Versen wie im ganzen Abschnitt spielt Kohelet mit den Wörtern «suchen» (vgl. V.25, 28, 29) und «finden» (vgl. V.24, 26, 27 [26], 28 [36], 29). Vielleicht geht es ihm dabei auch darum, dass er selbst nicht alles «findet» bzw. als Einsicht teilt, was er in der Tradition «findet».

In **7,23** berichtet Kohelet in Ich-Rede (so bis 7,29) von seinem eigenen Scheitern beim Versuch, Weisheit zu erlangen. Das Verb «versuchen» erinnert an das Bemühen des Königs in 2,1ff (dem es dort um die «Freude» ging; zuvor und danach aber auch um die «Weisheit»). Beachtenswert ist, dass Kohelet bei diesem Versuch «mit der Weisheit» «Weisheit erlangen» will. Wie der König in 1,13 setzt er voraus, dass ihm die Weisheit als Instrument zur Verfügung steht – für einen Weisen (vgl. 12,9) nicht weiter erstaunlich. Wenn er dann im gleichen Vers formuliert, dass ihm die Weisheit «fern» blieb, ist das kein Widerspruch (vgl. ähnlich die Spannung zwischen 7,15 und 7,20), sondern eher ein Hinweis, dass es ihm bei seinem Versuch, Weisheit zu erlangen, um Grundsätzliches geht. 7,24 deutet darauf, dass er dabei an das Verständnis alles Geschehens denkt, auch des schon lange vergangenen. Nach 7,25 könnte es ihm aber auch um das Verständnis des Wesens der Weisheit gehen (vgl. das Anliegen des Königs in 1,17, mit der Einsicht, dass es ein «Greifen nach Wind» ist; vgl. ferner 8,16–17). So oder so muss sich Kohelet eingestehen, dass ihm die Weisheit (in diesem umfassenden Sinn) «fern» blieb. Auch hier wieder lässt sich dieses Urteil damit erklären, dass die Vergangenheit und die Zukunft zu weit weg sind, als dass man alles Geschehen begreifen könnte (vgl. dazu 7,24), oder damit, dass die Weisheit selbst zu weit weg ist, als dass der Mensch sie finden bzw. ganz begreifen könnte (vgl. Hiob 28). 8,16–17 zeigt, dass diese beiden Verständnismöglichkeiten eng zusammengehören.

Durch die Wiederholung des Stichworts «fern» erinnert **7,24** an die ernüchternde Erkenntnis von 7,23. Anders als dort geht es hier aber nicht (direkt) um die «Weisheit», sondern um das (Verständnis dessen), «was war». Andernorts betont Kohelet, dass das, «was war», wieder geschehen wird (vgl. 1,9; 3,15). Hier aber geht es ihm darum, dass der Mensch die vergangenen Geschehnisse nicht «finden», sprich: begreifen, kann. Das hat einerseits damit zu tun, dass vergangene Ereignisse zu «fern» bzw. weit weg sind von der Gegenwart (vgl. 1,11; 2,16; 9,5, wo Kohelet darüber spricht, dass sich niemand mehr an die Vergangenheit erinnert; vgl. 7,14 u. ö. ähnlich für die Zukunft). Darüber hinaus hängt das Unvermögen des Menschen, die Vergangenheit (Gegenwart und Zukunft) zu verstehen, auch mit der Tiefe und Unergründlichkeit Gottes zusammen. Diese führt dazu, dass der Mensch das Geschehen unter der Sonne nicht vollständig erfassen kann (vgl. 3,11; 8,16–17 sowie Hiob 11,7–8ff mit dem Stichwort «tief»).

In **7,25** setzt Kohelet nochmals neu ein (vgl. «Ich nahm mir vor»; wörtlich: «ich, d. h. mein Herz, wandte mich»; vgl. 2,20), weiterhin aber spricht er von seinem Bemühen um Weisheit. Unklar ist, ob es ihm dabei um etwas anderes geht als in den Versen zuvor, oder ob er hier nochmals ausführlicher berichtet, was er in 7,23–24 zusammenfasste (vgl. ähnlich in 2,1–2.3–11). Auf jeden Fall beschreibt er sein Anliegen hier anders als in 7,23 nicht mehr als «Weisheit zu erlangen» (bzw. «weise zu werden»), sondern spricht davon, «Weisheit und Erkenntnis» erforschen und erkennen zu wollen. Das mit «Erkenntnis» übersetzte Wort (*ḥæšbōn*; vgl. auch 7,27.29; 9,10) leitet sich von einem Verb her, das auch «ersinnen, planen, berechnen» bedeutet. Daraus könnte man schliessen, dass es Kohelet hier um die praktische Seite der Weisheit geht, um «Denkergebnisse» (wie man das Wort auch übersetzen kann). In der zweiten Vershälfte klingt es allerdings wieder grundsätzlicher, spricht Kohelet hier doch davon, verstehen zu wollen, dass «Unrecht» «Torheit» ist. Das deutet auf ein Weisheitsverständnis, in dem «Weisheit» in enger Verbindung zu «Gerechtigkeit» steht (vgl. zu 7,19 bzw. 7,15–20). Am Ende desselben Satzes erwähnt Kohelet weiter «Unverstand» und «Verblendung». Insgesamt erinnert der Vers so an 1,16 und 2,12, wo der König von seinen Vorsätzen berichtete, Weisheit und Torheit zu «erkennen» bzw. zu «betrachten». Ähnlich wie dort bleibt es auch hier offen, woran genau Kohelet denkt und inwieweit er ein solches Vorhaben für realistisch hält.

In **7,26–28** spricht Kohelet über «die Frau», und zwar nicht positiv oder neutral, sondern äusserst negativ. Das hat ihm bei den einen den Ruf eingetragen, ein Frauenfeind zu sein; andere aber haben argumentiert, dass man die Verse gegen den ersten Eindruck interpretieren muss, weil derart frauenfeindliche Aussagen nicht zu Kohelet passen (vgl. bes. 9,9). Eine solche Argumentation ist natürlich immer etwas zirkulär. Hier aber stellt sich weiter auch die Frage, was Aussagen über «die Frau» in einem Abschnitt zu suchen haben, in dem es um Weisheit und Erkenntnis geht. Im Folgenden sei eine Interpretation vorgeschlagen, nach der es in 7,26 um «Frau Torheit» geht und in 7,27–28 um eine Meinung, die Kohelet kritisiert.

Durch «nun finde ich» als eine Erkenntnis eingeführt, formuliert Kohelet in **7,26**, dass «die Frau» «bitterer» ist «als der Tod». Im Fortgang spricht er weiter von «Schlinge», «Netz» und «Fesseln» und macht damit klar, dass einen diese Frau zu Fall bringen kann. Im Hebräischen bleibt es ambivalent, ob der zweite Satz die Begründung des ersten ist («die Frau ist bitterer als der Tod, *weil* sie eine Schlinge ist ...») oder eine Einschränkung («die Frau, *die* eine Schlinge ist ..., ist bitterer als der Tod»). Die Alternative relativiert sich, wenn man davon ausgeht, dass Kohelet hier nicht über «die Frau» im Allgemeinen spricht, sondern über eine ganz besondere Frau: «Frau Torheit». Diese Interpretation stützt sich auf drei Beobachtungen: (1.) Im vorhergehenden Vers sprach Kohelet über Torheit (wobei im Hebräischen das Wort «Unverstand» hervorsticht, weil es anders als die anderen Substantive mit Artikel geschrieben ist). (2.) In der atl. Weisheitsliteratur ist «Frau Torheit» bzw. die mit ihr verwandte «fremde Frau» eine bekannte Grösse. Häufig wird sie als Verführerin geschildert (vgl. Spr 2,16–19), die einen gefangen nehmen will. In Sir 9,3 fällt in diesem Zusammenhang auch das Stichwort «Netz». (3.) Am Ende des Verses spricht Kohelet davon, dass der «Sünder» von dieser Frau gefangen genommen wird, dass derjenige «der Gott gefällt» ihr aber entgeht. Mit exakt den gleichen Beschreibungen hat Kohelet (in der Rolle des Königs) in 2,26 zwischen zwei Gruppen von Menschen unterschieden und dabei davon gesprochen, dass Gott demjenigen «der ihm gefällt» Weisheit gibt, dem «Sünder» aber alles wieder nimmt. Nach dieser Einschätzung endet der Sünder nicht mit «Frau Weisheit», sondern mit «Frau Torheit». Wenn Kohelet hier vom «Sünder» spricht, erinnert das an 7,20, wo er sagte, dass es niemanden gibt, der nie sündigt. Damit erklärt sich auch, warum er hier so vehement über «Frau Torheit» spricht: Er weiss um den Zusammenhang von Torheit und Unrecht/Sünde (vgl. 7,16–17.25; siehe auch zu 7,19) und auch, dass er selbst weder absolut weise (vgl. 7,23) noch absolut sündlos (vgl. 7,20) sein kann. Es wird ihm damit doppelt klar, dass er selbst in Gefahr ist, in die Fänge von «Frau Torheit» zu geraten.

Noch schwieriger ist es in **7,27–28**, Kohelets Aussagen Sinn abzugewinnen. Es beginnt damit, dass unklar ist, was mit dem Satz «Unter tausend fand ich einen einzigen Mann, eine Frau aber fand ich bei all diesen nicht» gemeint ist. Vermutlich etwas in der Art, dass «richtige» (wahre, gute, ...?) Menschen nur sehr selten zu finden sind (vgl. Spr 20,6; Sir 6,6) und dass diese immer Männer sind. Wieder fragt man sich, was solch ein (menschen- und besonders) frauenfeindlicher Satz in Kohelets Argumentation zu suchen hat. Nach einer Interpretation liefern das Ende von 7,27 und der Anfang von 7,28 den Schlüssel: Zwischen seiner Ankündigung «sieh, dies fand ich» und dem frauenfeindlichen Satz in der zweiten Hälfte von 7,28 spricht Kohelet davon, dass er gesucht, aber nicht gefunden habe (wo die Zürcher Bibel «alles in allem *findet* sich die Erkenntnis» übersetzt, heisst es im Hebräischen «alles in allem eine Erkenntnis *zu finden*»). Auch in 7,29 geht es Kohelet nochmals darum, dass Menschen «Erkenntnisse» «suchen», aber nicht immer finden. Von daher lässt sich vermuten, dass er den frauenfeindlichen Satz von V. 28 als ein Beispiel einer solchen «(Pseudo-)Erkenntnis» bringt, die sich bei allem Suchen nicht finden lässt. Dann wäre Kohelet kein Frauenfeind, sondern im Gegenteil, einer, der Frauenfeindlichkeit entlarvt! Diese Interpretation scheint fast zu gut, um wahr zu sein. Nun zeigt 9,9 aber, dass Kohelet tatsächlich kein Frauenfeind war (vgl. ferner zu 7,29). Vielleicht wählte er hier ausgerechnet eine frauenfeindliche «(Pseudo-)Erkenntnis», weil er in 7,26 selber frauenfeindlich geredet hatte (nicht allgemein zwar, aber über «Frau Torheit»). Nach einer anderen Interpretation kritisiert Kohelet in diesen Versen nicht eine frauenfeindliche Weltsicht, wohl aber die Identifikation von Torheit (und Weisheit) mit einer Frau: In kritischem Anschluss an 7,26, wo er (nach der hier vertretenen Interpretation) selbst mit der Identifikation von «Frau» und Torheit spielte, legt er hier in 7,27–28 dar, dass man eine solche «Frau» wohl «suchen», nicht aber «finden» kann – weil Torheit und Weisheit keine Frauen sind, entsprechende Aussagen der traditionellen Weisheit vielmehr zu den Hirngespinsten gehören, zu denen sich Menschen – und in diese Fall v. a. Weise (d. h. «weise» Männer) – zu oft verleiten lassen.

Wie zu Beginn des Abschnitts thematisiert Kohelet in **7,29** nochmals explizit die Grenzen menschlichen Erkennens. Anders als in 7,23 spricht er hier nicht mehr von seinen eigenen Misserfolgen im Streben nach Weisheit, sondern allgemein von den «Menschen». Er setzt dabei positiv ein und ruft in Erinnerung, dass Gott alles gut gemacht hat – auch «den Menschen». Das erinnert ausser an 3,11 auch an Gen 1 mit der expliziten Erwähnung von Mann und Frau (vgl. 1,27.31). So betrachtet, kritisiert Kohelet hier nochmals eine misogyne Weltsicht, wonach nur der Mann, nicht aber die Frau gut ist. Darüber hinaus korrigiert bzw. relativiert er sich mit dieser Aussage auch selbst: Kaum zufällig nämlich gebaucht er hier das Wort «recht» (und nicht «schön» wie in 3,11 oder «gut» wie in Gen 1), das in der Weisheitsliteratur in der Regel als Gegenbegriff zu «Frevler/Ungerechter» (u. ä.) in der Bedeutung von «aufrecht/Aufrechter» gebraucht ist (vgl. Spr 11,11; 12,6; 15,8). Ohne sie zurückzunehmen (daher nicht das Wort «gerecht» oder «gut»), relativiert Kohelet so seine Aussage von 7,20: Kein Mensch auf Erden ist so gerecht, dass er nur Gutes tut und niemals sündigt – vor Gott sind sie aber dennoch «recht». Zu den Schwächen des Menschen gehört nach Kohelet auch sein Streben nach «grossen Erkenntnissen». Wie er in den vorangehenden Versen dargelegt hat, führt dieses oft in die Irre (vgl. neben 7,27–28 auch 6,11 bzw. 7,1–12). Über die Verbindung mit dem Satz, dass Gott den Menschen «recht» gemacht hat, deutet Kohelet hier an, dass Gott es war, der die Menschen so geschaffen hat, dass sie nach Erkenntnissen suchen, die ihr Erkenntnisvermögen übersteigen (vgl. so leise bereits in 1,13; 3,10–11). In 8,16–17 wird er auf diesen Gedanken zurückkommen.

8,1–9 Wenn der Mensch Macht hat über den Menschen

1 Wer ist wie der Weise, und wer versteht es, ein Wort zu deuten? Die Weisheit eines Menschen lässt sein Gesicht leuchten, und seine harten Züge lösen sich. 2 Gehorche dem Befehl eines Königs, denn du hast ihm einen Eid geschworen bei Gott. 3 Geh nicht vorschnell weg von ihm, lass dich nicht auf Schlechtes ein, denn alles, was er will, kann er tun. 4 Denn das Wort eines Königs hat Macht, und wer könnte zu ihm sagen: Was tust du? 5 Wer dem Befehl gehorcht, lernt nichts Schlechtes kennen, und das Herz eines Weisen kennt Zeit und Gericht.

6 Für jedes Vorhaben gibt es Zeit und Gericht, denn die Bosheit des Menschen lastet schwer auf ihm. 7 Er weiss ja nicht, was geschehen wird; denn wer könnte ihm kundtun, was sein wird? 8 Kein Mensch hat Macht über den Wind, so dass er den Wind aufhalten könnte, und keiner hat Macht über den Tag des Todes. Und im Krieg gibt es keine Entlassung, und Unrecht kann seinen Täter nicht retten. 9 All dies sah ich, und ich achtete auf alles, was unter der Sonne getan wurde: Schlecht ist für den Menschen eine Zeit, in der der Mensch Macht hat über den Menschen.

In **8,1–9** spricht Kohelet über das Phänomen Macht (vgl. 1,12–2,26; 4,13–16; 5,7; 9,13–18; 10,4–7.16–20). Während er im zweiten Teil des Abschnitts (vgl. 8,6–9) die Grenzen und die negativen Seiten menschlicher Macht benennt, scheint er im ersten Teil (vgl. 8,1–5) dazu aufzurufen, sich der Macht des Königs zu beugen. Insbesondere 8,5 lässt sich dabei schwer mit seinen sonstigen Aussagen vereinen. Entsprechend gehen viele Exegeten/Exegetinnen davon aus, dass Kohelet in 8,1–5 traditionelle Ansichten zitiert, um diese im zweiten Teil des Abschnitts zu kritisieren. Das ist möglich, wie nicht zuletzt eine Parallele mit einer Passage aus den Sprüchen des Achiqar zeigt. Möglich ist aber auch, dass Kohelet in diesen Versen bewusst mehrdeutig formuliert, um so auf Zwiespältigkeiten aufmerksam zu machen.

8,1 wird z. T. auch als Abschluss des vorangehenden Abschnitts verstanden, denn wie dort geht es um «Weisheit». Insgesamt aber sind die Verbindungen zum folgenden Abschnitt stärker. In der ersten Vershälfte fragt Kohelet, wer (wie) ein Weiser sei und die «Deutung» eines Wortes/einer Sache kenne (vgl. in der Zürcher Bibel etwas freier: «vermag ... zu deuten»). Von solchen «Deutungen» ist im AT sonst nur noch im Danielbuch die Rede (vgl. Dan 2; 4; 5; der Sache nach auch in der Josefsgeschichte); dort geht es um die Interpretation von Träumen bzw. der Schrift an der Wand. Wichtig wird das Wort dann in Qumran, wo es zur Bezeichnung von Deutungen/Interpretationen von atl. Texten gebraucht wird. Hier bei 8,1 ist zu vermuten, dass es um die Interpretation des folgenden «Wortes» geht (vgl. die zweite Hälfte von 8,1 oder auch 8,1–5). Unklar ist, ob Kohelet mit seiner (dann rhetorischen) Frage klarmachen will, dass niemand dieses «Wort» deuten kann (z. B. weil es keinen Sinn macht – so diejenigen, die davon ausgehen, dass er ab der zweiten Hälfte von 8,1 bis 8,5 traditionelle Meinungen zitiert und dann kritisiert), oder ob er mit dem Stichwort «Deutung» darauf hinweisen will, dass die folgenden Aussagen der Deutung bedürfen – so diejenigen, die hier mit bewussten Mehrdeutigkeiten rechnen.

In den beiden Sprüchen in der zweiten Vershälfte von 8,1 geht es um etwas, was das Gesicht des Menschen verändert. Problemlos ist der erste Spruch, nach dem die Weisheit das Gesicht eines Menschen «leuchten lässt». Von «leuchten lassen» des «Gesichts» ist im AT sonst nur in Bezug auf Gott die Rede (vgl. z. B. Num 6,25; Ps 31,17; Dan 9,17). Diese Stellen zeigen, dass die Wendung so etwas wie «freundlich/gnädig sein» bedeutet. Schwieriger bzw. mehrdeutiger ist der zweite Spruch (was sich auch in den antiken Übersetzungen spiegelt). Die Zürcher Bibel übersetzt den Text so, wie ihn die Masoreten vokalisiert haben. Nach diesem Verständnis geht es auch im zweiten Spruch um die positiven Auswirkungen, die Weisheit auf das Gesicht des Menschen hat. Eine ähnliche Aussage findet sich in Sir 13,25–26; dort allerdings heisst es vom «Herzen», es mache das Gesicht heiter oder traurig. In diesem Sinn könnte man auch die beiden Sprüche hier dahingehend verstehen, dass die Weisheit das Gemüt und in der Folge das Gesicht «aufhellt». Möglich wäre im Blick auf die folgenden Verse allerdings auch die Interpretation, wonach ein Weiser sein Gesicht so unter Kontrolle hat, dass es nicht verrät, was wirklich in ihm vorgeht. Nochmals andere Interpretationen ergeben sich, wenn man den hebräischen Text anderes vokalisiert («Macht verändert sein Gesicht») oder davon ausgeht, dass er ursprünglich etwas anders lautete («seine harten Züge ...» bzw. wörtlich: «die Kraft seines Gesichts verändert es», nämlich «sein Gesicht»). Bei diesen Interpretationen besagte der zweite Spruch nicht nochmals dasselbe wie der erste, sondern machte auf den Unterschied zwischen «Weisheit» und «Macht/Kraft» aufmerksam. So verstanden, deutete Kohelet hier bereits an, dass Macht auch problematisch sein kann (vgl. 8,9).

In **8,2–5** bringt Kohelet Anweisungen zum Umgang mit dem König. Sein Wort hat Macht (vgl. 8,4) und er kann tun, was er will (vgl. 8,3). Von daher ist es entscheidend, dass man seinem Befehl gehorcht (vgl. 8,2.5), denn sonst läuft man Gefahr, Schlechtes zu erfahren (vgl. 8,3.5). Ähnliche Anweisungen zum Umgang mit dem König finden sich auch in anderen Weisheitsschriften. Eine enge Parallele findet sich etwa in den Sprüchen des Achiqar 6,6–10 bzw. 10,6–10 (vgl. TUAT 3, 336–337), wo mit Verweis auf den Zorn des Königs dazu aufgefordert wird, dessen Befehle möglichst schnell zu erfüllen. Vor dem Zorn des Königs wird auch im Sprüchebuch häufig gewarnt (z. B. Spr 16,14; 19,12; 20,2); Kohelet selbst kommt in 10,4 auf das Thema zurück. Während die Ermahnungen von 8,2–4 opportunistisch (oder realistisch?) sind, damit aber noch nicht unbedingt im Widerspruch zu sonstigen Aussagen Kohelets, macht 8,5 – insbesondere auch im Vergleich zu 8,6 – klar, dass Kohelet hier entweder fremde Meinungen zitiert, oder aber mit den Formulierungen spielt, sodass diese verschiedene Deutungen zulassen.

In **8,2** fällt auf, dass ein anderes Wort für «Befehl» gebraucht ist als dann in 8,5. Das hier verwendete heisst wörtlich «Mund», wird aber häufig im Sinn von «Befehl» gebraucht. Damit macht Kohelet bereits in der Wortwahl klar, dass das «Wort» des Königs mehr ist als ein «Wort» – eben ein «Befehl», dem man besser gehorcht. Vielleicht will er mit seiner Wortwahl auch andeuten, dass die folgenden Anweisungen opportunistisch sind bzw. darauf hinauslaufen, dass man dem König nach dem «Mund» reden soll. Mehrdeutig ist sodann der zweite Teil des Satzes, der im Hebräischen wörtlich «wegen/in der Art eines Gottes-Schwurs» lautet. Neben der Präposition ist daran unklar, ob ein Schwur gemeint ist, den Gott schwört, den man Gott schwört oder den man bei Gott schwört (vgl. z. B. Ex 22,10; 1Kön 2,43). So oder so wird hier der Gehorsam dem König gegenüber mit Gott in Verbindung gebracht (vgl. so auch in Spr 24,21–22). Spielt Kohelet hier auf Treueide (von Soldaten etc.) an, wie sie in hellenistischer Zeit bekannt waren? Oder formuliert er bewusst mit übertriebenem Pathos, um anzudeuten, dass jene, die dem König derart ergeben gehorchen, vergessen, dass sie es nicht mit Gott zu tun haben?

Auch **8,3** ist bei genauerem Blick mehrdeutig – beginnend damit, dass unklar ist, ob mit «er» Gott oder der König gemeint ist. Da es im nächsten Vers wieder explizit um den König geht, ist das auch hier das wahrscheinlichere Verständnis. Dass man seinen Platz in der Nähe des Königs nicht zu schnell aufgeben soll, wiederholt Kohelet in 10,4. Hier ist vielleicht auch einfach allgemein gemeint, dass man sich in der Gegenwart des Königs nicht hastig bewegen soll (vgl. in 4,17; 5,1 ähnlich in Bezug auf Gott). Wie aber ist dann die nächste Ermahnung zu interpretieren? Ist mit «Schlechtes» (wörtlich: «eine schlechte Sache» oder auch «ein schlechtes Wort») an eine Revolte gegen den König gedacht (vgl. Ps 64,6)? Wo die Zürcher Bibel mit «sich (auf Schlechtes) einlassen» übersetzt, steht im Hebräischen «sich hinstellen/stehen/bleiben». Geht es hier vielleicht um «Schlechtes», das man beim König selbst trifft? Relativiert Kohelet seine erste Ermahnung («geh nicht ... weg») und rät, dass man nicht bleiben soll, wenn die «Sache» beim König «schlecht» ist – z. B. weil er schlechter Laune ist oder schlechte Befehle («ein schlechtes Wort») gibt? Oder deutet er bereits hier an, dass man dann «Schlechtes» erfährt, wenn man dem König nicht gehorcht (vgl. 8,4)? Dazu passte die letzte Aussage in diesem Vers, die auf die uneingeschränkte Macht des Königs verweist (die Wendung «tun was einem gefällt» wird sonst nur in Aussagen über Gott gebraucht; z. B. Jes 46,10; Ps 115,3).

Auch in **8,4** wird der König so beschrieben wie im AT sonst v. a. Gott: Sein Wort ist mächtig und niemand kann sein Handeln in Frage stellen (vgl. so Jes 45,9; Hiob 9,12; Weish 12,12 mit der gleichen Wendung über Gott; vgl. mit anderer Formulierung auch Koh 6,10). Dass das «Wort» des Königs mächtig ist, erinnert einerseits an 8,2 (mit «Mund» = «Befehl»), andererseits aber auch nochmals an 8,3 und die Frage, was dort mit der «schlechten Sache»/dem «schlechten Wort» gemeint ist. Sollte mit «schlechter(m) «Sache/Wort» in 8,3 das «Wort des Königs» gemeint sein, machten die beiden Verse zusammen klar, dass der Macht des königlichen Worts auch durch die Ethik keine Grenze gesetzt ist.

In **8,5** werden die vorangehenden Anweisungen zum Umgang mit dem König mit einer allgemeineren «Weisheit» zusammengefasst bzw. begründet. Auf den ersten Blick scheint alles ganz einfach: Wer dem Befehl oder Gebot (des Königs? Gottes?) gehorcht (vgl. 8,2), bleibt von «Schlechtem» verschont (vgl. Spr 19,16). Die zweite Vershälfte könnte man dann so interpretieren, dass sich der Weise (vgl. 8,1) in der Gegenwart des Königs zu verhalten weiss: Er weiss um die «Zeit», bzw. wann er bleiben und wann er gehen soll (vgl. 8,3), und er weiss, dass das Wort des Königs «Gesetz» ist (so kann das mit «Gericht» übersetzte Wort *mišpāṭ* auch verstanden werden). Nun gebraucht Kohelet das Wort *mišpāṭ* sonst aber entweder im Sinn von «Recht» (und «Gerechtigkeit»; vgl. 3,16; 5,7) oder im Sinn von «Gericht (Gottes)» (vgl. 8,6; 11,9; 12,14). Das scheint auch hier der Fall zu sein, wie v. a. der nächste Vers (8,6) und dessen Ähnlichkeit mit 3,17 nahelegt. Wie aber ist dann zu interpretieren, dass das Herz des Weisen Zeit und Gericht «kennt»? Geht es darum, dass ein Weiser die Zeiten und damit auch die Zeit des Gerichts kennt? Eine solche Einschätzung wäre in der traditionellen Weisheit denkbar, in den atl. Schriften aber wird der Gedanke so nirgends ausgedrückt. Und Kohelets Meinung ist das sicherlich nicht: Er berichtet ja wiederholt von Fällen, die zeigen, dass das «Gericht» auf sich warten lässt (vgl. 3,16; 8,11–12), und betont, dass sich die Zukunft nicht vorhersagen lässt (vgl. 3,11; 7,14; 8,7 u. ö.). Geht es ihm darum, dass der Weise «*um*» Zeit und Gericht «weiss», d. h. weiss, dass diese kommen? Das ist denkbar, denn auf dieses «Dass» des Gerichts weist er ja auch andernorts (vgl. 3,17; 8,6; 11,9; 12,14; andeutungsweise auch 8,11–13). Folgt man diesem Verständnis, sagt Kohelet in diesem Vers, dass man dem «Schlechten» vonseiten des Königs zwar entgehen kann, dabei aber nicht vergessen soll, dass man sich letztlich Gott zu verantworten hat. Ähnlich könnte man die Rede vom «Kennen» von Zeit und Gericht auch dahingehend interpretieren, dass selbst der Weise, der sich im Umgang mit dem König richtig verhält und so nicht Schlechtes «kennen lernt», dieses Gericht «kennen lernen» wird, weil er wie alle Menschen schuldig ist (vgl. 7,20; 8,6). Derart auf die Mehrdeutigkeit des Verbs «kennen» aufmerksam gemacht, muss man sich schliesslich auch nochmals fragen, wie dieses Verb in der ersten Vershälfte zu verstehen ist: Vielleicht geht es dort auch um den Gegensatz zwischen dem «Gebot» Gottes und dem «Schlechten» bzw. «schlechten Wort» des Königs (vgl. bereits zu 8,3). Dann besagte der Vers, dass derjenige, der nicht dem König, sondern Gott gehorcht, von den schlechten Machenschaften des Königs verschont bleibt, was gut ist, weil es auch für diese Zeit und Gericht geben wird.

Nachdem Kohelet in 8,1–5 von der Macht des königlichen Worts gesprochen und durch Mehrdeutigkeiten leise darauf hingewiesen hat, dass es neben den von diesem ausgehenden Gefahren auch noch anderes zu bedenken gilt, bespricht er das Phänomen Macht in **8,6–9** explizit in einem weiteren Kontext. Dabei betont er v. a., dass die Macht des Menschen (und damit auch des Königs) begrenzt ist und dass Unrecht nicht unbestraft bleibt.

Über das Stichwortpaar «Zeit und Gericht» knüpft Kohelet in **8,6** eng an 8,5 an. Anders als dort geht es ihm hier aber nicht darum, dass man (bzw. der Weise) um Zeit und Gericht weiss, sondern darum, dass es für jedes Vorhaben Zeit und Gericht gibt. Im Hebräischen erinnert das Wort «Vorhaben» dabei an das Verb, mit dem in 8,3 formuliert wurde, dass der König alles machen kann, was er «will». Implizit macht Kohelet damit klar, dass auch das Tun des Königs gerichtet werden wird. Wie bei den anderen Stellen, bei denen er vom «Gericht» spricht, ist dabei unklar, woran genau er denkt. Die Ähnlichkeit mit 3,17 legt nahe, dass er an das Gericht Gottes denkt (vgl. auch 11,9; 12,14). Dort wurden seine Überlegungen durch offenkundige Ungerechtigkeiten ausgelöst. Noch deutlicher formuliert Kohelet in 8,11, dass «böses/schlechtes Tun» oft nicht gleich bestraft wird. Im Kontext der vorangehenden Verse liest sich 8,6 demnach wie eine Warnung, dass früher oder später alles Böse/Schlechte bestraft werden wird – auch despotisches Handeln von Königen und opportunistisches Handeln von «Weisen». Interessant ist die Begründung, wonach «die Bosheit des Menschen schwer auf ihm» lastet. Indem Kohelet pauschal von «der Bosheit des Menschen» spricht, erinnert er an den bereits in 7,20 formulierten Gedanken, dass kein Mensch nur Gutes tut und niemals sündigt (vgl. auch 8,11; 9,3; sowie Gen 6,5; 8,21). Rückwirkend macht er damit auch nochmals auf die Ambivalenz von 8,5 aufmerksam bzw. darauf, dass ein Weiser zwar um «Zeit und Gericht» wissen kann, dass ihm das aber genauso wenig hilft wie dem Befehl des Königs zu gehorchen, weil «die Bosheit» auch auf ihm lastet und demnach auch er «Schlechtes» bzw. das Gericht kennen lernen wird (im Hebräischen gibt es nur ein Wort für «schlecht» und «böse»).

In **8,7** formuliert Kohelet einmal mehr, dass der Mensch über die Zukunft nichts wissen kann (vgl. 3,21–22; 6,12 u. ö.). Der folgende Vers zeigt, dass es ihm dabei wie in 3,16–17; 8,11 um das Problem geht, dass das «Gericht» oft lange auf sich warten lässt. Das heisst aber nicht, dass es für gewisse «Vorhaben» (vgl. 8,6) kein «Gericht» gibt. Solcherart Macht hat niemand. Dass man über den Zeitpunkt und die Details dieses «Gerichts» nichts weiss, weil es wie alles Zukünftige dem menschlichen Erkennen entzogen bleibt, heisst nicht, dass es ein solches Gericht nicht gibt. Wie der Weise sollte jeder Mensch um das «Dass» des Gerichts wissen (vgl. 8,5) – gerade auch, weil es manchmal aussieht, als ob es ein solches Gericht nicht gäbe.

Ohne das Stichwort «Gericht» zu wiederholen, spielt Kohelet in **8,8** darauf an, wenn er hier formuliert, dass «Unrecht» niemanden «retten» kann. Er begründet das mit der begrenzten «Macht» des Menschen und macht damit klar, dass dies auch für den König gilt, so viel «Macht» dessen Wort auch haben mag (vgl. 8,4). Anders als in den Versen zuvor spricht Kohelet hier nicht mehr von «Schlechtem/Bösen», sondern von «Unrecht» (*ræšʿ*) – vielleicht, weil damit klarer wird, dass der Mensch für das von ihm begangene Böse verantwortlich ist (auch, wenn kein Mensch nur Gutes tun kann; vgl. 7,20). Warum aber wiederholt Kohelet das Stichwort «Gericht» nicht mehr? Empfindet er das Verb «retten» als genügend klare Anspielung (vgl. Am 2,14–15)? Oder denkt er primär an den Tod, der früher oder später alle trifft, auch diejenigen, die sich so mächtig fühlen, dass sie meinen, sie könnten sich alles erlauben (vgl. mit «retten» Ps 89,49)? Darauf deutet insbesondere Kohelets mittleres Beispiel («keiner hat Macht über den Tag des Todes»), vielleicht aber auch sein erstes, bedeutet das in der Zürcher Bibel mit «Wind» übersetzte Wort (*rū*^{a}*ḥ*) nämlich auch «Lebensgeist». In diesem Sinn gebraucht Kohelet das Wort in 3,19.21, wobei der Kontext dieser Verse (vgl. 3,16–22) zeigt, dass die Gedanken von Gericht, Tod und Unerkennbarkeit der Zukunft für ihn eng zusammengehören. Vielleicht also geht es Kohelet hier darum, dass niemand die Macht hat, seinen «Lebensgeist» zurückzuhalten, wenn die Zeit gekommen ist, dass dieser den Körper verlässt und zu Gott zurückkehrt (vgl. 12,7). Entsprechend wäre dann das dritte Beispiel («im Krieg gibt es keine Entlassung») als Analogie zu verstehen, mit der Kohelet sagt, dass man sich wie im Krieg so auch im Tod nicht von jemand anderem vertreten lassen kann.

In **8,9**, dem letzten Vers des Abschnitts, schlägt Kohelet den Bogen zurück zu 8,2–5 und spricht explizit aus, dass er es für problematisch hält, wenn «der Mensch» über «den Menschen» herrscht. Wenn er dabei von «dem Menschen» und nicht «dem König» oder «Herrschern» spricht, deutet er damit auch mit dieser Wortwahl an, dass er die Unterscheidung von Herrschern und gewöhnlichen Menschen schwierig findet. Das erinnert an Gen 1,26–28, wo die Einsetzung «des Menschen» zum Herrscher über die Tiere implizit auch besagt, dass alle Menschen gleichermassen «Könige» sind (vgl. die Bild-Gottes-Prädikation) und kein Mensch über andere Menschen herrschen soll. Kohelet spricht auch sonst häufig kritisch über Herrscher und Könige (vgl. neben der Königsfiktion 4,13; 10,4–7), sonst aber stets im Blick auf bestimmte Situationen bzw. Missstände. Hier aber beurteilt er die Herrschaft von Menschen über Menschen allgemein als «schlecht» – allerdings mit dem Zusatz «für ihn» (bzw. im Hebräischen «für den Menschen»), bei dem unklar bleibt, ob er den Herrscher, den Beherrschten oder beide meint. Spätestens 10,4 zeigt, dass Kohelet bei aller Kritik am Herrschaftssystem auch weiss, dass es Situationen gibt, in denen man sich den Umständen anpassen muss. Damit sind auch die «Weisheiten» aus 8,1–5 nicht obsolet. Wichtig ist für Kohelet aber, dass man sich ihrer Zwiespältigkeit bewusst ist.

8,10–15 Frevler und Gerechte

10 Sodann sah ich, wie Frevler begraben wurden und zur Ruhe eingingen; die aber Recht getan hatten, mussten von der heiligen Stätte weichen und wurden in der Stadt vergessen. Auch das ist nichtig. 11 Weil das Urteil über die böse Tat nicht sogleich vollstreckt wird, wächst in den Menschen die Lust, Böses zu tun. 12 Denn ein Sünder tut hundertmal Böses und lebt doch lange. Ich aber weiss: Es ist gut für die Gottesfürchtigen, dass sie sich fürchten vor Gott. 13 Und es ist nicht gut für den Frevler und er wird nicht länger leben als ein Schatten, wenn er sich nicht fürchtet vor Gott. 14 Es gibt Nichtiges, das auf Erden geschieht: Es gibt Gerechte, denen es ergeht, als hätten sie gehandelt wie Frevler, und es gibt Frevler, denen es ergeht, als hätten sie gehandelt wie Gerechte. Ich dachte: Auch dies ist nichtig. 15 So pries ich die Freude: Es gibt für den Menschen nichts Gutes unter der Sonne ausser zu essen und zu trinken und sich zu freuen. Das kann ihn begleiten bei seiner Mühe in der Zeit seines Lebens, die Gott ihm gegeben hat unter der Sonne.

In **8,10–15** reflektiert Kohelet nochmals ausführlicher darüber, dass das «Gericht» (vgl. 8,6–7) bzw. das «Urteil über die böse Tat» (vgl. 8,11) oft auf sich warten lässt. Wie in 3,16–22 setzt er bei der Erfahrung von Ungerechtigkeiten (im Sinn des Tun-Ergehen-Zusammenhangs) ein und endet mit einem Lobpreis der Lebensfreude. Wichtig ist ihm offenbar v.a., dass man hinsichtlich der Ungerechtigkeiten nicht zu weitreichende Schlüsse zieht.

Im Zusammenhang mit den folgenden Versen ist der allgemeine Sinn von **8,10** klar: Kohelet berichtet von Erfahrungen, die der traditionellen Lehre eines Zusammenhangs zwischen Tun und Ergehen widersprechen (vgl. 7,15; 8,14): konkret davon, dass Frevler würdevoll begraben werden, andere aber, die sich anständig verhalten, vergessen werden. Im Einzelnen bietet der Vers im Hebräischen allerdings zahlreiche Schwierigkeiten – beginnend damit, dass nicht ganz klar ist, ob «die Recht getan hatten» tatsächlich der Gegenbegriff zu «Frevler» ist. Auch der Hinweis auf die «heilige Stätte» kann verschieden interpretiert werden. Nach manchen gehört dieser Teil noch zur Beschreibung der Begräbnis-Feier der Frevler. (Das in der Zürcher Bibel mit «weichen» übersetzte Wort, heisst sonst eigentlich eher «wandeln»; vgl. so in 4,15. Bei dieser Interpretation müssten dann aber die Trauernden diejenigen sein, die «wandeln» – u.a. auch, weil nach den kultischen Vorschriften des Alten Testaments Tote nicht zur heiligen Stätte gebracht werden dürfen, weil sie diese verunreinigen.) Ähnlich klagt Hiob in Hiob 21,30–32, dass «der Böse» verschont bleibt, nicht zur Rechenschaft gezogen, sondern würdevoll begraben wird. Schwierig ist weiter die Aussage, dass diejenigen, die Recht getan hatten, «in der Stadt vergessen» wurden. Warum gerade «in der Stadt»? Und geraten nach Kohelet nicht ohnehin alle in Vergessenheit (vgl. 1,11; 2,16; 9,5)? Manche (auch alte Übersetzungen) «korrigieren» den Text und lesen statt «vergessen werden» «sich rühmen» (was im Hebräischen sehr ähnlich ist) – dann als Aussage über die Frevler. Da Kohelet im

Folgenden aber tatsächlich zwischen «Frevlern» und «Gerechten» unterscheidet (vgl. 8,12–14), ist zu vermuten, dass er auch hier über «die Guten» spricht bzw. eben über diejenigen, «die Recht getan hatten». Versteht man das Verb «vergessen» mehr im Sinn von «sich nicht mehr kümmern» (vgl. so z. B. in Jes 49,14–15; Hiob 19,14), könnte man die Aussage dahingehend interpretieren, dass sie nicht einmal mit einer Trauerfeier verabschiedet wurden. Wie dann nochmals in 8,14 beschliesst Kohelet seine Aussage mit einem «nichtig»-Urteil (s. u.).

In **8,11** und der ersten Hälfte von **8,12** beschreibt Kohelet seine Erfahrungen, die am Tun-Ergehen-Zusammenhang zweifeln lassen, nochmals in allgemeiner Form. Ein erstes Mal sagt er dabei «das Urteil über die böse Tat wird nicht sogleich vollstreckt», und ein zweites Mal «ein Sünder... lebt lang». In diesen Beschreibungen spiegelt sich die Lehre der traditionellen Weisheit, wonach ein Sünder/Frevler mit Verderben (z. B. Spr 3,25; 11,31; 15,6; 24,16) bzw. einem frühen Tod rechnen muss (z. B. Spr 10,27; 11,19; 24,20) – ohne dass genau geklärt wäre, welches Tun lediglich ein Unglück und welches den Tod nach sich zieht und wie schnell diese Ereignisse zu erwarten sind. Da Kohelet in den folgenden Versen darauf insistiert, dass am Tun-Ergehen-Zusammenhang doch etwas dran sein könnte, ist zu vermuten, dass es ihm hier auch um diese offenen Fragen und deren Folgen geht. Wenn ein Urteil nicht «sogleich» vollstreckt wird, heisst das nicht, dass es nie vollstreckt wird. Und auch wenn ein Sünder «lange lebt» (zum Problem vgl. auch Hiob 21,7), heisst das nicht, dass es für seine Taten kein «Gericht» geben wird (vgl. 3,17; 8,6; 12,9). Das Problem aber ist, dass man nicht weiss, ob ungerechtes Handeln letztlich doch noch vergolten wird oder nicht. Wenn die Gerechtigkeit auf sich warten lässt, beginnen die Menschen an ihr zu zweifeln und geben sich dem Unrecht hin (vgl. Jes 26,10; Ps 14,1). Im Hebräischen spricht Kohelet dabei vom «Herzen», das sich (mit dem Wunsch) «füllt», Böses zu tun (vgl. ähnlich 9,3). Das Problem liegt für ihn (zumindest hier) weniger in den Unklarheiten um den Tun-Ergehen-Zusammenhang selbst, sondern vielmehr darin, dass aufgrund dieser Unklarheiten die Prävention nicht mehr gewährleistet ist und sich entsprechend immer mehr dazu verleiten lassen, den Neigungen ihres mit Bosheit gefüllten Herzens zu folgen.

Und genau gegen diese Tendenz argumentiert Kohelet in der zweiten Hälfte von **8,12** und **8,13** und nimmt dabei in Kauf, dass er den Eindruck erweckt, sich selbst zu widersprechen. Hat er in der ersten Hälfte von 8,12 noch formuliert, dass ein Sünder lange lebt, so sagt er in 8,13 genau das Gegenteil – zumindest auf den ersten Blick: Das Stichwort «Schatten» erinnert an 6,12, wo das menschliche Leben insgesamt als «flüchtig» und «wie ein Schatten» beschrieben wird. So kann ein «Sünder» im Verhältnis zu anderen zwar lange leben, absolut besehen aber bleibt auch sein Leben flüchtig. Zu diskutieren gibt in diesen Versen v. a. die Frage, in welcher Art Kohelet (bzw. nach manchen ein Redaktor) hier einen Zusammenhang zwischen Ergehen und Tun postuliert. Die hebräische Formulierug liesse auch die folgende Übersetzung zu: «Es wird den Gottesfürchtigen gut gehen, *weil/wenn* sie sich vor Gott fürchten» bzw. «es wird dem Frevler nicht gut gehen, *weil/wenn* er sich nicht vor Gott fürchtet». Will Kohelet hier sagen, dass er trotz allen gegenteiligen Erfahrungen darauf hofft, dass Gott den Menschen nach ihren Handlungen «vergelten» wird – wann und wie auch immer? Da er wiederholt vom «Gericht» Gottes spricht (vgl. 3,17; 8,6; 11,9; sowie 12,14), ist das durchaus möglich (sodass man den Text auch ohne Redaktor erklären kann). Interessanterweise lässt Kohelets Formulierung nun aber auch die Interpretation der Zürcher Bibel zu («Es ist gut für die Gottesfürchtigen, *dass* sie sich fürchten vor Gott» bzw. «es ist nicht gut für den Frevler…, *wenn* er sich nicht fürchtet vor Gott»), wonach der Wert der Gottesfurcht nicht in ihren Folgen liegt, sondern in sich selbst. Will Kohelet damit daran erinnern, dass ethisches Handeln auch dann gut ist, wenn man nicht weiss, wann und wie bzw. sogar ob es einem in der Zukunft positiv angerechnet wird? So oder so bleibt interessant, dass er hier besonders die «Gottesfurcht» hervorhebt. Obwohl dieser Begriff in der Weisheitsliteratur auch allgemein zur Bezeichnung gerechten bzw. gottgemässen Handelns gebraucht wird (z. B. Spr 3,7; 8,13), bleibt der Bezug auf Gott (und die [Ehr-]Furcht) natürlich relevant. In 3,14 gebraucht Kohelet das Wort im Zusammenhang seiner Überlegungen über die Souveränität Gottes und das Unvermögen des Menschen, das Ganze von Gottes Werk zu verstehen. Und in 7,18 empfiehlt er die Gottesfurcht als eine Haltung, die es dem Menschen ermöglicht, mit den Unklarheiten um den Tun-Ergehen-Zusammenhang zurechtzukommen (vgl. weiter 5,6; 12,13; ähnlich 7,14). Nur schon von daher ist «Gottesfurcht» für den Menschen gut – ob es nun einen Zusammenhang zwischen Tun und Ergehen gibt oder nicht.

In **8,14** wiederholt Kohelet im Grunde nur nochmals, was er bereits in 8,10 und der ersten Hälfte von 8,12 (und schon vorher) gesagt hat: dass es Erfahrungen gibt, die dem Tun-Ergehen-Zusammenhang widersprechen. Hier machen seine Formulierungen besonders deutlich, dass er solche Erfahrungen als Ausnahmen erachtet: das zeigt neben dem einleitenden «es gibt» (vgl. 7,15) auch, dass er statt von «denen es schlecht/gut ergeht» davon spricht, dass es ihnen «ergeht, als hätten sie gehandelt wie Frevler/Gerechte». Wie bereits in 8,10 bringt Kohelet hier nochmals das Stichwort «nichtig», und zwar gleich zweimal. Neben den vorangehenden Versen zeigt v. a. der nächste Vers, dass es ihm dabei wohl weniger darum geht, seinem Missfallen über die ausbleibende Gerechtigkeit Ausdruck zu verleihen, sondern primär darum, klar zu machen, dass diese Ungerechtigkeiten ebenfalls «flüchtig» sind – etwas, dem man am besten nicht zu viel Gewicht beimisst.

Entsprechend beschliesst Kohelet den Abschnitt in **8,15** mit einem Lobpreis der Lebensfreude: Das Leben kann ungerecht sein und eine «Mühe» – die «Freude» aber soll einem das nicht nehmen. Sowenig man weiss, ob einem anständiges Verhalten in der Zukunft etwas «Gutes» bringt, sosehr kann man sich des «Guten» in der Gegenwart erfreuen (vgl. 7,14). Wie üblich nennt Kohelet hier wieder das Essen und Trinken und die Freude (vgl. 3,12–13.22; 5,17–18; 9,7; 11,9). Nach 8,12 gehört für ihn aber auch die Gottesfurcht zu dem, was gut ist für den Menschen (vgl. 3,12–14, mit der Erwähnung des Tun des Guten) – nicht im Blick auf einen zukünftigen Lohn, sondern wie essen und trinken als etwas, das in sich selbst gut ist. Wie die «Mühe» ist einem auch diese Möglichkeit zur Lebensfreude von Gott gegeben (vgl. deutlicher in 2,24; 3,13; 5,17–18).

8,16–17 Der Mensch kann die Werke Gottes nicht begreifen

16 Als ich mir vornahm, Weisheit zu verstehen und das Treiben zu betrachten, das auf der Erde geschah – bei Tag und bei Nacht gönnt man seinen Augen keinen Schlaf –, 17 sah ich das ganze Werk Gottes: dass der Mensch das Geschehen unter der Sonne nicht begreifen kann. Auch wenn der Mensch sich abmüht zu suchen, so findet er doch nicht. Und wenn der Weise behauptet, es zu verstehen, so kann er es doch nicht begreifen.

In **8,16–17** kommt Kohelet einmal mehr auf die Begrenztheit menschlicher Erkenntnisfähigkeit zurück. Zu beachten ist dabei, dass er in 8,17 zunächst sagt, dass er «das ganze Werk Gottes» «sah», dann aber, dass der Mensch «das Geschehen unter der Sonne» nicht «begreifen» kann (wobei «Werk» und «Geschehen» im Hebräischen dasselbe Wort ist). Wie geht das zusammen? In 8,16 fällt auf, dass Kohelet hier wieder davon spricht, «Weisheit» «verstehen» zu wollen – obwohl er diesen Versuch schon früher unternommen hatte, damit aber scheiterte (vgl. 1,17; 7,25). In der Fortsetzung spricht er dann aber auch noch vom «Treiben» bzw. der «Mühe» (*'injān*), und gebraucht dabei wieder das Wort, das er v. a. in Zusammenhängen verwendet, in dem es ihm um die erfolglosen Bemühungen des Menschen um Erkenntnis geht. Besonders eng sind die Bezüge zu 1,13–14 und 3,10–11. In 1,13(–14) musste der König erkennen, dass es ihm trotz all seiner Weisheit und all seinen Anstrengungen nicht möglich ist, das Geschehen/Tun unter dem Himmel/der Sonne zu begreifen. Seine «Mühe» bleibt «Mühe», führt ihn nicht zum Ziel. In 8,17 wiederholt Kohelet diese Erkenntnis des Königs gleich dreimal: Bei aller Mühe (im Hebräischen hier *'āmāl*) und aller Weisheit ist es dem Menschen nicht möglich, das «Geschehen unter der Sonne» zu begreifen. Der Hinweis auf den Weisen, der behauptet, es zu verstehen, deutet darauf, dass Kohelet hier immer noch besonders an den Tun-Ergehen-Zusammenhang denkt (vgl. 8,10–15; vgl. dann wieder in 9,2–3). Offenbar befindet er sich in einem Disput mit Zeitgenossen – deshalb wiederholt er seine Meinung gleich dreimal und verweist auch sonst immer wieder auf die Grenzen menschlichen Erkennens. Der Anfang von 8,17 zeigt nun aber, dass es Kohelet in diesem Abschnitt noch um mehr geht: Zwischen 8,16 und dem Fortgang von 8,17 kann «ich sah das ganze Werk Gottes» nur heissen, dass er erkannte, dass es das «Werk Gottes» ist, dass das menschliche Erkennen begrenzt ist. Ähnlich sagte bereits der König in 1,13 (und 2,26), dass Gott es ist, der den Menschen die «Mühe» (*'injān*) gibt, und Kohelet hat diesen Gedanken in 3,10–11 wiederholt. Während es ihm dort aber v. a. darum ging, dass der Mensch «das Werk, das Gott gemacht hat» nicht vollumfänglich begreifen kann (vgl. auch 11,5), spricht er hier explizit aus, dass die Begrenztheit menschlichen Erkennens das Werk Gottes ist (vgl. neben 1,13 und 3,10–11 andeutungsweise auch in 7,29). Woher er selbst diese Erkenntnis über das «Werk Gottes» hat, sagt er nicht.

9,1–6 Ein lebender Hund hat es besser als ein toter Löwe

1 All dies nahm ich mir zu Herzen, um all dies zu prüfen: Die Gerechten und die Weisen und ihre Werke sind in Gottes Hand. Sei es Liebe, sei es Hass, alles, was vor ihnen liegt, können die Menschen nicht erkennen. 2 Jeden trifft, was ihm gebührt. Dasselbe Geschick trifft den Gerechten und den Frevler, den Guten und Reinen und den Unreinen, den, der opfert, und den, der nicht opfert; den Guten wie den Sünder, den, der schwört, wie den, der sich scheut zu schwören. 3 Das ist schlimm bei allem, was unter der Sonne geschieht, dass alle dasselbe Geschick trifft. Auch ist das Herz der Menschen voll Bosheit, und Verblendung ist in ihrem Herzen, solange sie leben, und danach – zu den Toten.

4 Doch wer zu den Lebenden gehört, hat Hoffnung; denn ein lebender Hund hat es besser als ein toter Löwe. 5 Die Lebenden wissen, dass sie sterben werden, die Toten aber wissen gar nichts, und sie haben keinen Lohn mehr, denn die Erinnerung an sie ist geschwunden. 6 Ihre Liebe, ihr Hass, ihre Eifersucht sind längst dahin, und auf ewig haben sie keinen Anteil mehr an all dem, was unter der Sonne getan wird.

In **9,1–6** reflektiert Kohelet erneut über den Tod. Wie bereits in 2,14–16 und 3,19–21 betont er, dass alle «dasselbe Geschick» trifft. Im Einzelnen bietet der Abschnitt manche Schwierigkeiten (insbesondere in 9,1). Klar ist aber, dass Kohelet hier ein düsteres Bild des Menschen zeichnet – nicht nur im Blick auf den Tod (vgl. 9,5–6), sondern auch im Blick auf das Leben (vgl. 9,3.4–5). Der folgende Abschnitt (vgl. 9,7–10) zeigt, dass sich solch ein düsteres bzw. realistisches Bild durchaus mit seiner Lebensphilosophie der Freude verträgt.

Kohelet beginnt seine Ausführungen in **9,1** mit einem expliziten Bezug auf das Vorangehende (vgl. das erste «all dies»). Vor dem Hintergrund des dort Gesagten will er nun einen neuen Gedanken «prüfen». Insofern es ihm im Folgenden um die begrenzte menschliche Erkenntnisfähigkeit (vgl. 9,1.5), das gleiche Schicksal von Gerechten und Frevlern (vgl. 9,2), die Bosheit des Menschen (vgl. 9,3) und den Tod (vgl. 9,5–6) geht, knüpft er nicht nur an 8,16–17, sondern auch an 8,6–15 an. 9,1 selbst ist schwer zu verstehen. Anders als im Folgenden spricht Kohelet hier nur von den Gerechten und Weisen (und nicht auch den Frevlern und Toren). Was meint er damit, wenn er sagt, dass sie und ihre Werke «in Gottes Hand» sind? Nach manchen zitiert Kohelet hier die Meinung seiner Diskussionspartner, die mit dem Leben nach dem Tod argumentieren, um am Tun-Ergehen-Zusammenhang festhalten zu können (vgl. Weish 3,1–4, mit der Wendung «in Gottes Hand»). Nach der Einleitung, wonach Kohelet etwas «prüfen» will, ist das gut möglich. Vom Leben nach dem Tod ist hier allerdings nicht die Rede. Daher ist auch möglich, dass Kohelet hier seine eigene Meinung formuliert und mit der Wendung «in Gottes Hand» daran erinnert, dass auch die Weisen und Gerechten durch ihr Handeln nicht erzwingen können, wie es ihnen ergehen wird (vgl. ähnlich «aus Gottes Hand» in 2,24). Ob als Kritik an einer traditionellen Meinung oder in Fortsetzung seines eigenen Gedankens – in der zweiten Vershälfte spricht Kohelet davon, dass die Menschen «alles, was vor ihnen liegt» nicht erkennen können, und nennt dabei konkret Liebe und Hass. Unklar ist dabei sowohl, ob er mit «vor ihnen» an die Vergangenheit oder die Zukunft denkt, als auch, von wessen Liebe und Hass er spricht: Gottes oder der Menschen. Da Kohelet in 9,6 nochmals von Liebe und Hass spricht und dort die Menschen im Blick hat, scheint das auch hier die wahrscheinlichere Variante. Obwohl er sonst wiederholt darauf hinweist, dass man die Zukunft nicht erkennen kann, geht es ihm hier wohl eher um die Vergangenheit, denn im Hebräischen liegt die Vergangenheit «vor» dem Menschen (vgl. 1,16), die Zukunft hingegen «nach» ihm (vgl. 2,18). Will Kohelet hier darauf hinweisen, dass der Mensch zwar «in Gottes Hand» ist, letztlich aber nicht wissen kann, was das heisst, da er seine eigene Vergangenheit (mit den entsprechenden Emotionen) selber nicht ganz versteht?

Wie bereits in 2,14 und 3,19 spricht Kohelet in **9,2** von dem «einen Geschick», das alle gleichermassen trifft. Der nächste Vers zeigt, dass er auch hier wieder v. a. an den Tod denkt. Um seinen Punkt zu verdeutlichen, nennt Kohelet fünfmal gegensätzliche Typen von Menschen (wobei bei der Reihe «den Guten und Reinen und den Unreinen» etwas durcheinander gekommen zu sein scheint). Dabei fällt auf, dass er neben den beiden allgemeinen Paaren Gerechter–Frevler und Guter–Sünder besonders auf kultische bzw. religiöse Aspekte zielt (vgl. Reiner–Unreiner; der opfert–der nicht opfert; der schwört–der nicht schwört), während z. B. das Paar Weiser–Tor unerwähnt bleibt. Will er damit andeuten, dass man Gott auch mit noch so frommem Verhalten nicht «bestechen» kann (vgl. 4,17–5,6; 7,16)? Eigener Erwähnung bedarf der Beginn von 9,2. Wörtlich heisst es hier im Hebräischen «alles (ist) so, wie es für jeden/alle (ist)». Geht es Kohelet darum, dass «jeden trifft, was ihm gebührt» (vgl. so die Zürcher Bibel)? Zusammen mit dem Fortgang hiesse das, dass er den Tod als ein «Geschick» empfindet, das der Mensch tatsächlich verdient hat. Dazu passt, dass er in 9,3 allgemein von der Bosheit der Menschen spricht. Warum aber beurteilt er dieses «eine Geschick» dann als «schlimm»? Von daher versteht man den Anfang von 9,2 wohl besser im Sinn von «alles ist für alle gleich» oder nimmt die Wendung mit den folgenden zwei Wörtern zusammen («alles, wie es allen zukommt, ist ein Geschick»).

In **9,3** verdeutlicht Kohelet mit dem Satz «und danach zu den Toten», dass er bei dem «einen Geschick», das alle trifft, an den Tod denkt. Etwas unklar ist, was genau er in diesem Vers als «schlimm» bezeichnet: ist es der Tod bzw. die Sterblichkeit des Menschen? Oder ist es der Umstand, dass alle gleichermassen sterben müssen, ohne dass zwischen Gerechten und Frevlern unterschieden würde (vgl. 9,2)? Oder ist es die Erkenntnis, dass die Menschen dieses Geschick «verdient» haben, weil ihr Herz voller Bosheit und Verblendung ist? Die Verseinteilung der Masoreten lässt vermuten, dass sie an die zweite Interpretation gedacht haben. Nimmt Kohelet hier zurück, dass Gott alles «schön» gemacht hat (vgl. 3,11)? Kann er das allgemeine Todesschicksal genauso schlecht ertragen wie der König (vgl. 2,13–17)? Nachdem Kohelet andernorts viel gelassener reagiert (vgl. 3,16–22; 7,15–18; 8,10–15), scheint das eher unwahrscheinlich. Daher ist zu vermuten, dass sein Urteil doch stärker mit seiner

Einsicht zusammenhängt, dass das Herz der Menschen voll Bosheit und Verblendung ist. Hat sein negatives Urteil mit der Befürchtung zu tun, dass sich die Menschen noch stärker der Bosheit hingeben, wenn sie realisieren, dass alle sterben müssen, unabhängig davon, wie sie sich zu Lebzeiten verhalten haben (vgl. 8,11)? Oder schmerzt ihn hier, dass die Menschen auch zu Lebzeiten nicht das Beste aus ihrem Leben machen? Dass sie ihr «Herz» nicht das «Gute» geniessen lassen (vgl. 2,1.10; 5,19; 9,7; 11,9–10), sondern es mit «Bosheit» und «Verblendung» füllen? Dass kein Mensch ohne Sünde ist, sagt Kohelet ja in 7,20 deutlich (vgl. auch 8,6.11; zur «Bosheit» des menschlichen Herzens vgl. auch Gen 6,5; 8,21). Hier geht es ihm darüber hinaus vielleicht besonders um die «Verblendung» (vgl. 1,17; 2,12; 7,25; 10,13) – die Torheit, die es verhindert, dass der Mensch sein Leben – gerade auch im Wissen um die Sterblichkeit – sinn- und genussvoll gestaltet (vgl. 9,7–10 u. ö.). Darauf deutet auch der nächste Vers.

In **9,4** kontrastiert Kohelet die «Lebenden» mit den in 9,3 genannten «Toten». Auf den ersten Blick klingt seine Aussage positiv: Die Lebenden haben «Hoffnung» bzw. «Vertrauen» (wie das hebräische Wort wohl besser zu übersetzen ist). Wie meint Kohelet das? Im folgenden Sprichwort assoziiert er den «Löwen» (ein sehr angesehenes Tier) mit dem Tod, den «Hund» (ein verachtetes Tier) aber mit dem Leben und macht damit auf eine Ambivalenz aufmerksam: Es ist (meistens) von Vorteil, lebendig zu sein und nicht tot (vgl. anders aber 4,1–3; 6,3–6). Doch Lebendigkeit als solche macht die Menschen noch nicht zu «Löwen». Sie bleiben «Hunde», auch wenn sie das selber gern vergessen. Vermutlich geht es Kohelet mit dem Stichwort «Vertrauen» («Hoffnung») um diesen letzten Punkt: Die Menschen geben sich der Illusion hin, «in Gottes Hand» zu sein (vgl. 9,1) bedeute, diese «Hand» durch ihr Tun beeinflussen zu können. Sie träumen von Grossem (vgl. 6,9; 7,29) und vertrauen darauf, dass in der Zukunft alles gut wird. Doch das ist «Verblendung» (vgl. 9,3), ein Vertrauen, das nicht gerechtfertigt ist (vgl. 2Kön 18,19). Besser wäre es, das Leben so zu akzeptieren, wie es ist.

In **9,5** verdeutlicht Kohelet seinen Punkt nochmals von anderer Seite. Wieder ist seine Aussage ambivalent. Einerseits haben es die Lebenden in vielem besser als die Toten. Letztere nämlich wissen gar nichts, haben keinen Lohn mehr und die Erinnerung an sie ist geschwunden. Andererseits aber beinhaltet das Lebendigsein nicht nur Angenehmes: Unter all den möglichen Punkten hebt Kohelet das Wissen um die Sterblichkeit hervor – etwas, das man lieber verdrängt. Für Kohelet aber ist dieses Wissen um die Sterblichkeit wesentlich (sosehr er in 5,19 davor warnt, sich obsessiv mit dem Tod zu beschäftigen): einerseits als eine Art Realitätscheck, der Menschen davor bewahrt, sich Illusionen über die Zukunft hinzugeben, und anderseits als Erinnerung daran, dass es das Leben im Hier und Jetzt zu leben und geniessen gilt (vgl. 9,7–10). Auf diesen zweiten Punkt kommt Kohelet ausführlicher im nächsten Vers zu sprechen – insbesondere mit der Rede vom «Anteil». Mit dem Wort «Lohn» deutet er diesen Anteils-Gedanken bereits in 9,5 an. Er nimmt dabei ein Stichwort auf, mit dem er in 4,9 die Vorteile menschlicher Gemeinschaft beschrieben hat. Hier erinnert er daran, dass man die Einbindung in diese Gemeinschaft durch dem Tod verliert, weil früher oder später selbst die «Erinnerung» an einen verblasst (vgl. 1,11;

2,16). Im Hebräischen klingt dieser Satz vom «Lohn» (*śākār*) und der «Erinnerung» (*zēkær*) noch besser, weil Kohelet hier mit zwei beinahe gleichlautenden Wörtern spielt.

In **9,6** setzt Kohelet seine Beschreibung der Toten fort – und damit indirekt auch seine Reflexion darüber, was Leben bedeutet. Besonders deutlich ist er in seinem Schlusssatz, dass die Toten an all dem, was unter der Sonne getan wird, keinen «Anteil» (*ḥēlæq*) mehr haben. Das nämlich heisst auch, dass sie ihren «Teil» (ebenfalls *ḥēlæq*) nicht mehr geniessen können, das Gute, das ihnen Gott als Geschenk gegeben hat (vgl. 9,9 u. ö.). Am Anfang des Verses spricht Kohelet weiter von «Liebe», «Hass» und «Eifersucht» (oder auch «Eifer/Leidenschaft» – im Hebräischen wird das Wort auch im positiven Sinn gebraucht), wobei er durch die Pronominalsuffixe (vgl. «ihr/ihre») klarmacht, dass er an die (früheren) Emotionen der Verstorbenen denkt. Alle drei von ihm genannten Gefühle sind besonders stark – offenbar geht es Kohelet darum, dass selbst sie mit dem Tod zu einem Ende kommen (vgl. anders Hld 8,6). Mit «Liebe» und «Hass» weist er darüber hinaus auch auf 9,1 zurück – vielleicht um zu sagen, dass man das Leben in der Gegenwart bewusst erleben soll, auch wenn man nicht alles versteht.

9,7–10 Geniesse das Leben

7 Auf, iss dein Brot mit Freude, und trink deinen Wein mit frohem Herzen; denn längst schon hat Gott dieses Tun gebilligt. 8 Jederzeit seien deine Kleider weiss, und an Öl auf deinem Haupt soll es nicht fehlen. 9 Geniesse das Leben mit einer Frau, die du liebst, all die Tage deines flüchtigen Lebens, die er dir gegeben hat unter der Sonne, all deine flüchtigen Tage. Das ist dein Teil im Leben, bei deiner Mühe und Arbeit unter der Sonne. 10 Was immer du zu tun vermagst, das tu. Denn weder Tun noch Planen, weder Wissen noch Weisheit gibt es im Totenreich, dahin du gehst.

9,7–10 schliesst eng an 9,1–6 an, denn hier formuliert Kohelet positiv aus, was er dort angedeutet hat: dass es das Leben zu geniessen gilt, solange man kann. Im letzten Vers des Abschnitts macht er dabei klar, dass auch tatkräftiges Handeln dazu gehört (vgl. bereits 3,12). In den Versen zuvor spricht er so ausführlich wie nirgends über die Freude und den Genuss. Mit der Nennung von Kleidern, Salböl und Frau berühren sich seine Aussagen eng mit einer Passage aus dem Gilgamesch-Epos sowie den ägyptischen Harfnerliedern (s. o. S. 33–35). In diesen wie auch in weiteren Texten wird wie in Kohelet angesichts der Sterblichkeit (*memento mori*) zum Genuss des Lebens aufgerufen (*carpe diem*).

Mit den Stichwörtern «essen», «trinken» und «Freude» erinnert Kohelet in **9,7** zunächst an seine früheren Ausführungen (vgl. 3,12–13.22; 5,17–19; 8,15; vgl. später nochmals 11,9–10), mit «Wein» und «Herz» auch an 2,3. Anders als dem König geht es ihm aber nicht um ein Trink-Experiment, sondern um die «Freude». Anders als in 10,19 im Zusammenhang mit «Vergnügen» beschreibt Kohelet essen und trinken hier nicht als Mittel, um das Ziel zu erreichen (so in Ri 9,13; Ps 104,15; Sir 40,20 über den Wein), sondern als etwas, was von Anfang an von «Freude» begleitet ist. Parallel dazu spricht er vom «frohen» (wörtlich «guten») «Herzen» und macht damit klar, dass die Freude etwas ist, das die gesamte Person betrifft (zum Zusammenhang von «Herz» und «Freude» vgl. auch 2,10; 5,19; 11,9). Nach 8,11 und 9,3 ist die Erwähnung des «frohen/guten Herzens» auch darum interessant, weil Kohelet damit zu erkennen gibt, dass das menschliche Herz doch noch Platz für «Gutes» hat, sosehr er dort beklagt, dass es sich mit «Bösem/Bosheit» füllt. Als ob er Einwände befürchtete, legitimiert Kohelet seinen Aufruf zur Lebensfreude in der zweiten Vershälfte mit Verweis auf Gottes Billigung. Er verwendet dabei ein Verb, das wörtlich «Gefallen haben an» bedeutet. Mit Gott als Subjekt wird es sowohl in Bezug auf Opfer (z. B. Mi 6,7; Mal 1,10) als auch in Bezug auf Menschen gebraucht (z. B. Ps 147,11; Hiob 33,26). Hier ist als Objekt des Gefallens «dein Tun» genannt, wobei etwas unklar bleibt, ob Kohelet an essen und trinken oder an das menschliche Tun insgesamt denkt. Ersteres ist wahrscheinlicher – die etwas freiere Übersetzung der Zürcher Bibel mit «dieses Tun» trifft den Sinn gut.

In **9,8** führt Kohelet das Thema Lebensgenuss fort und spricht dabei mit Kleidung und Körperpflege zwei neue Aspekte an. Hinsichtlich Kleidung rät er, stets weisse Kleidung zu tragen. Nach manchen meint er damit Festkleider (vgl. Est 8,15), nach anderen praktische Alltagskleider, mit denen es im heissen Klima besser auszuhalten ist. Ähnlich ist bei Kohelets Ratschlag, stets Öl auf dem Kopf zu haben, strittig, ob er ein nur bei Festen gebrauchtes Luxusprodukt oder aber ein Alltagsprodukt im Blick hat (für den alltäglichen Gebrauch von Salböl vgl. 2Sam 14,2; Mi 6,15; Ps 104,15; für den Gebrauch als Luxusartikel vgl. Am 6,6; Spr 21,17). Die Beantwortung dieser Frage hängt auch davon ab, wie man das einleitende «jederzeit» versteht: Meint Kohelet damit «jeden Tag» oder «immer, wenn sich die Gelegenheit ergibt?» Möglich wäre beides. Da mit dem «Brot» (und dem «Wein») in 9,7 und der «Frau», mit der man das Leben «all die Tage» seines flüchtigen Lebens geniessen soll, in 9,9 eher Alltägliches im Blick ist, liegt diese Interpretation auch in 9,8 näher. Dann geht es Kohelet hier darum, dass man es sich auch im Alltag gut gehen lässt – wohl kaum mit teuren Luxusprodukten, wohl aber mit kleinen Annehmlichkeiten, die im Alltag einen grossen Unterschied machen.

Nach Essen, Trinken, Kleidern und Öl kommt Kohelet in **9,9** schliesslich auf Partnerschaft und Liebe (und damit implizit auch die Sexualität) zu sprechen. Gegenüber 7,26.28 zeigt dieser Vers, dass er kein Frauenfeind ist, dass für ihn die Partnerschaft mit einer Frau vielmehr zum Wertvollsten im Leben gehört. Ähnlich hat er bereits in 4,7–12 auf den hohen Wert menschlicher Gemeinschaft verwiesen. Während er dort aber allgemeiner von Familienangehörigen bzw. «zwei» (und «drei») sprach, geht es ihm hier besonders um die Gemeinschaft zwischen Mann und Frau. Trotz aller Hochschätzung der Frau erweist ihn sein Ratschlag dabei als Patriarchen bzw. als einen, der (zumindest hier) allein zu Männern spricht. Dabei fällt auf, dass er nicht von «*der* Frau, die du liebst» spricht, sondern von «*einer* Frau, die du liebst».

Ob das «all die Tage deines flüchtigen Lebens» die gleiche Frau ist oder nicht, interessiert Kohelet hier nicht. Wichtig ist ihm vielmehr, dass man sein Leben mit jemandem verbringt, den man «liebt» – denn das erlaubt es einem, das Leben zu «geniessen» (im Hebräischen ist hier wörtlich von «sehen» die Rede, womit der Aspekt des Erfahrens bzw. bewussten Erlebens betont ist; Kohelet gebraucht das Verb so sonst v. a. in der Wendung «Gutes geniessen»; vgl. 2,1 u. ö.). Was man machen soll, wenn diese Liebe verkümmert oder in Hass umschlägt (vgl. 3,8; 9,1.6), bleibt offen. Abschliessend hält Kohelet fest, dass «das» – nämlich alle in 9,7–9 genannten Möglichkeiten des Lebensgenusses – «dein Teil» ist (vgl. 2,10; 3,22; 5,17–18). Anders als sonst sagt er hier nicht explizit, dass dieser «Teil» ein Geschenk Gottes ist; implizit aber deutet er den Gedanken an, insofern er unmittelbar zuvor daran erinnert hat, dass «er» es ist, der einem das Leben bzw. die Lebenszeit gibt. Zudem betont Kohelet hier anders als im übrigen Buch, dass dieser «Teil» ein Teil «im Leben» ist. Damit erinnert er daran, dass man als Toter am Leben keinen «Anteil» (*ḥēlæq*) mehr hat und damit auch den «Teil» (*ḥēlæq*) nicht mehr geniessen kann (vgl. 9,6). Dass er dennoch weiss, dass das Leben nicht nur aus Freude und Genuss besteht, macht Kohelet (wie auch andernorts) dadurch klar, dass er parallel zu «im Leben» von «bei deiner Mühe und Arbeit» spricht (im Hebräischen zweimal *ʿāmāl*). Ausführlicher thematisiert er diesen Zusammenhang im nächsten Vers.

In **9,10** macht Kohelet explizit, dass sein Aufruf zur Lebensfreude vor dem Hintergrund seiner vorangehenden Ausführungen über den Tod (vgl. 9,1–6) zu verstehen ist (vgl. so auch in 3,22; 5,17–18; 8,15; 11,9–12,14). Wie bereits in 9,5–6 zählt er dabei auf, was es im Tod alles nicht mehr geben wird. Während er dort mit «Wissen», «Erinnerung», «Lohn» und Emotionen ganz unterschiedliche Aspekte nannte, konzentriert er sich hier mit «Tun», «Planen», «Wissen» und «Weisheit» auf das Tun/Handeln und das Denken/Erkennen. Obwohl Kohelet weiss, dass das menschliche Erkennen begrenzt und das Tun oft mühselig ist, gehört für ihn beides wesentlich zum Menschsein. Auch hier zeigt sich nochmals, dass es ihm bei seinem Lobpreis von Lebensfreude und Genuss nicht um besinnungsloses Vergnügen geht. Freude/Genuss, Reflexion/Weisheit und Handeln/Arbeit gehören für Kohelet vielmehr eng zusammen. (Auf diese Zusammenhänge hat er schon in 1,12–2,26 aufmerksam gemacht. In der Rolle des Königs, der auf einen absoluten «Gewinn» aus war, kam er dabei aber zu negativen Schlüssen). In seiner letzten Aufforderung an seine Zuhörer betont Kohelet das Tun. Wenn er dabei die «Hand» und die «Kraft» erwähnt (Hebräisch wörtlich: «was immer deine Hand zu tun findet, das tu mit deiner Kraft»), geht es ihm nicht unbedingt um körperliche Arbeit (vgl. so in 11,6), sondern primär um Engagement und Tatkraft (vgl. 4,5; 5,5; 7,18; 10,18). Zeigt die Aufforderung zu tatkräftigem Handeln nach dem Aufruf zur Lebensfreude, wie eng für Kohelet beides zusammengehört, so die Bezeichnung von Essen und Trinken als «Tun» in 9,7, dass die Lebensfreude in 9,10 sogar mitgemeint sein kann.

9,11–12 Nicht die Schnellen gewinnen den Wettlauf

11 Wiederum sah ich unter der Sonne: Nicht die Schnellen gewinnen den Wettlauf und nicht die Helden den Kampf, auch nicht die Weisen das Brot und nicht die Verständigen Reichtum und die Einsichtigen Gunst. Denn Zeit und Zufall treffen sie alle. 12 Auch kennt der Mensch nicht seine Zeit: Wie die Fische, die ins tückische Netz geraten, wie die Vögel, die gefangen werden, so werden die Menschen verstrickt zur Zeit des Unglücks, wenn es sie plötzlich überfällt.

Nachdem Kohelet über den Tod nachgedacht hat (vgl. 9,1–6), das eine Geschick, das alle gleichermassen trifft, und daran anschliessend dazu aufgerufen hat, den Teil im Leben zu geniessen, solange man kann (vgl. 9,7–10), konzentriert er sich in **9,11–12** auf Zeiten und Unglücke, die einen bereits zu Lebzeiten treffen können. Damit macht er klar, dass es dem Menschen nicht nur nicht möglich ist, mit seinem Tun die Zukunft zu bestimmen, dass vielmehr bereits die Gegenwart selbst kontingent ist. Zu 9,11 existiert eine frappante Parallele in einem bedeutend älteren babylonischen Text (*Ballad of Early Rulers;* s. o. S. 34).

Kohelet eröffnet seine Überlegungen in **9,11** mit Beispielen: Nacheinander berichtet er von Fällen, in denen den «Schnellen», den «Helden», den «Weisen», den «Verständigen» und den «Einsichtigen» der Erfolg verwehrt blieb. Seine Beispiele bilden nicht die Regel, sondern die Ausnahmen. Doch gerade als solche führen sie vor Augen, dass der Mensch bei noch so geschicktem Handeln keine Erfolgsgarantie hat. Schnelligkeit, Heldenhaftigkeit, Weisheit etc. führen zwar häufig zu Erfolg, aber keineswegs immer. Die beiden Beispiele zu den Schnellen und den Helden dienen Kohelet zur Veranschaulichung der abstrakteren Aussagen über die Weisen, die Verständigen und die Einsichtigen. Wenn er diese mit «Brot», «Reichtum» und «Gunst» in Verbindung bringt, nimmt er damit klassisch weisheitliche Vorstellungen auf (zu Brot/Nahrung vgl. Spr 12,11; 20,13; zu Reichtum vgl. Spr 8,18; 24,4; zu Gunst vgl. 10,12; Spr 3,4; 13,15). Gegenüber der traditionellen Weisheit, die aus wiederholten Alltagsbeobachtungen Regeln dafür abzuleiten sucht, was im Leben zu Glück und Erfolg führt, erinnert Kohelet dabei aber gerade daran, dass Glück und Erfolg der Verfügungsgewalt des Menschen entzogen bleiben. Nach den fünf Beispielen formuliert er diesen Gedanken allgemeiner und spricht davon, dass «Zeit» und «Zufall» alle «trifft». Im nächsten Vers macht Kohelet explizit, dass er v. a. an Unglücke denkt. Hier in 9,11 formuliert er zunächst offener, deutet dies durch die Wortwahl aber bereits an: Mit «Zeit» gebraucht er zwar ein neutrales Wort, doch dieses erinnert an 3,1–8 und damit auch daran, dass es neben den guten auch schlechte Zeiten gibt. «Zufall» wird im nachbiblischen Hebräisch v. a. im negativen Sinn von «schlechtes Ereignis» gebraucht. Im AT begegnet es sonst nur noch in 1Kön 5,18 und zwar ebenfalls in negativer Bedeutung (dort wird «schlecht/böse» allerdings noch eigens gesagt). Das Verb «treffen» (*qr'*) ist an sich neutral, erinnert bei Kohelet aber an das eine «Geschick» (*miqrǣ*) Tod – nicht nur, weil er in 2,14–15 beide Wörter zusammen gebraucht, sondern v. a. auch, weil sie im Hebräischen eng miteinander verwandt sind.

In **9,12** formuliert Kohelet den am Ende von 9,11 angedeuteten Gedanken weiter aus: Immer wieder werden die Menschen von «Unglück» bzw. «Schlechtem» überfallen. Die Sprache Kohelets (vgl. «überfallen», «plötzlich») und die Vergleiche mit Fischen und Vögeln, die in die Falle geraten, sind dramatisch. Sie zeigen, dass Kohelet hier unerwartete Katastrophen vor Augen hat (vgl. ähnlich 5,12–13; 11,2). Zugleich nimmt er mit der Rede von «Netz» und «Falle» auch wieder auf traditionell weisheitliche Aussagen Bezug, nach denen es lediglich die Frevler sind, die derart zu Fall kommen (vgl. Hiob 18,18–20; 22,10; Spr 7,23; 12,12; 22,5). Kohelet weiss, dass das nicht stimmt. Seine Erfahrung zeigt ihm, dass niemand volle Kontrolle hat über sein Leben, dass jeder von Unglück getroffen werden kann – auch Helden, Schnelle, Weise, Verständige, Einsichtige etc. (vgl. 9,11). Wenn er dabei zu Beginn des Verses sagt, dass der Mensch seine Zeit nicht kennt, erinnert er an 3,10–15. Implizit besagt dies, dass man die Zeiten des Unglücks nicht Gott zur Last legen darf, dass vielmehr die Begrenztheit menschlichen Erkennens das Problem ist (wobei er diese in 8,16–17 ja auch als Werk Gottes erwiesen hat). Gott hat alles schön gemacht zu seiner Zeit (vgl. 3,11). Weil der Mensch den Wechsel der Zeiten (vgl. 3,1–8) aber nicht begreift, treffen ihn manche Zeiten unerwartet und werden dann als Unglück erfahren.

9,13–18 Die Weisheit des Armen wird verachtet

13 Auch dieses Beispiel von Weisheit sah ich unter der Sonne, und es erschien mir bedeutend: 14 Es gab einmal eine kleine Stadt mit wenig Leuten darin, und gegen sie zog ein grosser König heran, schloss sie ein und errichtete gewaltige Belagerungstürme gegen sie. 15 Da fand er in ihr einen armen, weisen Mann, und der rettete durch seine Weisheit die Stadt. Aber niemand hat sich jenes Armen erinnert. 16 Da dachte ich: Weisheit ist besser als Stärke, doch die Weisheit des Armen wird verachtet, und auf seine Worte hört man nicht. 17 Auf ruhige Worte von Weisen hört man eher als auf das Geschrei eines Herrschers unter den Toren. 18 Weisheit ist besser als Kriegsgerät, aber ein Einziger, der fehlgeht, kann viel Gutes zerstören.

Nachdem Kohelet in 9,11 dargelegt hat, dass auch die Weisen, die Verständigen und die Einsichtigen keine Garantie haben, im Leben Erfolg zu haben, nimmt er in **9,13–18** erneut die Frage nach dem Wert und den Grenzen von Weisheit auf (vgl. 2,13–17; 6,8; 7,11–12 u. ö.). Sein Urteil ist ambivalent: Verglichen mit Macht besitzt Weisheit durchaus Vorzüge (vgl. auch 7,19). Bei aller Stärke aber ist sie auch schwach, wird sie nämlich häufig gar nicht erst gehört oder wieder vergessen oder sogar zerstört.

In **9,13** eröffnet Kohelet seine Ausführungen mit einer Einleitung in die folgende Beispielerzählung. Von Anfang an macht er dabei klar, dass es um (ein Beispiel von bzw. die Frage nach) «Weisheit» geht (das Wort «Beispiel» steht im Hebräischen nicht; es ist in der Zürcher Bibel ergänzt). Er erhöht dabei die Spannung und Aufmerksamkeit, indem er vorab sagt, dass ihm dieses Beispiel bzw. dieser Fall von Weisheit «bedeutend» erscheint (im Hebräischen wörtlich: «gross»).

In **9,14–15** erzählt Kohelet eine Geschichte, in welcher der Gegensatz zwischen der Grösse eines Königs und der Kleinheit der von ihm belagerten Stadt eine Rolle spielt. In dieser Stadt lebt ein Mann, der durch seine Armut «klein», durch seine Weisheit aber «gross» ist. Die Geschichte endet damit, dass sich niemand (mehr?) an den Mann erinnert. Strittig ist, was vorher geschah: Während gemäss der Interpretation der Zürcher Bibel der arme Mann die Stadt tatsächlich rettete, wird die Geschichte oft so gelesen, dass er sie *hätte* retten können, wenn sich denn jemand an ihn erinnert hätte. Das ist grammatikalisch möglich, wird im Hebräischen aber nicht eigens signalisiert. Zu dieser Interpretation passt allerdings der Schlusssatz nur bedingt, denn auch wenn sich niemand an den Mann «erinnerte», hätte dieser seinen Rettungsplan doch auch von sich aus vorbringen können. Wenn die Stadt nicht gerettet wurde, erwartete man zudem auch noch einen Satz, dass sie tatsächlich in die Hand des Königs fiel (in 9,14 geht es ja erst um die Belagerung). Während so in 9,14–15 die Interpretation, dass die Stadt tatsächlich gerettet wurde, näher liegt, deutet 9,16 in die andere Richtung (s. u.). Letztlich bleibt die Quintessenz bei beiden Interpretationen gleich: An sich ist Weisheit stark (vgl. 7,19; 9,16.18; Spr 21,22; 24,5), doch sie bleibt davon abhängig, was Menschen mit ihr machen. In der Beispielerzählung geht es dabei v. a. um die Frage des Standes (vgl. die zweimalige Betonung, dass der Mann «arm/ein Armer» war). In 9,16 formuliert Kohelet diese Einsicht in allgemeiner Form, um dann in 9,17–18 noch weitere Aspekte zu benennen (in 10,4–7 kommt er auf die Standesfrage zurück, allerdings mit anderen Akzenten).

In **9,16** fasst Kohelet die Quintessenz der Beispielerzählung dahingehend zusammen, dass Weisheit besser ist als Stärke, dass die Weisheit des Armen aber verachtet wird. Diesen zweiten Punkt konkretisiert er damit, dass man auf die Worte des Armen nicht hört. Das passt gut zu der einen Interpretation der Beispielerzählung, wonach der Mann die Stadt hätte retten können, wenn man ihm denn Beachtung geschenkt hätte – ausser, dass in der Erzählung selbst nicht von «hören», sondern von «erinnern» die Rede ist (s. o.). Indem Kohelet hier von «hören» spricht, leitet er zum nächsten Vers über, in dem er darlegt, auf was man als Weiser achten muss, um gehört zu werden. Dass Reiche es bedeutend einfacher haben als Arme, Aufmerksamkeit zu finden, ist ein klassisches Thema der Weisheit (vgl. Spr 14,20; 19,4.7; Sir 13,21–22).

In **9,17** relativiert Kohelet seine Aussage von 9,16: Während er dort sagte, dass die Worte des (weisen) Armen nicht gehört werden, legt er hier dar, dass neben dem Stand noch zwei weitere Faktoren entscheidend sind: nämlich wie und vor wem man diese Worte vorbringt. Dass das unabhängig von der Standesfrage gilt, macht Kohelet damit klar, dass er hier eine Situation schildert, in der die Worte von «Weisen» eher gehört werden als diejenigen eines «Herrschers», dabei aber nicht weiter präzisiert, ob diese Weisen arm sind oder nicht. Nach dem Vorangehenden ist klar, dass dies nicht allein in der Weisheit der Weisen begründet liegt, und entsprechend lässt Kohelet offen, wie es um die Weisheit/Torheit des Herrschers steht. Entscheidend in diesem Vers ist vielmehr, dass die Weisen «ruhige Worte» (bzw. «Worte in Ruhe») vorbringen, während der Herrscher «Geschrei unter den Toren» veranstaltet. Selbst wenn diese Worte an sich weise wären (was Kohelet nicht sagt), erweist das den Herrscher als dumm, denn sowohl die Art seines Vortrags als auch sein Publikum verunmöglichten es selbst bei weisen Worten, dass diese gehört werden. Wenn ein Weiser seine Worte hingegen «in Ruhe» (und vor einem geeigneten Publikum) vorbringt, hat er durchaus eine Chance gehört zu werden – selbst wenn er arm ist, könnte man im Anschluss an die Beispielerzählung (nach der Interpretation der Zürcher Bibel) betonen.

Nachdem Kohelet in 9,17 dargelegt hat, wie man als Weiser doch zu Gehör kommen kann, kommt er in **9,18** auf die Ambivalenz zurück, dass die Weisheit sowohl stark als auch schwach ist. Indem er die Stärke der Weisheit mit einem Vergleich mit Kriegsgerät beschreibt, erinnert er dabei nochmals an die Beispielerzählung von 9,14–15 (sowie an die erste Hälfte von 9,16). Sehr allgemein bleibt hingegen sein zweiter Satz, dass bereits ein Einziger, der fehlgeht, viel Gutes zerstören kann. Im Hebräischen ist dabei deutlicher als im Deutschen, dass mit dem «Guten» die Weisheit (oder ihre Folgen) gemeint ist, wird bei der Qualifikation der Weisheit als «besser» doch dasselbe Wort gebraucht. *Wie* jemand die Weisheit «zerstören» kann, welche Formen des «Fehlgehens» diese Zerstörung bewirken können, lässt Kohelet hier offen. Anders als in 9,15–17 deutet die Formulierung weniger auf das Problem, dass Weisheit vergessen, verachtet und nicht gehört wird, sondern eher auf Fälle, in denen sie zunächst zu Erfolg führte, dieser dann aber durch die Dummheit anderer wieder zunichte gemacht wird. Kohelet belässt es bei der allgemeinen Bemerkung, bei der sich jeder eigene Beispiele ausdenken kann. Wichtig ist ihm, dass es nicht viel braucht: dass «ein Einziger» reicht, um die Weisheit (bzw. den durch sie erreichten Erfolg) zunichte zu machen. Diesen Gedanken setzt er im nächsten Abschnitt fort.

10,1–3 Wertvoller als viel Weisheit ist wenig Torheit

1 Tote Fliegen lassen das Öl des Salbenmischers stinken und gären. Wertvoller als Weisheit und Ehre ist wenig Torheit. 2 Der Weise hat den Verstand zu seiner Rechten, der Tor hat den Verstand zu seiner Linken. 3 Und wenn der Tor unterwegs ist, fehlt es ihm an Verstand. Er aber denkt von jedem: Er ist ein Tor.

Besonders der erste Vers von **10,1–3** zeigt, dass Kohelet hier eng an den vorangehenden Abschnitt anschliesst. Manche verstehen 10,1 oder auch alle drei Verse daher als Abschluss des vorangehenden Abschnitts. Anders als zuvor geht es in diesen drei Versen aber weniger um die Weisheit, sondern v.a. um die Torheit. Davon ist auch im Fortgang des Kapitels die Rede; insbesondere 10,12–15 ähnelt 10,1–3 in manchem. Dazwischen aber folgen zwei je eigene Abschnitte, und daher versteht man am besten auch 10,1–3 als solchen.

Während nach allgemeinem Menschenverstand Weisheit wertvoller ist als Torheit, formuliert Kohelet in **10,1**, dass wenig Torheit wertvoller ist als Weisheit und Ehre. Das Bild von den toten Fliegen, die das Öl des Salbenmischers verderben, zeigt, dass es ihm dabei um die Gefahr geht, die von Torheit ausgeht: An sich ist sie so wertlos wie tote Fliegen; wie diese ist sie in ihrem zerstörerischen Potenzial aber auch mächtig. Wenn Kohelet in der zweiten Vershälfte wenig Torheit als «wertvoll» qualifiziert, spielt er damit vielleicht auf entsprechende Aussagen über die Weisheit an (vgl. Hiob 28,16; Spr 3,15; 24,4). Vermutlich geht es ihm dabei nicht darum, dass bereits wenig Torheit Weisheit und Ehre zerstören kann (dazu müsste man «wertvoll» im Sinn von «gewichtig/mächtig» interpretieren), sondern darum, dass man sich weniger um Weisheit und Ehre kümmern sollte, sondern eher um die Torheit und darum, dass diese sich in Grenzen hält. Vielleicht geht es ihm dabei darum, dass man nicht (nur) die Elite (weiter-)bilden soll, sondern zuallererst das breite Volk (vgl. 12,9).

In **10,2–3** führt Kohelet weiter aus, wie gefährlich Torheit ist. Zwar hat der Tor wie der Weise einen «Verstand» (wörtlich: «Herz»), dieser ist aber nicht zu seiner «Rechten», sondern zu seiner «Linken» – offenbar am falschen Ort. (Dass rechts und links im AT mit Wertungen verbunden sind, zeigt besonders deutlich Gen 48,14; vgl. weiter Jes 62,8; Jon 4,11; Ps 110,1; Mt 25,33.) Entsprechend ist der Verstand des Toren «mangelhaft» (die Übersetzung «fehlt es ihm an Verstand» ist frei, aber treffend). Kohelet hebt dabei besonders die Situation des Toren, der «unterwegs» (wörtlich: «auf dem Weg») ist, hervor. Das hat vermutlich damit zu tun, dass «Weg» im Hebräischen (wie ähnlich ja auch im Deutschen) auch eine Metapher für den Lebensweg ist (zum «Gehen» bzw. «Weg» des Tors vgl. auch 2,14; 10,15). Das Bild schliesst auch gut an die Nennung von rechts und links an, impliziert beides zusammen doch, dass sich der Tor auf dem falschen Weg befindet (vgl. 10,15). Nach 10,1 (sowie bereits 9,18) ist zu vermuten, dass es Kohelet auch darum geht, dass ein Tor, der «auf dem Weg» ist, auch eine Gefahr für andere darstellt. Auf Begegnungen mit anderen spielt er mit der letzten Bemerkung an. Hier aber geht es ihm v.a. um die Unbelehrbarkeit des Toren, der sich auch von der Weisheit anderer nicht auf den rechten Weg bringen lässt. Das Hebräische ist dabei so formuliert, dass offenbleibt, ob sich das Urteil des Toren («er ist ein Tor») auf andere oder auf sich selbst bezieht. Und genau darum geht es: Indem er von allen anderen denkt, dass sie Toren sind, gibt er sich selbst als ein solcher zu erkennen (vgl. Spr 12,23; 15,2; 18,2; vgl. auch Koh 10,12).

10,4–7 Die Torheit ist in höchste Würden eingesetzt

4 Wenn der Unmut des Herrschers sich gegen dich erhebt, gib deinen Platz nicht auf; denn Gelassenheit deckt grosse Verfehlungen zu. 5 Da ist ein Übel, das ich sah unter der Sonne, ein Fehler, wie ihn ein Machthaber begeht: 6 Die Torheit ist in höchste Würden eingesetzt, und Reiche sitzen unten. 7 Ich sah Knechte hoch zu Ross und Fürsten, die wie Knechte zu Fuss gehen mussten.

Nach seinen Reflexionen über die Gefahren der Torheit und die Uneinsichtigkeit des Toren (vgl. 10,1–3) kommt Kohelet in **10,4–7** wieder auf die Frage des Zusammenhangs zwischen Weisheit/Torheit und Stand zurück (vgl. 9,14–17). Wenn er dabei von Unmut und Fehlern des Machthabers spricht und davon, dass die Torheit in höchste Ehren eingesetzt sei, erinnert das an ähnliche Aussagen anderswo in seinem Buch (vgl. 4,13; 9,17; 10,16). Dann aber macht er plötzlich Aussagen, in denen es um die Umkehrung der gesellschaftlichen Verhältnisse geht. Vor allem 10,7 lässt vermuten, dass Kohelet nicht diese als «Übel» erachtet, sondern eher diejenigen, die in entsprechenden Kategorien denken.

Wie zuletzt in 9,7–10 wendet sich Kohelet in **10,4** wieder in direkter Du-Anrede an seine Zuhörer. Während die Aufforderung dort zeigte, dass er sich primär an Männer richtet, so diese hier, dass er die Oberschicht im Auge hat: diejenigen, die einen direkten Zugang zum Herrscher haben (vgl. so auch in 8,2–5; anders dann aber wieder in 11,6, wo er die anspricht, die säen). Anders als in 8,2–5 zielt die Mahnung hier nicht darauf, den Unmut des Herrschers zu vermeiden, sondern darauf, diesen unbeschadet zu überstehen (ähnlich wie in 7,8 gebraucht Kohelet im Hebräischen das Wort «Wind/Geist», um die Stimmung des Herrschers zu beschreiben. Durch das Verb ist klar, dass er einen schlechten «Geist» bzw. eben einen «*Un*mut» meint). Ähnlich wie in 8,3 rät Kohelet, in solch einer Situation auszuharren. Wenn er dabei vom «Platz» spricht, den man nicht verlassen bzw. aufgeben soll, denkt er wohl besonders an den Platz an der Tafel des Herrschers (vgl. 10,6; 1Sam 9,22; 20,25). Schwieriger zu verstehen ist Kohelets Begründung. Unklar ist zunächst, was er mit «Gelassenheit» meint. Von der Grundbedeutung her bedeutet das so übersetzte Wort «Heilung»; häufig aber wird es in Bezug auf weise bzw. beruhigende Worte etc. gebraucht (z. B. Spr 4,22; 12,18; 15,4; 16,24). Entsprechend ist wohl auch hier an gelassene Worte oder eine gelassene Haltung (vgl. Spr 14,30) zu denken (vgl. ähnlich die «ruhigen Worte» in 9,17; der Sache nach ähnlich auch Spr 16,14; 25,15; Sir 8,1; 20,27–28). Höchst doppeldeutig ist sodann Kohelets Beschreibung des Zwecks solcher Gelassenheit. Zum einen lässt er offen, ob er an die Verfehlungen des Königs denkt oder an diejenigen seines Zuhörers. Darüber hinaus lässt er durch die Wahl seines Verbs – es ist dasselbe, das die Zürcher Bibel in der ersten Vershälfte mit «aufgeben» übersetzt – verschiedene Interpretationen zu, was Gelassenheit mit solchen Verfehlungen machen kann. Andernorts im Buch gebraucht Kohelet das Verb in der Bedeutung von «hinterlassen» (vgl. 2,18), «(zu)lassen» (vgl. 5,11), «ablassen» (vgl. 7,18) und «ruhen lassen» (vgl. 11,6). Geht es ihm hier darum, dass Gelassenheit die Verfehlungen (= den Unmut?) des Königs verringern (bzw. beschwichtigen) kann? Oder gar verhindern? Oder denkt er an die eigenen Verfehlungen, die man durch Gelassenheit «ruhen lassen» (sprich überdecken) kann? Vielleicht formuliert Kohelet hier bewusst mehrdeutig, um damit anzudeuten, dass man mit Gelassenheit den Unmut des Königs zwar besänftigen kann, die Verfehlung (ob die eigenen oder diejenigen des Königs) dabei aber letztlich «bestehen lässt» (so eine der Grundbedeutungen des Verbs). Die nächsten beiden Verse zeigen, dass diese Interpretation viel für sich hat.

In **10,5–7** spricht Kohelet von einem weiteren «Übel», das er unter der Sonne sah (vgl. 5,12.15; 6,1). Im Einzelnen beschreibt er dieses Übel recht verschieden. In der ersten Hälfte von **10,6** spricht er zunächst davon, dass «die Torheit» (oder auch: «der Tor») in «höchste Ehren» eingesetzt ist. Das klingt zunächst nach einer Kritik am Herrscher (vgl. 4,13; allgemeiner auch 9,17; 10,16). Insofern Kohelet dabei für «höchste Ehren» ein Wort gebraucht, dessen Grundbedeutung «hoher *Platz*» ist, erinnert seine Aussage aber auch an 10,4 und kann als Kritik an den hohen Beamten im Umkreis des Königs gelesen werden. Dazu passt sowohl, dass Kohelet in 10,6 das Verb «ist eingesetzt» gebraucht, als auch, dass er in 10,5 von einem «Fehler» spricht, «wie ihn ein Machthaber begeht» (oder wörtlicher: «der vom Machthaber ausgeht»). Auch gemäss diesem Verständnis kritisiert Kohelet den Herrscher, aber nicht direkt wegen dessen Torheit, sondern weil er die hohen Posten mit falschen Leuten besetzt (was auch ein Zeichen von Torheit ist). Liest man die Stelle so, zeigte Kohelet im Nachhinein, dass er auch diejenigen nicht von Kritik verschont, die er in 10,4 direkt ansprach. Das erhärtet die Vermutung, dass sein Ratschlag tatsächlich zynisch gemeint war (verhalte dich gelassen, dann kannst du trotz deiner Fehler in der hohen Stellung bleiben, die du eigentlich nicht verdienst). In 10,5 ist weiter die Wortwahl bei «Fehler» interessant: Wie in 5,5 gebraucht Kohelet hier das Wort *šᵉgāgā*, das v.a. aus der priesterlichen Literatur bekannt ist und dort ein unbeabsichtigtes Versehen im Unterschied zu bewussten Vergehen bezeichnet. Nach der Erwähnung von «grossen Verfehlungen» (bzw. «Sünden») in 10,4 ist zu vermuten, dass es ihm hier auch um diesen Unterschied zwischen grossen/bewussten und kleinen/unbewussten Vergehen geht. Dabei fällt auf, dass bei ihm die Auswirkungen dieser Verfehlungen disproportional sind: dass die «grossen Verfehlungen» keine Folgen haben, wohl aber die kleinen «Fehler». Kritisiert er damit die priesterliche Unterscheidung? Oder bringt er nochmals ein Beispiel dafür, dass auch Kleines eine desaströse Wirkung haben kann (vgl. 9,18; 10,1)? Falls es ihm um diesen letzten Punkt geht, zeigte sich auch hier nochmals, dass 10,4 ironisch gemeint war, denn mit «Gelassenheit» erreicht man vielleicht, dass man die eigene Stellung bewahrt; um den Herrscher von Fehlentscheidungen zu schützen, müsste man aber proaktiv handeln.

Auf den ersten Blick setzen die zweite Hälfte von **10,6** und **10,7** den Gedanken aus der ersten Hälfte von 10,6 fort, geht es doch auch hier darum, dass Positionen falsch besetzt sind. In diesen Versen sind die Kriterien allerdings nicht mehr Weisheit/Torheit, sondern Reichtum/Armut und der gesellschaftlicher Rang. Der Wechsel ist besonders in 10,6 eklatant, denn nach der Erwähnung der «Torheit» hätte man hier eine Aussage über die «Weisheit» oder den «Weisen» erwartet. Stattdessen spricht Kohelet von «Reichen» und davon, dass sie «unten sitzen» (wobei er wie in 10,4 über eine Anspielung auf den Platz an der Tafel des Herrschers auf die gesellschaftliche Stellung verweist). Während eine solche Gleichsetzung von Weisheit mit Reichtum in der traditionellen Weisheit gängig ist, hat Kohelet sie an anderen Stellen kritisiert (vgl. 4,13; 9,15–16). Warum interessiert er sich hier plötzlich dafür, ob Reiche «unten» oder «oben» sitzen? Derart skeptisch gemacht, fällt einem in 10,7 auf, dass Kohelet Situationen beschreibt, die alles andere als ungewöhnlich sind: Obwohl man eher «Fürsten» mit Pferden verbindet als «Knechte», ist es nur natürlich, dass manchmal auch Knechte reiten und Fürsten zu Fuss gehen – bzw. «auf der Erde gehen», wie es im Hebräischen hier wörtlich heisst. Vor allem dieser letzte Satz lässt vermuten, dass Kohelet hier gar nicht die Umkehrung der Verhältnisse beklagt, sondern sich im Gegenteil über die lustig macht, die elitär davon ausgehen, dass gewöhnliche Menschen «unten» zu bleiben haben (vgl. Spr 19,10; 30,22–23). Möglicherweise geht es ihm dabei darum, dass allein die Weisheit das Kriterium sein sollte (vgl. Spr 17,2; Sir 10,25; 11,1.5–6). Oder aber, und das scheint wahrscheinlicher, er erinnert noch einmal daran, dass man sich allenfalls beim König einen besonderen «Platz» reservieren kann (vgl. 10,4), nicht aber bei Gott bzw. im gewöhnlichen Leben (vgl. 10,8–11).

10,8–11 Wer eine Grube gräbt, kann hineinfallen

8 Wer eine Grube gräbt, kann hineinfallen, und wer eine Mauer einreisst, den kann eine Schlange beissen. 9 Wer Steine bricht, kann sich wehtun dabei, wer Holz spaltet, bringt sich in Gefahr. 10 Wird das Eisen stumpf, und man schärft seine Schneide nicht, so braucht man mehr Kraft. Weisheit aber ist der Vorteil dessen, der kundig ist. 11 Doch wenn die Schlange vor der Beschwörung beisst, so hat der Beschwörer keinen Gewinn.

Mit dem ersten Satz von **10,8–11** erinnert Kohelet an die Lehre vom Tun-Ergehen-Zusammenhang – wohl bewusst, um entsprechende Erwartungen im Fortgang zu enttäuschen. In den folgenden Beispielen bringt er nämlich keine Regeln, wie man das Leben erfolgreich meistern kann, sondern Beispiele für die Gefahren, die einem im Berufsalltag drohen. Damit kritisiert er die klassische Weisheit gleich doppelt: Zum einen macht er darauf aufmerksam, dass es neben den (Langzeit-)Folgen guten bzw. schlechten Verhaltens viel grundlegender noch andere «Folgen» von Handlungen zu bedenken gilt: die Gefahren, die unmittelbar mit ihnen einhergehen. Und zum anderen legt er dabei auch dar, dass Weisheit (im Sinn von Sachverstand) dabei zwar von Vorteil ist, einem letztlich aber auch nicht ermöglicht, diese Gefahren zu eliminieren.

In **10,8** eröffnet Kohelet seine Reihe von Berufsunfällen geschickt mit dem Verweis auf das Graben einer Grube und das Hineinfallen in diese. Das erinnert an den bereits im Hebräischen zum Sprichwort gewordenen Satz «Wer andern eine Grube gräbt, fällt selbst hinein» (vgl. Ps 7,16; 9,16; 35,7–8; 57,7; Spr 26,27; 28,10; Sir 27,26) – ein Beispiel dafür, dass böses Verhalten auf einen selbst zurückfällt (vgl. Sir 27,27: «Wer Unrecht tut, auf den rollt es zurück»). Die damit verbundene Vorstellung, dass man sich mit anständigem Verhalten das Wohlergehen sichern kann, teilt Kohelet nun aber gerade nicht (vgl. 7,15; 8,10–14; 9,2). In diesem Abschnitt zeigt er das, indem er mit den folgenden Beispielen daran erinnert, wie einfach sich Unglücke im Alltag ereignen, ohne, dass man etwas dafür kann oder etwas dagegen machen könnte. Kohelet macht das bereits mit seinem zweiten Beispiel deutlich: Wer eine Mauer einreisst, läuft Gefahr, von einer Schlange gebissen zu werden. Das hat weder mit Unvorsichtigkeit zu tun noch damit, dass das Einreissen von Mauern schlecht wäre, sondern schlicht damit, dass Schlangen sich gern in Steinmauern aufhalten (vgl. Am 5,19), weshalb das Niederreissen solcher Mauern gefährlich ist. Gleiches gilt auch beim Graben vom Gruben: Insbesondere, wenn diese nachher überdeckt werden (wie im Fall von Gruben als Fallen für Tiere – das der Hintergrund auch beim traditionellen Sprichwort), besteht die Gefahr, dass man in sie hineinfällt.

In **10,9** bringt Kohelet zwei weitere Beispiele. Sowohl Stein brechen (vgl. 1Kön 5,31) als auch Holz spalten (vgl. Gen 22,3; 1Sam 6,14) sind gefährliche Tätigkeiten, und so besteht bei beiden die Gefahr, dass man sich verletzt (zu den Gefahren im Umgang mit Holz vgl. auch Dtn 19,5).

Anders als in den beiden Versen zuvor und demjenigen danach spricht Kohelet in **10,10** nicht von den Gefahren im Zusammenhang des Berufsalltags – sosehr er die Erwartungen am Anfang des Verses in diese Richtung lenkt, wenn er hier von einem stumpf gewordenen «Eisen» spricht, dessen «Schneide» man nicht schärft. Obwohl er damit das Werkzeug nennt, das man zum Fällen von Bäumen und Brechen von Stein braucht (vgl. Dtn 19,5; 27,5), geht es ihm hier anders als in 10,9 nicht mehr um die mit diesen Tätigkeiten (und schlecht gepflegtem Werkzeug) verbundenen Gefahren, sondern darum, dass man sich mit Sachverstand Arbeit erspart: Wer sein Werkzeug nicht gut im Stand hält, braucht mehr Kraft als der, der es gut pflegt. Entsprechend bezeichnet Kohelet einen solchen Sachverstand als «Weisheit» und einen «Vorteil» (*jitrōn*). Die Zürcher Bibel folgt an dieser Stelle dem Verständnis einiger antiker Übersetzungen; im Hebräischen heisst es wörtlich «Ein Vorteil ist es, Weisheit anzuwenden». Es bleibt aber dabei, dass Kohelet in diesem Vers positiv über die Weisheit spricht bzw. darlegt, dass Sachverstand im Berufsleben von Vorteil ist. In welchem Zusammenhang diese Binsenweisheit zu seinen vorangehenden Ausführungen über die Gefahren im Berufsleben steht, zeigt er im nächsten Vers.

In kritischer Fortführung von 10,10 legt Kohelet in **10,11** mit einem Beispiel dar, dass der «Vorteil» von Sachverstand/Weisheit seine Grenzen hat: Ein Schlangenbeschwörer – ein «Herr der Zunge», wie Kohelet hier (in Anspielung auf 10,12–14?) wörtlich formuliert – mag noch so geschickt sein, auch er kann von der Schlange gebissen werden und hat dann keinen «Gewinn» (wieder verwendet Kohelet hier das Wort *jitrōn*). Sosehr Sachverstand/Weisheit von Vorteil ist, lässt sich das Risiko von Berufsunfällen nicht eliminieren. Dass Kohelet in seinem letzten Beispiel gerade den ausgefallenen Beruf des Schlangenbeschwörers wählt, hat vielleicht damit zu tun, dass die Unberechenbarkeit von Erfolg hier offensichtlicher ist als bei gewöhnlichen Berufen (vgl. Jer 8,17; Ps 58,5–6; Sir 12,13). Darüber hinaus schlägt er so den Bogen zurück zu 10,8, wo er ebenfalls schon von der Gefahr sprach, von einer Schlange gebissen zu werden.

10,12–15 Die Mühe des Toren ermüdet ihn

12 Dem Weisen bringen die Worte seines Mundes Gunst, den Toren aber verschlingen seine eigenen Lippen. 13 Mit Torheit beginnt er zu reden, mit schlimmer Verblendung hört er zu reden auf. 14 Und der Tor macht viele Worte. Der Mensch weiss nicht, was geschehen wird. Und was künftig sein wird, wer würde es ihm kundtun? 15 Den Toren ermüdet seine Mühe, den Weg zur Stadt findet er nicht.

Nach seinen zahlreichen kritischen Äusserungen über die Weisheit (vgl. 9,13–10,11) stellt Kohelet mit **10,12–15** klar, dass seine Kritik an der Weisheit nicht heisst, dass er der Torheit den Vorrang gibt. Seine Ausführungen zeigen, dass er Torheit für gefährlich hält. Insofern er sich dabei v.a. auch darüber mokiert, dass Toren zu viel reden und behaupten, etwas über die Zukunft zu wissen, ist seine Kritik an der Torheit aber gleichzeitig nochmals eine Kritik an der (Pseudo-)Weisheit.

In **10,12** beginnt Kohelet seine Ausführungen über die Torheit in traditioneller Art damit, dass er die Worte des Toren mit den Worten des Weisen vergleicht (vgl. Spr 10,32; 15,2; Sir 21,16). Im Hebräischen bleibt offen, inwiefern «die Worte» des Weisen mit «Gunst» verbunden sind. Naheliegend ist die Interpretation (vgl. die Übersetzung der Zürcher Bibel), dass sie dem Weisen «Gunst» bringen, möglich wäre aber auch, dass sie mit «Gunst» aufgenommen werden (vgl. 9,17) oder für andere angenehm sind (vgl. Spr 12,18; 22,11). Jedenfalls spricht Kohelet hier traditioneller als anderswo in seinem Buch, wo er darlegte, dass auch dem Weisen/Einsichtigen die «Gunst» nicht zugesichert ist (vgl. 9,11) und die Worte mancher Weisen verachtet werden (vgl. 9,16). Doch das ist hier nicht sein Thema. Von den Worten des Weisen redet er hier nur, um über den Vergleich darlegen zu können, wie schlecht die Worte des Toren sind. Anstelle von «Worten» spricht er dabei von «Lippen» – vielleicht auch, um bereits mit dieser Wortwahl anzudeuten, dass er die Worte des Toren für leeres Geschwätz hält (von «Lippen» ist in der Weisheitsliteratur auch positiv die Rede, sehr viel häufiger aber negativ; vgl. z.B. Hiob 11,2; Spr 14,23). Zudem erlaubt ihm die Rede von den «Lippen» dann metaphorisch davon zu sprechen, dass diese den Toren «verschlingen». Ähnlich wird in der traditionellen Weisheit häufig formuliert, dass die Worte des Toren ihn ins Verderben bringen (vgl. Spr 10,8.10; 12,13; 14,3; 18,6–7). Mit der Metapher des «Verschlingens» deutet Kohelet darüber hinaus an, dass solche Worte eine Eigendynamik bekommen und nicht mehr zu stoppen sind (vgl. 10,14).

Nach den negativen Folgen der Worte des Toren (vgl. 10,12) spricht Kohelet in **10,13** und der ersten Hälfte von **10,14** über diese Worte selbst und disqualifiziert sie hinsichtlich Qualität und Quantität. In 10,13 geht es primär um die Qualität der Worte des Toren. Wenn Kohelet diese mit dem Stichwort «Torheit» abqualifiziert, sagt er allerdings nichts Neues; und auch das Stichwort «Verblendung» führt inhaltlich kaum weiter, verwendet er die beiden Wörter doch oft synonym (vgl. 1,17; 2,12; 7,25). Kohelets Hauptpunkt ist denn auch nicht diese Qualifikation selbst, ihm geht es primär darum, dass die Worte des Toren von «Anfang» bis «Ende» (so im Hebräischen wörtlich; vgl. die etwas freiere Übersetzung der Zürcher Bibel mit «beginnen» und «aufhören»), d.h. durch und durch, töricht sind. Das ist umso schlimmer, weil der Tor auch noch viel redet (vgl. 5,2; 6,11) – wörtlich sagt Kohelet in 10,14 hinsichtlich Quantität, dass der Tor die Worte «vermehrt». Vermutlich geht es ihm dabei auch darum, dass alle, die Worte «vermehren», Toren sind – auch diejenigen, die meinen, sie seien Weise (vgl. 10,3).

Die zweite Hälfte von **10,14** deutet darauf hin, dass Kohelet ganz bestimmte Toren im Blick hat: Jene, die vorgeben, etwas über die Zukunft zu wissen. Dass das nicht stimmt, dass kein Mensch wissen kann, was die Zukunft bringt, hat er schon mehrfach betont (vgl. 3,21; 7,14; 8,7; 9,1.11) – häufig wie hier über eine rhetorische Frage, die darauf zielt, dass niemand einem solches Wissen vermitteln kann (vgl. 3,22; 6,12; 8,7).

In **10,15** beschliesst Kohelet seine kritischen Ausführungen über die Torheit, indem er darlegt, wie lebensunfähig sie den Toren macht. Das Leben bzw. die alltägliche «Mühe/Arbeit» (*ʿāmāl*) ist grundsätzlich schon anstrengend (vgl. 5,11) – den Toren aber «ermüdet» sie besonders, denn ihm fällt es schwer, sich im Alltag zurechtzufinden. Kohelet erläutert das über das Beispiel, dass der Tor schon den Weg in die Stadt nicht findet. Eine ähnliche Wendung ist aus dem Ägyptischen bekannt und bedeutet dort «sein Ziel nicht erreichen». Kohelet betont hier nochmals das Wissen (wörtlich: der Tor «weiss nicht, in die Stadt zu gehen»). Implizit macht er sich damit auch nochmals über den Anspruch der (sich weise fühlenden) Toren lustig, etwas über die Zukunft zu wissen (vgl. 10,14).

10,16–20 Das Geld macht alles möglich

16 Weh dir, du Land, dessen König ein Knabe ist und dessen Fürsten schon am Morgen tafeln. 17 Wohl dir, du Land, dessen König ein Edler ist und dessen Fürsten zur rechten Zeit tafeln, um sich zu stärken und nicht, um sich zu betrinken. 18 Wo Trägheit wohnt, senkt sich das Gebälk, und wo die Hände müssig sind, tropft es ins Haus. 19 Zum Vergnügen bereiten sie das Mahl, und der Wein erfreut das Leben, und das Geld macht alles möglich. 20 Auch in Gedanken schmähe nicht den König, auch in deiner Schlafkammer schmähe nicht

den Reichen; denn die Vögel des Himmels könnten den Laut forttragen, und was Flügel hat, könnte das Wort verraten.

In **10,16–20** setzt Kohelet seine Kritik an den Herrschaftsverhältnissen seiner Zeit fort (vgl. bereits 5,7–8; 8,1–9; 10,4–7). Hier geht es ihm um den Lebenswandel der «Edlen», um ihre Ausschweifungen und ihre Trägheit. Seine Ermahnung im letzten Vers klingt wieder sehr opportunistisch, karikiert aber vielleicht auch überängstliches Verhalten.

In **10,16–17** kontrastiert Kohelet zwei Formen von Regierungen, die sich sowohl durch das Alter oder die soziale Herkunft des Königs als auch durch den Lebenswandel der Fürsten unterscheiden. Dabei wendet er sich zweimal in direkter Du-Anrede an das entsprechend regierte «Land» – was sicher auch die Untertanen einschliesst –, das er entweder bemitleidet («wehe dir…») oder glücklich preist («wohl dir…»). Bei der Beschreibung des schlechten Königs ist unklar, ob es ihm um dessen Alter oder um dessen soziale Herkunft geht – das hebräische Wort *na'ar* lässt als Übersetzung sowohl «Knabe» als auch «Knecht» zu. Da Kohelet den guten König als «Edlen» bzw. «Vornehmen» beschreibt, liegt eine Interpretation, die sich auf den Stand bezieht («Knecht»), näher. Das erinnert an 10,7, wo Kohelet sich über die Umkehrung der Verhältnisse beklagt hat – allerdings vermutlich nur vordergründig (und unter Gebrauch eines anderen Wortes für «Knecht»). Insofern zieht man besser auch eine Interpretation, die sich auf das Alter bezieht («Knabe»), in Betracht. Manche argumentieren dabei mit König Ptolemaios V. Epiphanes, der 204 v. Chr. als Fünfjähriger auf den Thron kam. Dass Kohelet darauf anspielt, ist möglich, aber lediglich eine Hypothese. Während es nach 1Kön 3,7 kein (grosses) Problem ist, dass Salomo noch ein «Knabe» (*na'ar*) ist, zeigen Jes 3,4 (mit *na'ar*) und Jes 3,12 (mit einem anderen Wort), dass zu junge Herrscher als Problem gesehen wurden. Dass Kohelet in 4,13 ein «Kind» einem alten König vorzieht, spricht nicht dagegen, dass er hier die Jugendlichkeit des Herrschers kritisiert, denn dort geht es ihm um ein «weises» Kind im Unterschied zu einem «törichten» Herrscher, während er hier wohl an einen unerfahrenen und deshalb auch unbesonnenen König denkt (vgl. Spr 1,4).

Bei der Beschreibung der Fürsten kontrastiert Kohelet die, die schon am Morgen «essen», mit denen, die zur rechten Zeit «essen». Spätestens der Nachsatz «um sich zu stärken und nicht um sich zu betrinken» zeigt, dass es ihm dabei nicht ums «Essen» an sich geht, sondern ums «Tafeln» (wie die Zürcher Bibel treffend übersetzt) bzw. um Festgelage, bei denen auch viel getrunken wird. Dagegen hat Kohelet an sich nichts, wie seine zahlreichen positiven Aussagen über Essen und Trinken zeigen. Doch wie alles (vgl. 3,1) hat auch Essen und Trinken seine «Zeit» – und das ist nicht der Morgen (vgl. Jes 5,11). Schwieriger zu verstehen ist seine zweite positive Beschreibung des Ess- und Trinkverhaltens der guten Fürsten. Die hebräische Wendung, die die Zürcher Bibel mit «um sich zu stärken und nicht, um sich zu betrinken» übersetzt, lautet im Hebräischen wörtlich «in/als Kraft und nicht in/als Trinken». Wie auch immer man den Satz genau versteht, er klingt zunächst wie eine Grundsatzkritik am Trinken alkoholischer Getränke (vgl. so für Könige und Mächtige Spr 31,4–5). Das aber passt nicht zu Kohelet, der sonst sehr positiv über das Trinken und den Wein spricht. Will man ihm den Satz nicht absprechen (was manche tun), muss man diesen als Kritik an besonders ausschweifenden Trinkgelagen verstehen. Beim Verweis auf die «Kraft» könnte es Kohelet darum gehen, dass man bei zu exzessivem Trinken die Beherrschung verliert (dass das nicht nötig ist, zeigt 2,3) oder sich selbst schwächt. Aufgrund enger terminologischer Berührungen mit Jes 5,22 (neben «Trinken» und «Gelage» sind im Hebräischen auch «Helden» und «Stärkung» eng miteinander verwandt) vermuten manche, dass Kohelet sich hier vielleicht auch subtil über aristokratische «Helden» lustig macht.

In **10,18** kritisiert Kohelet die «Trägheit» bzw. Faulheit. Dass faules Verhalten negative Konsequenzen hat, ist ein klassisches Thema der Weisheit (z. B. Spr 6,6–11; 19,15; 20,4; 21,25; 24,30–34). Kohelet selbst äusserte sich bereits in 4,5 kritisch über Faulheit und brachte sie mit dem Toren in Verbindung. Hier allerdings stellt sich die Frage, warum er nach seinem Vergleich guter und schlechter Herrscher auf die Faulheit und deren Folgen fürs «Gebälk» und «Haus» zu sprechen kommt (zum tropfenden Dach vgl. Spr 19,13; 27,15). Überzeugend ist der Vorschlag, dass er bei «Haus» hier an den Staat denkt (der in ptolemäischer Zeit tatsächlich als *oikia*, d. h. als «Haushalt», bezeichnet wurde). Demnach setzt Kohelet hier seine Kritik an den schlechten Herrschern fort und deutet über sein Bild an, dass sie mit ihrer Trägheit den ganzen Staat verlottern lassen und diesen so in Gefahr bringen, einzustürzen.

In **10,19** spricht Kohelet über eine nicht weiter präzisierte «sie»-Gruppe. Entweder meint er das im allgemeinen Sinn von «man» oder er verweist mit «sie» auf die in 10,16–17 genannten «Fürsten». Die ersten beiden Teile in seinem Satz klingen zunächst positiv, der dritte aber lässt vermuten, dass Kohelet auch hier kritisch ist. «Geld macht alles möglich» ist nämlich bestimmt nicht seine Meinung – das hat er ja u. a. über die Königsfiktion dargelegt (vgl. 1,12–2,26; weiter 5,9–6,9). Derart für mögliche Kritik sensibel gemacht, fällt einem auf, dass Kohelet auch bei den ersten beiden Teilen des Satzes anders formuliert als sonst. Es beginnt damit, dass er hier nicht wie sonst von «essen» und «trinken» spricht, sondern (allein) von «Brot» (im Sinn von «Mahl») und «Wein». Weiter fällt auf, dass er im ersten Teil nicht die «Freude» erwähnt, sondern das «Vergnügen/Lachen», das er in 2,2 und 7,6 mit Torheit assoziiert hat. Interessant ist sodann der Vergleich mit 9,7: Beschrieb Kohelet dort die Freude als etwas, das Essen und Trinken von Anfang an begleitet, so geht es nach den Formulierungen hier darum, mit Essen und Trinken Vergnügen und Freude zu gewinnen. Diese feinen Unterschiede wie v. a. auch der Satz über das Geld deuten darauf, dass Kohelet hier eine Lebensphilosophie beschreibt, die seiner eigenen auf den ersten Blick zwar gleicht, sich bei genauerem Hinsehen aber fundamental von ihr unterscheidet. Nicht zufällig spricht er hier über «sie» und zeigt damit, dass er selbst nicht zu diesen gehört. Seine Beschreibung ist eine implizite Kritik an solchen, die im Leben einzig auf ihr Vergnügen bedacht sind und meinen, sich mit Geld alles kaufen zu können. Das erinnert stark an die in 10,16(–17) beschriebenen schlechten Fürsten – offenbar gilt Kohelets Kritik weiterhin ihnen. Dass er hier nicht mehr zwischen guten und schlechten Fürsten unterscheidet, besagt wohl nicht, dass für ihn alle Fürsten schlecht sind, sondern hat damit zu tun, dass er sich in diesem Abschnitt auf die Missstände konzentriert.

In **10,20** beschliesst Kohelet den Abschnitt mit einer in direkter Du-Anrede ergehenden Ermahnung. Der Zusammenhang zum Vorangehenden ist durch die Stichwörter «König» und «Reicher» gegeben und dadurch, dass Kohelet hier über Kritik an diesen spricht. Nach seiner eigenen Kritik kommt sein Ratschlag, keine offene Kritik zu äussern, allerdings unvermittelt. Zudem wirkt der Ratschlag bei genauerem Hinsehen ziemlich absurd, rät Kohelet hier doch nicht nur davon ab, sich kritisch zu äussern, sondern auch davon, kritisch zu denken, und begründet das damit, dass Vögel einen sonst verraten könnten (eine sehr ähnliche Mahnung findet sich in den Sprüchen Achiqars 6,3–4 bzw. 10,3–4, vgl. TUAT 3, 336). Möglich wäre natürlich, dass «Vögel» und «was Flügel hat» verdeckte Hinweise auf Spitzel oder Zuträger sind, oder dass Kohelet darauf aufmerksam machen will, dass negatives Gerede immer von irgendjemandem verraten wird (vgl. im Deutschen «Die Wände haben Ohren»). Nach seiner eigenen expliziten Kritik ist aber auch zu überlegen, ob Kohelet seinen Ratschlag gar nicht ernst meint, sondern zynisch, um damit überängstliches Verhalten und zu grossen Opportunismus im Umgang mit den Herrschern und der Elite anzuprangern.

11,1–6 Wirf dein Brot ins Wasser

1 Wirf dein Brot ins Wasser, nach vielen Tagen kannst du es wiederfinden.
2 Teile mit sieben oder acht, denn du weisst nicht, was für ein Unglück kommen
mag auf Erden. 3 Wenn die Wolken schwer sind, giessen sie Regen auf die Erde.
Und fällt ein Holz nach Süden oder nach Norden – wohin das Holz auch fällt,
da bleibt es liegen. 4 Wer auf den Wind achtet, sät nicht, und wer nach den
Wolken schaut, erntet nicht. 5 Den Weg des Windes kennst du nicht, noch das
Werden des Kindes im Leib der Schwangeren; so kennst du auch nicht das Tun
Gottes, der all dies erschafft. 6 Am Morgen säe deinen Samen, und am Abend
lass deine Hand nicht ruhen; denn du weisst nicht, was gedeihen wird, ob dieses
oder jenes oder ob beides gleich gut gerät.

In den letzten beiden Kapiteln seines Buchs (**11,1–12,7**) bietet Kohelet eine Art Zusammenfassung der zentralen Punkte seiner Lehre, wobei er ausführlich v. a. über die praktischen Konsequenzen spricht, die sich aus seiner kritischen Weltsicht ergeben.

Im **11,1–6** kommt Kohelet ein letztes Mal auf das Thema der begrenzten Erkenntnisfähigkeit zurück. Es geht ihm dabei (auch) um praktische Anweisungen, wie man sich angesichts dieser Begrenztheit verhalten soll. Anders als sonst häufig münden seine Ausführungen in diesem Abschnitt nicht in einen Aufruf zur Lebensfreude (vgl. so aber im nächsten Abschnitt), sondern in einem Aufruf zu tatkräftigem Handeln.

In **11,1–2** gibt Kohelet Ratschläge, die für uns Heutige nicht unmittelbar verständlich sind. Nach manchen haben seine Ratschläge mit dem Geschäftsleben zu tun: Sie interpretieren 11,1 als Hinweis auf die Schifffahrt (wobei wichtig ist, dass es im Hebräischen nicht «ins Wasser», sondern «*aufs* Wasser» heisst, und dass man statt «werfen» auch mit «senden» übersetzen kann) und 11,2 als Aufforderung zu diversifizieren, um die Risiken zu minimieren. Letzteres ist möglich, weil es im Hebräischen wörtlich nicht «teilen» heisst, sondern «gib einen Teil». Gegen diese Interpretation spricht allerdings, dass die Wendung «einen Teil geben» im AT sonst nie im Sinn von «aufteilen (unter)» gebraucht ist, sondern stets im Sinn von «(jemandem) zuteilen» (vgl. 2,21; Jos 14,4; 15,13). Von daher ist die Interpretation wahrscheinlicher, wonach Kohelet hier zu wohltätigem Handeln rät. Der Ratschlag, Brot ins Wasser zu werfen, erinnert an einen Ratschlag aus der ägyptischen Lehre des Anch-Scheschonqi: «Tu eine gute Tat und wirf sie in die Flut; wenn sie versiegt, wirst Du sie finden.» (Anch-Scheschonqi 19,10; TUAT 3, 269). Sollte diese Interpretation stimmen, fällt auf, dass Kohelet seinen Aufruf zur Wohltätigkeit nicht mit dem Elend der Empfänger dieser Wohltaten begründet, sondern damit, dass sich solche Wohltätigkeit (später) für einen selbst bezahlt machen kann. Weil man selbst einmal Unglück haben könnte, lohnt es sich, jetzt mit anderen solidarisch zu sein, denn dann wird man selbst auf die Solidarität anderer angewiesen sein.

In **11,3–4**(ff) macht Kohelet sich über diejenigen lustig, die zu nichts mehr kommen, weil sie all ihre Energie darauf verwenden, etwas über die Zukunft zu erfahren. Explizit bringt er diesen Zusammenhang in 11,4 auf den Punkt und macht dabei klar, dass er das «Achten auf den Wind» und das «Schauen nach den Wolken» für wenig sinnvolle Aktivitäten hält. Dass er dabei an Zukunftsprognosen denkt, zeigt 11,3 (wie auch 11,5–6, wo es um das Nicht-wissen-Können geht). Mit scharfem Spott weist Kohelet in diesem Vers auf die Begrenztheit von Prognosen (wobei er vielleicht konkrete Orakeltechniken im Blick hat) bzw. darauf, dass lediglich Trivialitäten vorausgesagt werden können. In die Wolken zu schauen (vgl. 11,4), hilft wenig, denn damit kann man höchstens erkennen, dass es regnen wird. Gleichermassen kann man aus der Richtung, in die ein Holz fällt, nichts über die Zukunft erfahren, sondern lediglich, wo das Holz liegt.

Mit dem Stichwort «Wind» knüpft Kohelet in **11,5** an den vorangehenden Vers an. Wie dann auch nochmals im nächsten Vers legt er hier dar, warum es keinen Sinn macht, die Zukunft voraussagen zu wollen (und darüber die gegenwärtige Arbeit liegen zu lassen): Die Zukunft (wie die Gegenwart und die Vergangenheit) ist das Werk Gottes und als solches etwas, was der Mensch nie vollumfänglich verstehen (vgl. 3,11) und entsprechend auch nicht vorhersagen kann. Die Verweise auf den «Weg des Windes» und das «Werden des Kindes im Leib der Schwangeren» (wörtlich: «... im Leib der Vollen») dienen in diesem Zusammenhang einem mehrfachen Zweck: Zunächst handelt es sich um Beispiele von solchem, das der Mensch «nicht kennt», wobei das im Fall des «Windes» auch nochmals deutlich macht, dass es sinnlos ist, diesen zu «beobachten» (ob Kohelet bei *rūaḥ* wie in 1,6; 8,8; 11,4 an den «Wind» denkt, oder wie in 3,19.21; 12,7 an den «Lebensgeist», bleibt offen). Kohelet bringt diese Beispiele als Analogien bzw. Vergleiche, um seiner Zuhörerschaft vor Augen zu führen, dass sie «so» auch das «Tun Gottes» nicht kennen. Gleichzeitig sind der «Weg des Windes» und das «Werden des Kindes» auch Beispiele des göttlichen Tuns selbst – das macht Kohelet mit dem Nachsatz «der all dies erschafft» explizit (zum «Werden des Kindes» vgl. auch Ps 139,13–16; Hiob 10,11–12; 2Makk 7,22). Seine beiden Beispiele zeigen die kosmische und die existenzelle Dimension des Tun Gottes auf und geben damit auch eine Art Erklärung, warum es dem Menschen nicht möglich ist, dieses Tun vollumfänglich zu verstehen.

Kohelet beendet den Abschnitt in **11,6** mit einem Aufruf zu tatkräftigem Handeln. Wenn der Mensch das «Tun Gottes» nicht vollumfänglich verstehen und die Zukunft nicht vorhersagen kann, ist er damit nicht zu Untätigkeit verdammt. Im Gegenteil: Gerade wer *nicht* weiss, was die Zukunft bringt, tut gut daran, mit verschiedenen Eventualitäten zu rechnen. Das hat Kohelet bereits zu Beginn des Abschnitts dargelegt (vgl. 11,1–2). Hier am Schluss verdeutlicht er den Gedanken über das Beispiel des Sämanns, der seinen Samen aussähen muss, gerade weil er nicht weiss, was gedeihen wird und was nicht.

11,7–12,7 Freu dich deiner Jugend

7 Süss aber ist das Licht, und für die Augen ist es gut, die Sonne zu schauen.
8 Wenn der Mensch viele Jahre lebt, freut er sich darüber, denkt aber auch an
die dunklen Tage, denn sie sind zahlreich. Alles, was kommt, ist flüchtig.
9 Freue dich, junger Mann, in deiner Jugend, und dein Herz erfreue dich in deinen Jugendtagen. Geh deinen Weg mit Verstand und mit offenen Augen. Und wisse, dass über all dies Gott mit dir ins Gericht gehen wird.
10 Lass dein Herz frei sein von Verdruss, und halte deinem Leib das Übel fern. Denn Jugend und schwarzes Haar sind flüchtig.

1 Und denke an deinen Schöpfer in deinen Jugendtagen,
bevor die schlechten Tage sich nahen
und Jahre kommen, von denen du sagen wirst:
Sie gefallen mir nicht.
2 Bevor sich die Sonne verfinstert
und das Licht und der Mond und die Sterne,
und die Wolken wiederkehren nach dem Regen.
3 Wenn die Wächter des Hauses zittern
und die starken Männer sich krümmen,
die Müllerinnen ruhen, weil sie nur noch wenige sind,
und dunkel werden, die aus den Fenstern schauen,
4 die Türen zur Strasse hin geschlossen werden.
Wenn das Geräusch der Mühle leise wird
und hoch wie das Zwitschern der Vögel
und alle Lieder still verklingen.
5 Selbst vor einer Anhöhe fürchtet man sich,
und Schrecknisse sind auf dem Weg,

und der Mandelbaum blüht,
und die Heuschrecke wird schwer,
und die Kaper bricht auf.
Denn der Mensch geht in sein ewiges Haus,
und durch die Strasse ziehen die Klagenden.
6 Bevor der silberne Faden zerreisst
und die goldene Schale zerspringt
und der Krug an der Quelle zerschellt
und das Schöpfrad zerbrochen in die Zisterne fällt
7 und der Staub zurückkehrt zur Erde, wie es gewesen ist,
und der Lebensgeist zurückkehrt zu Gott, der ihn gegeben hat.

In **11,7–12,7** erinnert Kohelet an die Vergänglichkeit des Menschen und ruft ein letztes Mal dazu auf, das Leben zu geniessen, solange dies möglich ist. Wie zu Beginn in 1,3–11 präsentiert er seine Gedanken in 12,1–7 zum Abschluss nochmals in Form eines Gedichts. Die in diesem Gedicht gebrauchten Bilder sind schwierig, entsprechend gehen die Interpretationen im Einzelnen weit auseinander. Die meisten Exegeten/Exegetinnen aber sind sich darin einig, dass Kohelet hier das Altern und Sterben des Menschen beschreibt.

Kohelet beginnt den Abschnitt in **11,7–10** mit einem Aufruf zur Lebensfreude, wobei er sich hier, anders als in entsprechenden Abschnitten zuvor, gezielt an den «jungen Mann» (vgl. 11,9) richtet und vom Geniessen des Jugendalters spricht. Implizit (und z. T. auch explizit) steht damit auch das Thema Altern und Tod im Raum, das Kohelet dann in 12,1–7 ausführlich behandelt. Da Kohelet seinen Aufruf zum Genuss des Lebens in der Gegenwart andernorts auch mit der begrenzten Erkenntnisfähigkeit bzw. der Unmöglichkeit, etwas über die Zukunft zu wissen, in Verbindung bringt (vgl. 3,22; 7,14), kann man 11,7–10 auch als eine Fortsetzung von 11,1–6 verstehen. In 11,7–10 spricht Kohelet allerdings nicht über die Grenzen des Erkennens, sondern umgekehrt von dem (allgemeinen) Wissen, dass die zukünftigen Tage «flüchtig» sind (vgl. 11,8) und dass Gott mit einem «ins Gericht gehen» wird (vgl. 11,9).

Kohelet beginnt seine Ausführungen in **11,7** mit einer Aussage darüber, dass (das) Leben «süss» bzw. «gut» ist. Er spricht dabei nicht vom «Leben», sondern metaphorisch vom «Licht» und von der «Sonne» bzw. genauer dem «Sehen der Sonne». Dass er dabei an das Leben(digsein) im Unterschied zum Tod(sein) denkt, zeigen 6,5; 7,11 und 12,2. Mit der Qualifikation als «süss» und «gut» bereitet Kohelet den Kontrast zu seiner Rede über die «dunklen» und «schlechten» Tage vor (vgl. 11,8; 12,1). Gleichzeitig kann er damit nach 11,1–6 nochmals deutlich machen, dass er das Leben für gut hält – sosehr der Mensch auch arbeiten und sich abmühen muss und sowenig er es je vollumfänglich verstehen kann.

Erst in **11,8** spricht Kohelet explizit über das «Leben». Mit der Aussage, dass alles, was kommt «flüchtig» ist, weist er dabei auch leise auf die Vergänglichkeit. Den eigentlichen Kontrast bildet in diesem Vers aber nicht derjenige zwischen Leben und Tod, sondern derjenige, dass das Leben etwas ist, über das (oder in dem) man «sich freut», aber auch etwas, das zahlreiche «dunkle Tage» enthält. Mit Letzteren ist nicht der Tod gemeint, sondern das Alter (vgl. 12,1–2) und vielleicht auch andere Phasen, in denen das Leben mühselig ist (vgl. 5,16). Wie genau Kohelet sich das Verhältnis zwischen der Freude über das Leben und dem Denken an die dunklen Tage vorstellt, bleibt offen. Während er in 5,19 dazu riet (bzw. beschrieb), dass der Mensch «nicht (zu) oft» an die «Frist seines Lebens» (sprich seine Vergänglichkeit) denken soll, und dies damit begründete, dass Gott das Herz des Menschen erfreut, verbindet er die beiden Gedanken hier mit einem «und» bzw. einem «aber» (im Hebräischen lassen sich die beiden Möglichkeiten nicht unterscheiden). Da die zahlreichen dunklen Tage ja auch zu den vielen Jahren gehören, die der Mensch lebt, legt es sich nahe, dass der Mensch sich auch über diese (oder in diesen) freuen soll – im Hebräischen heisst es explizit, dass der Mensch sich «über sie *alle*» freuen soll (möglich wäre auch die Übersetzung «in ihnen allen»). Im nächsten Vers fordert Kohelet dann aber explizit zur Freude in der Jugend auf und spricht im weiteren Fortgang über die «schlechten Tage» der Zukunft, die dem Menschen «nicht gefallen» (vgl. 12,1). Insofern geht es ihm in 11,8 wohl nochmals um die Spannung zwischen angenehmen und weniger angenehmen Erfahrungen (vgl. 3,1–8) bzw. um den Gedanken, dass man das Leben geniessen soll, sooft und solange man kann – gerade auch, weil man als Mensch weiss, dass es auch «Tag(e) des Unglücks» gibt (vgl. 7,14) und die Zeit, in der man das Leben unbeschwert als «gut» erfahren kann, begrenzt ist (vgl. 11,10; 12,1; im Blick auf den Tod weiter 9,5).

In **11,9–10** richtet sich Kohelet gezielt an den «jungen Mann» und ruft diesen dazu auf, seine Jugendzeit zu geniessen. Explizit macht er am Ende von 11,10 klar, dass dieser Ratschlag im Wissen um die menschlichen Vergänglichkeit erfolgt: «Jugend und schwarzes Haar» sind «flüchtig», der Mensch ist vergänglich (vgl. 12,1ff). Frönt Kohelet hier einem Jugendwahn? Die Erwähnung des «schwarzen Haars» lässt vermuten, dass seine Aussagen auch durch die Hochschätzung des Alters in der traditionellen Weisheit provoziert sind, denn in dieser wird das Alter z. T. über das «graue Haar» beschrieben (vgl. Spr 16,31; 20,29). Es ist nicht anzunehmen, dass Kohelet mit seinen Aussagen das Alter grundsätzlich abwerten will (vgl. 4,13, wo es die Torheit des alten Königs ist, die diesen disqualifiziert; 10,16, wo er kritisch über einen zu jungen Herrscher berichtet; 11,8, wo es um die Freude bei vielen Lebensjahren geht). Wohl aber geht es ihm darum, seine Zuhörerschaft daran zu erinnern, dass die Jugendzeit eine ganz besondere Zeit ist, die man geniessen soll. Das folgende Gedicht (12,1–7) zeigt, dass er dabei als Kontrast nicht das «reife» Alter im Blick hat, sondern die letzten Jahre, in denen der Mensch hinfällig wird und schliesslich stirbt. Das Wissen um diese düstere Zukunft ist der Hintergrund, auf dem Kohelets Ermahnungen zu verstehen sind. Er ruft seine Zuhörerschaft dazu auf, die Blüte seiner Jahre bewusst zu leben. Ausser um die «Freude» (vgl. den ersten Imperativ in 11,9 sowie bereits 11,8) geht es ihm dabei auch um eine verantwortungsvolle Lebensgestaltung (vgl. ähnlich Sir 14,11–16). Das zeigt neben den Ratschlägen von 11,10, in denen es darum geht, dass man seinem Körper und seinem Geist (dem «Herzen») Sorge tragen soll (zum «Verdruss» vgl. 1,18; 2,23; 7,3.9), v. a. 11,9. Gleich zweimal erwähnt Kohelet in diesem Vers das «Herz» bzw. den «Verstand» und ein weiteres

Mal die «Augen». Die Übersetzung der Zürcher Bibel («Geh deinen Weg mit Verstand und mit offenen Augen») trifft den Sinn des hebräischen Satzes (wörtlich: «Geh in den Wegen deines Herzens und dem Sehen deiner Augen») gut, denn offenbar geht es Kohelet darum, dass man nicht einfach planlos vor sich hinlebt, sondern sein Leben bewusst und verantwortungsvoll gestaltet. Das macht v. a. der letzte Satz von 11,9 deutlich, wo Kohelet auf das «Gericht» Gottes verweist. Woran genau er dabei denkt, bleibt auch hier offen (vgl. bereits 3,17; 8,5–6, sowie dann nochmals 12,14; zu einer möglichen Deutung auf das Alter/die Vergänglichkeit vgl. zu 12,1). Klar aber ist, dass Kohelet seine Zuhörerschaft an ihre Verantwortung gegenüber Gott erinnert. Durch die Verbindung im gleichen Satz (vgl. v. a. auch den Rückbezug «über all dies») deutet er damit indirekt auch an, dass seine Ratschläge dem Willen Gottes entsprechen – inklusive desjenigen, sich in der Jugend zu freuen! Das entspricht seinen früheren Ausführungen, wonach die Lebensfreude der «Teil» ist, den Gott dem Menschen als «Geschenk» gegeben hat (vgl. 3,12–13.22; 5,17–18 u. ö.).

In **12,1** spricht Kohelet den «jungen Mann» (vgl. 11,9) ein letztes Mal mit einer direkten Anrede an und leitet damit sein Gedicht über die «schlechten Tage» ein, mit denen er seine Ausführungen in **12,1–7** beschliesst. Von Freude o. ä. ist hier bereits keine Rede mehr, wohl aber spricht Kohelet nochmals über die «Jugendtage» und mahnt, (bereits?) in diesen an Gott zu denken. Wenn er dabei von «deinem Schöpfer» spricht, erinnert er einerseits daran, dass der Mensch sein ganzes Leben Gott verdankt (vgl. auch 12,7), und andererseits, dass nicht nur die Jugend und «Tag(e) des Glücks» von Gott kommen, sondern auch die «Tag(e) des Unglücks» (vgl. 7,14) bzw. die «schlechten Tage» (vgl. 12,1; im Hebräischen sind die beiden Wendungen beinahe gleich). Diese mögen dem Menschen «nicht gefallen», doch auch sie kommen von Gott. Dass Kohelet hier von «gefallen» bzw. «Gefallen» des Menschen spricht, ist interessant, denn er benutzt dabei ein Hebräisches Wort (*ḥēpæṣ*), das er z. T. auch in der Bedeutung von «Vorhaben» gebraucht, und dies in aufschlussreichen Zusammenhängen: In 3,1(ff) ging es ihm darum, dass jedes «Vorhaben» seine Zeit hat (und dass all diese Zeiten «gut» sind; vgl. 3,11), und in 3,17 und 8,6 sprach er dabei auch vom «Gericht» (bzw. «Richten» Gottes). Dazu passt, dass er im folgenden Gedicht über das Altern und das Sterben des Menschen z. T. apokalyptische Bilder gebraucht, was von manchen so interpretiert wird, dass er hier die Vergänglichkeit des Menschen als «Gericht» beschreibe. Sollte diese Interpretation stimmen – und vieles spricht dafür –, weist Kohelet hier nicht nur den Gedanken eines jenseitigen Gerichts zurück, sondern auch denjenigen, dass im Gericht zwischen «Frevler» und «Gerechtem» unterschieden wird (vgl. 3,17) – sterblich sind sie beide, das «eine Geschick» trifft alle (vgl. 2,14; 9,2). Diese Interpretation erklärte auch, warum Kohelet in 11,9 vom «Gericht» sprach – zwischen einem Aufruf, die Jugend zu geniessen, und einer Erinnerung an deren Vergänglichkeit. Jedenfalls beschreibt Kohelet das Altern und Sterben in 12,1–7 in drastischen Bildern als Zerfall, hält aber gleichzeitig daran fest, dass diese Zeit von den Menschen zwar als «schlecht» empfunden werden kann, als von Gott kommend aber durchaus ihre Berechtigung hat (vgl. den Verweis auf Gott in den beiden Rahmenversen).

Dass das Thema von 12,1–7 das Altern und Sterben des Menschen ist, wird erst mit 12,7 ganz klar (vgl. bereits 12,6 mit dem Hinweis, dass der Mensch in sein «ewiges Haus» gehe). Zu Beginn des Gedichts wird lediglich gesagt, dass es sich bei den «schlechten Tagen» um solche handelt, die *nach* den Jugendtagen kommen. In **12,2** wird diese Zeit danach als eine Zeit der Dunkelheit beschrieben. An sich könnte Kohelet damit jede schwere Zeit meinen; vom Kontext her aber legt sich eine Deutung auf das Altern und Sterben nahe. Dazu passt auch, dass Kohelet die beiden Wörter «Sonne» und «Licht» bereits in 11,7 gebraucht hat, und zwar um die Vorzüge des Leben(digsein)s zu beschreiben. Hier nun geht es ihm um die Zeit, in der das Leben des Menschen zu einem Ende kommt. Auffälligerweise spricht er dabei davon, dass sich die Gestirne «verfinstern» und dass die Wolken nach dem Regen wiederkehren. Beides ist höchst ungewöhnlich – offenbar geht es Kohelet um mehr als um eine Beschreibung der «Finsternis» des Todes oder des «Sonnenuntergangs» des Alterns und Sterbens. Bei den Wolken zeigt die Erfahrung, dass sie nach dem Regen eigentlich nicht wiederkehren sollten, weil sie sich doch gerade entleert haben (vgl. 11,3). Bei der Verfinsterung ist es der atl. Wortgebrauch, der zeigt, dass Kohelet hier Aussergewöhnliches evoziert. Das Verb «(sich) verfinstern» wird im AT sonst nämlich v. a. in Beschreibungen aussergewöhnlicher Zustände verwendet (vgl. allerdings auch Hiob 18,6 zum Tod des Frevlers) – so häufig v. a. in Schilderungen von kosmischen Ereignissen als Ausdruck von JHWHs Gericht (vgl. z. B. Jes 5,30; 13,10; 13,16; Am 8,9; Mi 3,6; mit einem anderen hebräischen Verb auch Joel 2,10). Bleibt man dabei, dass es Kohelet in diesem und den folgenden Versen um eine Beschreibung des Alterns und Sterbens des Menschen geht – und das wird gegen Ende des Gedichts immer klarer –, so stellt sich die Frage, warum er das Ende des Menschen hier in «apokalyptischen» Bildern beschreibt. Empfindet er das Altern und Sterben des Menschen als derart dramatisch? Hängt das damit zusammen, dass er das Altern und Sterben des Menschen als «Gericht» Gottes versteht (zu dieser Hypothese s. o. zu 12,1)? Das aber passt nicht zu Kohelets sonstiger Nüchternheit. Dass das «eine Geschick», der Tod, alle gleichermassen trifft, ist auch für ihn schwierig zu ertragen (vgl. z. B. 9,3). Doch ein «Weltuntergang» ist diese Einsicht für ihn nicht, geschweige denn der Gedanke an den Tod selbst. Von daher geht es Kohelet wohl eher um das Umgekehrte: apokalyptische Vorstellungen von Weltuntergang und Gericht innerweltlich zu interpretieren und damit zu «entmythologisieren». Ja, eines Tages wird sich «die Sonne verfinstern», doch das ist kein Zeichen einer kosmischen Katastrophe, sondern ein absolut natürlicher Vorgang.

In **12,3–4** setzt Kohelet seine Beschreibung der «schlechten Tage» fort. Die Grundaussage der beiden Verse ist, dass das Leben zum Erliegen kommt. Die ersten beiden Zeilen (die Wächter zittern, die starken Männer krümmen sich) lassen an einen Angriff von aussen denken. Ähnliche Beschreibungen (allerdings mit anderen Verben) finden sich im AT v. a. im Zusammenhang des (Gerichts-)Handelns Gottes (vgl. z. B. Ex 15,14–15; Jes 13,7–8; 21,3–4; Hab 3,16). Zumindest in der deutschen Übersetzung klingen die folgenden Zeilen (die Müllerinnen ruhen etc.) friedlicher, allerdings begegnen auch die hier gebrauchten Verben («ruhen», «dunkel werden», «geschlossen werden», «leise werden», «still verklingen») im AT sonst häufig in

Schilderungen von Katastrophen bzw. des Gerichtshandeln Gottes (für «dunkel werden» s.o. zu 12,2 zu «verfinstern»; für «geschlossen sein/werden» vgl. Jes 24,10; Jer 23,19; für «leise werden», wörtlich «die Stimme wird niedrig», und «still verklingen», wörtlich «gebeugt sein/werden», vgl. Jes 2,9; 5,15; 29,4). Im Einzelnen werden die Verse sehr unterschiedlich gedeutet. Manche Zeilen lassen sich gut als poetische Beschreibungen der zunehmenden Hinfälligkeit im Alter verstehen, so diejenige über die Müllerinnen als Anspielung auf das Ausfallen der Zähne, diejenige über das Dunkelwerden als eine Anspielung auf das Nachlassen der Sehkraft und diejenige über das Leiser-Werden der Geräusche als Anspielung auf die zunehmende Schwerhörigkeit. Die Poetik Kohelets ist dabei aber nicht neutral, vielmehr schwingt ein bedrohlicher Unterton mit (vgl. bereits zu 12,2). Das zeigt v.a. ein Vergleich mit manchen Passagen aus den Prophetenbüchern, in denen ähnlich wie hier beschrieben wird, dass Geräusche verstummen und das Leben zum Erliegen kommt, dies aber nicht im Blick auf natürliche Vorgänge, sondern als Aspekte des Gerichtshandelns Gottes (vgl. bes. Jer 25,10).

Dass Kohelet das Altern und Sterben mit Furcht und Schrecken verbindet, wird v.a. in **12,5** deutlich: Explizit nämlich spricht er hier von «Furcht» und «Schrecknissen» auf dem (Lebens?-)Weg und bringt dies damit in Zusammenhang (vgl. das «denn»), dass der Mensch «in sein ewiges Haus» geht. Damit ist das Grab gemeint, wie neben Ps 49,12 und Tob 3,6 auch Texte aus der Umwelt des AT zeigen, und innerhalb des Texts durch den Verweis auf den Trauerzug bestätigt wird. Dazwischen spricht Kohelet von Mandelbäumen, Heuschrecken und Kapern. Während die einen darin weitere Anspielungen auf das Altern sehen (das Haar wird weiss, die Glieder werden schwer, die sexuelle Potenz nimmt ab), argumentieren andere, es gehe um das Wiederaufleben der Natur (nach den einen als Kontrast zur Endgültigkeit des menschlichen Todes, nach anderen zur Relativierung der Bedrohlichkeit der Sterblichkeit des Menschen, und nach nochmals anderen als feiner Hinweis auf das ewige Leben). Beide Interpretationen (in ihren verschiedenen Spielarten) versuchen, dem schwierigen Text Sinn abzugewinnen. Woran Kohelet selbst dachte, lässt sich nicht mehr entscheiden.

12,6–7 stellt eine Art Parallele zu 12,2–5 dar: Wie die vorangehenden Verse beginnen auch diese mit einem «bevor» (und setzen damit die Aufforderung von 12,1 fort) und enden mit einer klaren Aussage über den Tod des Menschen. In **12,6** beschreibt Kohelet das Sterben des Menschen wieder in Bildern, wobei diese hier auf das Zerbrechen des Lebens zielen (vgl. Zerreissen, Zerspringen, Zerschellen, Zerbrechen). Nach manchen hat Kohelet dabei ein einziges Bild vor Augen, nämlich dasjenige eines Ziehbrunnens und seiner Teile (Faden = Seil etc.). Dagegen spricht, dass in den ersten beiden Zeilen Silber und Gold genannt sind, was eher an kostbare Gegenstände (wie z.B. einen Leuchter, vgl. Sach 4,2–3) denken lässt. Offen bleibt, ob jeweils zwei Zeilen zusammengehören oder ob Kohelet viermal neu einsetzt. So oder so handelt es sich bei seinen Beispielen um Gegenstände, die wertvoll und wichtig sind – wie das menschliche Leben aber auch zerbrechlich.

Dass es ihm bei seinen Beispielen tatsächlich um Bilder für die Zerbrechlichkeit des Lebens geht, macht Kohelet mit **12,7** klar: Ohne Zäsur zum Vorangehenden beschreibt er den Tod des Menschen in diesem Vers nämlich in der für das AT traditionellen Weise (zur Erschaffung aus Erde/Staub und Rückkehr dorthin vgl. 3,20; Gen 3,19; Ps 90,3; Sir 17,1; zu Gott als demjenigen, der den Lebensgeist/-atem gibt und wieder nimmt vgl. Gen 2,7; Jes 42,5; Ps 104,29–30; Hiob 34,14–15). Manche haben mit Verweis auf 3,21 argumentiert, die Aussage über die Rückkehr des Lebensgeistes zu Gott könne nicht auf Kohelet zurückgehen. In der Tat besteht zwischen den beiden Versen eine gewisse Spannung, beinhaltete Kohelets rhetorische Frage von 3,21 doch auch die Teilaussage, dass niemand wissen könne, ob der Lebensgeist des Menschen nach oben steigt (was kaum etwas anderes ist, als was Kohelet hier in 12,7 sagt, auch wenn der Ausdruck «nach oben» hier nicht fällt; vgl. aber Sir 40,11). Obwohl Kohelets Argumentation in 3,22 in der (von ihm auch sonst häufig wiederholten) Aussage mündet, dass der Mensch über die Zukunft nichts wissen kann, geht es ihm in 3,21 allerdings in erster Linie um eine Zurückweisung von Theorien, wonach das postmortale Schicksal von Mensch und Tier unterschiedlich ist (vgl. 3,18–19). Insofern besteht keine grosse Spannung zu 12,7. Dass 12,7 nicht redaktionell sein kann, zeigt sich v. a. durch den Kontext selbst: ohne 12,7 fehlten dem Gedicht Kohelets die Auflösung und der Schluss. Erst hier sprich Kohelet in aller Deutlichkeit aus, dass er bei den in den vorangehenden Versen beschriebenen «schlechten Tagen» an das (Altern und) Sterben denkt. Und erst hier beschreibt er den Tod ohne bedrohliche Untertöne.

Alles in allem bewirkt Kohelet mit seinem Gedicht am Schluss des Buchs so ein Dreifaches: (1.) Indem er an die düsteren Seiten des Alterns und Sterbens erinnert, verleiht er seiner Aufforderung, die Jugend bzw. das Leben zu geniessen (vgl. 11,7–10), zusätzliche Dringlichkeit. (2.) Indem er das Altern und Sterben – und nicht etwas anderes – in einer Art beschreibt, die an Weltuntergang und göttliches Gericht denken lässt, verortet er apokalyptische Vorstellungen innerweltlich und «entmythologisiert» sie. (3.) Indem er am Ende des Gedichts auf bedrohliche Töne in der Beschreibung des Todes verzichtet und wie bereits am Anfang nochmals auf Gott, den Schöpfer verweist, macht er klar, dass das Alter und das Sterben zwar «Tage» sind, die dem Menschen wie ein «Gericht» erscheinen mögen und ihm (vielleicht) «nicht gefallen» (vgl. 12,1), letztlich wie das Leben selbst aber von Gott kommen und entsprechend zu akzeptieren sind.

12,8 Flüchtig und nichtig

8 Flüchtig und nichtig, sprach Kohelet,
alles ist flüchtig.

In **12,8** zeigt das «sprach Kohelet», dass hier nicht mehr er selbst spricht, sondern wie schon in 1,1–2 (vgl. auch 7,27) und dann in den folgenden Versen der Verfasser des Buchs. Bereits in 1,2 hat dieser Kohelets Lehre über das Stichwort *hæbæl* («flüchtig/nichtig») zusammengefasst. Hier wiederholt er seine Zusammenfassung (wobei er das Wort *hæbæl* allerdings nicht mehr fünfmal bringt, sondern lediglich noch dreimal) und macht sie so zum Rahmen des ganzen Buchs. Während es zu Beginn des Buchs noch unklar war, wie das *hæbæl*-Urteil gemeint ist, ist hier zum Schluss nun klar, dass es Kohelet dabei in erster Linie um die Vergänglichkeit (Flüchtigkeit) geht. Diese kann als «tragisch» oder «absurd» empfunden werden, weil sie alles, was der Mensch ist und tut, relativiert. Letztlich aber ist sie nach Kohelet etwas durchaus Natürliches – wie nicht zuletzt 12,7 gezeigt hat, der letzte Vers von Kohelets Gedicht über das Altern und Sterben des Menschen. Dass 12,8 so gut an 12,7 anschliesst, zeigt, dass derjenige, der 12,8 geschrieben hat, Kohelets Gedanken bestens versteht – vermutlich, weil er nicht ein Redaktor bzw. Herausgeber ist, sondern der Verfasser des Buchs, der auch all die Worte Kohelets, seines Erzählers, geschrieben hat (s. o. S. 13). In 12,8 fällt in diesem Zusammenhang auf, dass «Kohelet» im Hebräischen mit Artikel geschrieben ist, nicht als Eigenname also, sondern wohl als Funktionsbezeichnung (s. o. S. 9).

12,9–14 Das viele Studieren ermüdet den Leib

9 Kohelet war nicht nur ein Weiser, sondern lehrte auch das Volk Erkenntnis. Er wog ab und prüfte und berichtigte viele Sprüche. 10 Kohelet suchte gefällige Worte zu finden und wahre Worte richtig aufzuschreiben. 11 Worte von Weisen sind wie Ochsenstacheln, und wie eingeschlagene Nägel sind gesammelte Sprüche. Sie sind von einem einzigen Hirten gegeben. 12 Und über diese hinaus – mein Sohn, lass dich warnen! – werden viele Bücher gemacht, ohne Ende, doch das viele Studieren ermüdet den Leib. 13 Ist alles gehört, lautet der Schluss: Fürchte Gott und halte seine Gebote. Das gilt für alle Menschen. 14 Denn alles Tun bringt Gott vor ein Gericht über alles Verborgene, es sei gut oder böse.

Wie bereits in 12,8 ist in **12,9–14** in der 3. Person über Kohelet die Rede, weshalb dieser letzte Abschnitt häufig als Werk eines Redaktors (oder auch mehrerer Redaktoren) verstanden wird. Dagegen wurde zu Recht eingewandt, dass solche Rede-Wechsel in der Antike keineswegs zwingend auf unterschiedliche Verfasser deuten (s. o. S. 16). Auch in 1,1–2 und 12,8 wird ja in der 3. Person über Kohelet gesprochen und bei diesen Versen ist es am wahrscheinlichsten, dass der Verfasser selbst sein Werk damit rahmte (s. o. zu 12,8). In 12,9–14 bzw. insbesondere 12,13–14 deuten nun allerdings auch inhaltliche Beobachtungen darauf, dass es sich hier um einen «frommen» Schluss handeln könnte, der erst später hinzugefügt wurde (s. o. S. 16–17). Zwar hat Kohelet selbst auch über Gottesfurcht und das Gericht Gottes gesprochen, dass ausgerechnet diese beiden Themen das Buch als Ganzes abschliessen, erstaunt aber doch. Zudem werden Gottesfurcht und Gericht hier mit dem Halten von Gottes Geboten verbunden, und davon war vorher nie die Rede. Von daher bleibt die klassische Interpretation, dass der Epilog auf einen Redaktor zurückgeht, plausibel, auch wenn durchaus nicht alles in diesem Epilog zum Rest des Buchs in Spannung steht.

Der Epilog gliedert sich deutlich in zwei Teile, was im Hebräischen auch dadurch gekennzeichnet ist, dass 12,12 mit demselben Wort beginnt wie 12,9. Im ersten Teil (vgl. **12,9–11**) geht es um Kohelet und seine Arbeit als Weiser und seinen Umgang mit Sprüchen, im zweiten Teil (vgl. **12,12–14**) darum, wie man als Rezipient mit den Worten von Weisen und den Geboten Gottes umgehen soll.

12,9 charakterisiert Kohelet als «Weisen». Obwohl er vorher als «König» eingeführt wurde (vgl. 1,1; 1,12), kommt diese Charakterisierung nicht überraschend, denn (a) bestehen zwischen Königen und Weisen enge Verbindungen (s. o. S. 12) und (b) steht das Koheletbuch ja deutlich in der Weisheitstradition (s. o. S. 17, 29–30). Obwohl sich Kohelet in seinen Ausführungen wiederholt kritisch über die Grenzen der Weisheit geäussert hat, stimmt diese Charakterisierung wohl mit seinem Selbstverständnis überein, sprach er doch (in der Königsfiktion, aber auch danach) oft von seinen eigenen Bemühungen um Weisheit (vgl. 1,13.16–17; 2,3.9.15; 7,23.25; 8,16). Was genau mit «Weisem» gemeint ist, bleibt in 12,9 allerdings offen. Der Verfasser dieses Verses spricht im Fortgang zwar von Kohelets Lehrtätigkeit und seinem Umgang mit Sprüchen; anders als man es erwarten würde, sind diese Tätigkeiten für ihn aber offenbar nicht in der Berufsbeschreibung «Weiser» enthalten, sondern etwas, das eigens zu erwähnen ist (vgl. «nicht nur ..., sondern ... auch»). Bei der Lehre hängt das wohl damit zusammen, dass Kohelet nach diesem Vers «auch das Volk» lehrte, d. h. die breite Masse und nicht nur den Nachwuchs der Elite wie im antiken Weisheitsbetrieb üblich (vgl. zu 10,1). Bei den Sprüchen, die seit je traditionell zur Weisheit gehörten, liegt das Besondere vielleicht darin, dass Kohelet diese nicht einfach nur sammelte und tradierte, sondern «abwog», «prüfte» und «berichtigte», wie es in diesem Vers heisst. Im Einzelnen sind die Bedeutungen dieser drei Verben etwas unklar, da sie (in den hier gebrauchten Stämmen) im AT sonst nicht belegt sind. Das letzte wurde allerdings bereits zuvor im Koheletbuch gebraucht: in 7,13 in der Bedeutung von «gerade machen» (was den Bedeutungen der anderen Stämme entspricht). Alles in allem scheint so klar, dass es um die eine oder andere Form des «Berichtigens» geht (so die Übersetzung der Zürcher Bibel) – und in der Tat ist es ja eine der Besonderheiten Kohelets, dass er zentrale Lehren der traditionellen Weisheit kritisch in Frage stellt (s. o. S. 29–30).

Vermutlich geht es auch in **12,10** um die kritische Rolle Kohelets. Die erste Vershälfte deutet zunächst allerdings in eine andere Richtung, heisst es hier doch, dass Kohelet «gefällige Worte» zu «finden» suchte. Die zweite Vershälfte lässt allerdings vermuten, dass Kohelet diese «gefälligen Worte» nicht suchte, um sie alle zu behalten, sondern im Gegenteil, um sie kritisch zu prüfen. Auf jeden Fall ist hier, wo es um die Niederschrift geht, (lediglich noch) von «wahren Worten» die Rede und wird dabei der Aspekt der Wahrhaftigkeit durch das Wort «richtig» nochmals zusätzlich betont.

In **12,11** geht es nicht mehr um Kohelet allein, sondern um die Weisen und ihre Worte im Allgemeinen. Der Vers bietet einige Schwierigkeiten, beginnend damit, dass die in der Zürcher Bibel mit «gesammelte Sprüche» übersetzte Wendung wörtlich «Herren von (Ver-)Sammlungen» heisst. Die Übersetzung der Zürcher Bibel begründet sich damit, dass das Wort «Herr» im AT z.T. (vgl. z.B. in 10,20) auch im unpersönlichen Sinn zur Bezeichnung eines Einzel-Elements aus einer Gruppe gebraucht ist (womit «Einzelne aus [Spruch-]Sammlungen» zu «gesammelten [Einzel-]Sprüchen» führt). Andere haben die Wendung als Verweis auf «Vorsteher» oder «Teilnehmer» einer «Versammlung» verstanden. Bei dieser Interpretation ist dann allerdings schwierig, dass die zweite Vershälfte nur dann noch eine Parallele zur ersten bildet, wenn man «Worte von ....» einfügt. Raten muss man weiter auch, worauf die Vergleiche mit «Ochsenstacheln» und eingeschlagenen «Nägeln» zielen. Bei den Ochsenstacheln lässt sich etwa an Lenkung bzw. Erziehung denken – in ägyptischen Weisheitstexten wird die Erziehung von Schülern häufig mit der Dressur von Tieren parallel gesetzt – und bei den eingeschlagenen Nägeln an Stabilität (vgl. Jes 41,7; Jer 10,4). Kryptisch ist sodann v.a. der letzte Satz von 12,11 («sie sind von einem einzigen Hirten gegeben»). Geht es hier um die Worte von Weisen und die gesammelten Sprüche und darum, dass sie von Gott gegeben sind? Gegen diese traditionelle Interpretation spricht, dass die Sprüche von Weisen im AT sonst nicht als von Gott gegeben bezeichnet werden (nur die Weisheit selbst). Zudem passte auch die Hirten-Metapher nicht in diesen Zusammenhang, wird Gott (und der König) im AT doch (lediglich) dort als «Hirt» bezeichnet, wo es um den Schutz der Schwachen geht. Diese Beobachtung spricht auch dagegen, «Hirt» als einen Verweis auf den König bzw. Salomo zu interpretieren. Alle diese Probleme vermeidet man, wenn man den Satz nicht auf die Worte von Weisen, sondern auf die Ochsenstachel und die Nägel bezieht und beim «Hirten» an einen gewöhnlichen Hirten denkt. Das ist möglich, wenn man den Verweis auf die Nägel als Weiterführung der Beschreibung des Ochsenstachels versteht, denn dann bleibt man auch beim zweiten Vergleich im Bereich von Hirt und Herde. So viele Probleme diese Interpretation löst, kann auch sie nicht wirklich überzeugen. Bei ihr nämlich muss man die Satzeinteilung der Masoreten ignorieren und das «einzig» herunterspielen bzw. das entsprechende hebräische Wort als «ein» übersetzen, was möglich ist, aber ungewöhnlich. Weiter spricht auch die Syntax gegen diese Interpretation, endet 12,11 vor dem Satz über den Hirten doch mit den «Sprüchen» und nicht mit den «Nägeln». Von daher ist es wahrscheinlicher, dass sich dieser letzte Satz von 12,11 tatsächlich auf die «Worte von Weisen» und die «gesammelte[n] Sprüche» bezieht. Vielleicht ist es hier der Weise, der als «Hirt» bezeichnet wird – eben weil seine Worte wie Ochsenstacheln und Nägel sind: z.T. unangenehm, letztlich aber zum Wohl der mit ihnen Disziplinierten und Geleiteten. Die Betonung des «einzigen» lässt vermuten, dass es dabei um ein «sowohl als auch» geht: Sowohl die Worte, die wie Ochsenstachel sind, als auch die Sprüche, die wie eingeschlagene Nägel sind, sind von ein und demselben Hirten gegeben. Ob die Pointe dabei auf dem Unterschied zwischen den «Worten» (= Mündlichkeit?) und den «Sammlungen» (vgl. «gesammelt»; = Schriftlichkeit?) liegt oder auf demjenigen zwischen «Ochsenstachel» (= Disziplinierung?) und «eingeschlagenen Nägeln» (= Stabilisierung?), lässt sich kaum mehr entscheiden.

In **12,12–14** verschiebt sich der Fokus von dem Weisen und seinen Worten auf den Rezipienten und sein Verhältnis zu Gott. Nach manchen zeigt sich in dieser Verschiebung, dass hier ein nochmals anderer Redaktor spricht. Oben schon, in der Einleitung zum gesamten Epilog, wurde auf die Verschiebungen aufmerksam gemacht, die sich in diesen Versen gegenüber dem Rest des Koheletbuchs beobachten lassen. Inwieweit solche Verschiebungen tatsächlich auf unterschiedliche Verfasser deuten oder lediglich auf eine Verschiebung in der Gedankenführung, ist wie immer schwer zu entscheiden. Im Fall dieser letzten Verse des Koheletbuchs scheint die Annahme plausibler, dass sie tatsächlich nicht auf Kohelet bzw. den Verfasser des Rests des Buchs zurückgehen, sondern auf einen späteren Redaktor. Indem dieser das Koheletbuch editiert, zeigt er, dass er Kohelets Worten durchaus etwas abgewinnen kann. Ihm aber ist auch wichtig, dass man ob des Nachdenkens über die Worte des Weisen das Halten der Gebote Gottes und die Gottesfurcht nicht vergisst. Das ist in seinen Augen das Zentrale und entsprechend beschliesst er das Buch.

In **12,12** gibt sich derjenige, der hier spricht als einer zu erkennen, der (zu) «viele Bücher» als Gefahr empfindet (vgl. «lass dich warnen») und v. a. die negativen Seiten des «Studierens» sieht (vgl. «ermüdet den Leib»). Dass er dabei auch an das Koheletbuch denkt, sagt er nicht, doch die Annahme liegt nahe. (Weniger plausibel scheint demgegenüber die Interpretation, wonach es dem Redaktor bei dieser Bemerkung darum geht, das Koheletbuch gegenüber späteren Büchern zu schützen).

12,13 ist im Hebräischen schwieriger, als es die Übersetzung der Zürcher Bibel erkennen lässt. Wörtlich lautet der Anfang des Verses «Ende eines Wortes/einer Sache, alles ist gehört». Dass «Ende» dabei im Sinn von «Schluss(folgerung)» gemeint ist, ist eher unwahrscheinlich, und von daher ist der Fortgang («Fürchte Gott ...») wohl auch kaum als Inhalt dieses Schlusses zu verstehen, sondern als Nachtrag nach dem Schluss. Der Redaktor formuliert hier, dass die «Sache» Koheletbuch nun zu ihrem Ende gekommen ist, alle Worte Kohelets gehört sind, um dann mit seinen beiden Imperativen zu signalisieren, dass es nun noch anderes zu beachten gilt – nämlich Gott und seine Gebote. Indem im Hebräischen die Akkusativobjekte vorangestellt sind, sind sie stark betont, als ob der Herausgeber sagen wollte: «Fürchte Gott und niemanden sonst, halte *seine* Gebote und nicht die Gebote von jemandem sonst». Mit dem Aufruf zur Gottesfurcht knüpft er dabei an ein Thema an, über das auch Kohelet sprach (vgl. besonders 5,6, sowie 3,14; 8,12–13) und das in der atl. Weisheitstradition einen festen Platz hat (vgl. Hiob 28,28; Spr 1,7.29; 2,5; 8,13; 9,10; 10,27 u. ö; Sir 1,11 u. ö.). Anders sieht das beim Halten der Gebote Gottes aus. Davon war im Koheletbuch nicht die Rede (in 8,2.5 gebrauchte Kohelet zwar die gleichen hebräischen Wörter, dort aber ging es um das Halten der Gebote des Königs), und auch sonst spielen die Gebote Gottes in der atl. Weisheitsliteratur nur am Rand eine Rolle (im Sprüchebuch beziehen sich «Tora» und «Gebot» stets auf die Weisheit bzw. die Unterweisung der Eltern, vgl. z. B. Spr 3,1; im Hiobbuch finden sich einige wenige Ausnahmen, vgl. Hiob 22,22; 23,12). Eine Ausnahme bildet diesbezüglich allerdings das Sirachbuch, in dem wiederholt von den Geboten Gottes die Rede ist, z. T. wie hier in 12,13 in Verbindung mit dem Thema Gottesfurcht (vgl. Sir 1,26; 6,37; 10,19; 23,27). Während es im Sirachbuch aber u. a. auch um den

Zusammenhang mit der Weisheit geht (vgl. 1,26: «Begehrst du Weisheit, so halte die Gebote und der Herr wird dir die Weisheit schenken»), bleibt die Weisheit in 12,12 unerwähnt – wohl kaum zufällig, vielmehr ist nach den abwertenden Bemerkungen über das Studieren in 12,12 und der betonten Voranstellung von «Gott» und «seine Gebote» in 12,13 zu vermuten, dass der Redaktor hier einen gewissen Kontrast empfindet: dort das Büchermachen und Studieren, das schon recht ist, aber nicht wesentlich, und hier die Gottesfurcht und das Halten der Gebote Gottes, auf die allein es ankommt. Vielleicht will er diesen letzten Punkt betonen, wenn er am Ende des Verses formuliert, dass «dies» für «alle Menschen» gilt (im Hebräischen ist das «gilt für» nicht ausgedrückt, aber vermutlich trifft die Übersetzung der Zürcher Bibel den Sinn). Ungewöhnlich daran ist, dass Gott seine Gebote nach atl. Tradition eigentlich nur den Israeliten/Israelitinnen gegeben hat. An dieser Stelle erweist sich der Redaktor als weisheitlich, denn offenbar spielt die Unterscheidung Israeliten/Israelitinnen – andere Menschen für ihn keine Rolle. Insofern bleibt auch offen, woran er bei «seine Gebote» denkt. Vielleicht unterscheidet er sich auch an diesem Punkt gar nicht so stark von Kohelet, denn auch dieser ging ja davon aus, dass sich der Mensch vor Gott für sein Tun zu verantworten hat (vgl. bes. 11,9).

In **12,14** spricht der Redaktor auf jeden Fall nicht mehr vom Halten oder nicht Halten von Gottes Geboten, sondern davon, dass Gott «alles Tun» «vor» oder «in ein Gericht» bringen wird. Von solch einem «Gericht» hat auch Kohelet gesprochen, allerdings ohne genauer zu erklären, woran genau er denkt (vgl. 3,17; 8,5–6; 11,9). Genauso bleibt diese Frage auch hier am Ende des Buchs offen – wobei hier passenderweise auch nicht von «dem Gericht», sondern lediglich von «einem Gericht» (d.h. ohne Artikel) die Rede ist. Klar ist immerhin, dass es darum geht, dass vor Gott nichts verborgen bleibt (vgl. Ps 90,8; Sir 1,30). Das Stichwort «Tun» könnte ein Hinweis sein, dass der Redaktor hier gezielt auf frühere Aussagen Kohelets Bezug nimmt. Dieser nämlich sprach häufig vom «Tun», und zwar in verschiedenen für ihn zentralen Zusammenhängen: Häufig qualifizierte Kohelet das «Tun» unter der Sonne als *hæbæl* (1,14; 2,11.17), z.T. sogar als böse u.ä. (2,17; 4,3; 4,4; 8,9). Im Zusammenhang mit dem Gerichtsgedanken äusserte er auch, dass Gott das «Tun» der Menschen richten werde (vgl. 3,17; ähnlich 5,5), daneben aber v.a. auch beobachtet, dass das böse «Tun» der Menschen nicht bestraft wird (vgl. 8,11.14). Seine Schlussfolgerungen waren einerseits, dass der Mensch das «Tun» Gottes nicht verstehen kann (vgl. 3,11; 8,16–17; 11,5; ähnlich 7,13), und andererseits, dass er sich bei seinem «Tun» auf Erden freuen (vgl. 3,22) und dieses aktiv angehen soll, weil es im Totenreich überhaupt kein «Tun» mehr gibt (vgl. 9,10). Wenn der Redaktor nun ganz am Ende des Buchs das Stichwort «Tun» wieder aufnimmt, dann lässt er damit alle diese Gedanken Kohelets nochmals anklingen und macht damit auch klar, wo für ihn der Schwerpunkt liegt: dass das «Verborgene» vor Gott nicht verborgen bleibt, dass sowohl Gutes wie auch Böses sich dem Gericht Gottes zu stellen hat. Das steht nicht im Widerspruch zu dem von Kohelet Gesagten, stellt durch die einseitige Gewichtung aber doch eine Korrektur dar. Inhaltlich hätte Kohelet an dieser Korrektur wohl nur bedingt Freude gehabt. Formal aber macht der Redaktor nichts anderes als Kohelet selbst es mit der ihm vorgegebenen Tradition machte. Insofern bei dieser

Art des Umgangs mit älteren Ansichten klar bleibt, dass es zu zentralen Fragen kontroverse Ansichten gibt, wird die Zuhörerschaft dazu eingeladen, selbst Stellung zu beziehen. Insofern bildet der Epilog trotz allem einen passenden Schluss zum Koheletbuch, auch wenn der Redaktor hier eigene Akzente setzt, die im Vergleich zum Vorausgegangenen recht «fromm» daherkommen. Darüber hinaus hat der Redaktor Kohelet und seiner Leserschaft einen fundamentalen Dienst erwiesen, insofern er späteren Auslegern die Möglichkeit gegeben hat, das ganze Buch als «orthodox» zu interpretieren und damit kritische Anfragen an die Kanonizität Kohelets zurückzuweisen (s. o. S. 10).

Literatur

Die Sekundärliteratur zum Koheletbuch ist immens. Im Folgenden seien einige vornehmlich jüngere Titel genannt, über die weitere Literatur leicht auffindbar ist.

Kommentare

E. Birnbaum/L. Schwienhorst-Schönberger, Das Buch Kohelet (Neuer Stuttgarter Kommentar, AT 14/2), Stuttgart 2012.

W. P. Brown, Ecclesiastes (IBC), Louisville 2000.

J. L. Crenshaw, Ecclesiastes. A Commentary (OTL), Philadelphia 1987.

P. Enns, Ecclesiastes (The Two Horizons Old Testament Commentary), Grand Rapids/Cambridge 2011.

M. V. Fox, A Time to Tear Down and a Time to Build up. A Reading of Ecclesiastes, Grand Rapids/Cambridge 1999.

H. W. Hertzberg, Der Prediger (KAT 17/4), Gütersloh 1963.

T. Krüger, Kohelet (Prediger) (BK 19 Sonderband), Neukirchen-Vluyn 2000.

N. Lohfink, Kohelet. Mit einer neuen Einleitung (Neue Echter Bibel 1), Würzburg ^{5}1999 [1980].

T. Longman III, The Book of Ecclesiastes (NICOT), Grand Rapids/Cambridge 1998.

R. E. Murphy, Ecclesiastes (WBC 23A), Dallas 1992.

G. S. Ogden, Qoheleth (Readings. A new Biblical Commentary), Sheffield ^{2}2007 [1987].

T. W. Perry, Dialogues with Kohelet. The Book of Ecclesiastes, Pennsylvania 1993.

M. Rose, Rien de nouveau. Nouvelles approches du livre de Qohéleth; avec une bibliographie (1988–1998) élaborée par Béatrice Perregaux Allisson (OBO 168), Fribourg/Göttingen 1999.

A. Schellenberg, Kohelet, in: M. Krieg/K. Schmid (Hg.), erklärt. Der Kommentar zur Zürcher Bibel. Band 2, Zürich 2010, 1332–1352.

L. Schwienhorst-Schönberger, Kohelet (Herders Theologischer Kommentar zum Alten Testament), Freiburg/Basel/Wien 2004.

C.-L. Seow, Ecclesiastes. A New Translation with Introduction and Commentary (AB 18C), New Haven/London 1997.

E. Tamez, When the Horizons Close. Rereading Ecclesiastes; translated from Spanish by Margaret Wilde, Maryknoll 2000.

R. N. Whybray, Ecclesiastes (NCBC), Grand Rapids/London 1989.

Monografien, Sammelbände und Aufsätze zum Koheletbuch

F. J. Backhaus, «Denn Zeit und Zufall trifft sie alle». Zu Komposition und Gottesbild im Buch Qohelet (BBB 83), Frankfurt a. M. 1993.

R. Bohlen, Kohelet im Kontext hellenistischer Kultur, in: Schwienhorst-Schönberger, Buch Kohelet, 249–273.

R. Brandscheidt, Weltbegeisterung und Offenbarungsglaube. Literar-, form- und traditionsgeschichtliche Untersuchung zum Buch Kohelet (TThSt 64), Trier 1999.

R. Braun, Kohelet und die frühhellenistische Popularphilosophie (BZAW 130), Berlin/New York 1973.

E. S. Christianson, Ecclesiastes Through the Centuries (Blackwell Bible Commentaries), Malden/Oxford/Carlton 2007.

A. A. Fischer, Skepsis oder Furcht Gottes? Studien zur Komposition und Theologie des Buches Kohelet (BZAW 247), Berlin/New York 1997.

S. Fischer, Die Aufforderung zur Lebensfreude im Buch Kohelet und seine Rezeption der ägyptischen Harfnerlieder (Wiener Alttestamentliche Studien 2), Frankfurt a. M. u. a. 1999.

C. R. Harrison, Qoheleth Among the Sociologists, Biblical Interpretation 5 (1997), 160–180.

Y. V. Koh, Royal Autobiography in the Book of Qoheleth (BZAW 369), Berlin 2006.

N. Lohfink, Studien zu Kohelet (SBAB 26), Stuttgart 1998.

D. Michel, Qohelet (EdF 258), Darmstadt 1988.

D. Michel, Untersuchungen zur Eigenart des Buchs Qohelet (BZAW 183), Berlin 1989.

A. Reinert, Die Salomofiktion. Studien zu Struktur und Komposition des Koheletbuchs (WMANT 126), Neukirchen-Vluyn 2010.

D. Rudman, Determinism in the Book of Ecclesiastes (JSOT.S 316), Sheffield 2001.

A. Schellenberg, Erkenntnis als Problem. Qohelet und die alttestamentliche Diskussion um das menschliche Erkennen (OBO 188), Freiburg/Göttingen 2002.

A. Schoors, The Preacher Sought to Find Pleasing Words. A Study of the Language of Qoheleth. Part II: Vocabulary (OLA 143), Leuven/Paris/Dudley 2004.

A. Schoors (Hg.), Qohelet in the Context of Wisdom (BEThL 136), Leuven 1998.

L. Schwienhorst-Schönberger, «Nicht im Menschen gründet das Glück» (Koh 2,24). Kohelet im Spannungsfeld jüdischer Weisheit und hellenistischer Philosophie (Herders Biblische Studien 2), Freiburg u. a. 1994.

L. Schwienhorst-Schönberger (Hg.), Das Buch Kohelet. Studien zur Struktur, Geschichte, Rezeption und Theologie (BZAW 254), Berlin/New York 1997.

M. Sneed, The Politics of Pessimism in Ecclesiastes. A Social-Science Perspective (SBL Ancient Israel and Its Literature 12), Atlanta 2012.

C. L. Seow, Qohelet's Autobiography, in: A. B. Beck u. a. (Hg.), Fortunate the Eyes that See. Essays in Honor of David Noel Freedman in Celebration of His Seventieth Birthday, Grand Rapids/Cambridge 1995, 275–287.

C. Uehlinger, Qohelet im Horizont mesopotamischer, levantinischer und ägyptischer Weisheitsliteratur der persischen und hellenistischen Zeit, in: Schwienhorst-Schönberger, Buch Kohelet, 155–247.

S. Weeks, Ecclesiastes and Scepticism (OTSt 541), London/New York 2012.

B. Willmes, Menschliches Schicksal und ironische Weisheitskritik im Koheletbuch. Kohelets Ironie und die Grenzen der Exegese (BThSt 39), Neukirchen-Vluyn 2000.

T. Zimmer, Zwischen Tod und Lebensglück. Eine Untersuchung zur Anthropologie Kohelets (BZAW 286), Berlin/New York 1999.

Weitere Literatur

H. Brunner, Die Weisheitsbücher der Ägypter. Lehren für das Leben, Düsseldorf/Zürich 1998 [1988].

D. M. Carr, The Formation of the Hebrew Bible. A New Reconstruction, New York 2011.

R. Harrison, Hellenization in Syria-Palestine: The Case of Judea in the Third Century BCE, BA 57 (1994), 98–108.

M. Hengel, Judentum und Hellenismus. Studien zu ihrer Begegnung unter besonderer Berücksichtigung Palästinas bis zur Mitte des 2. Jh.s. v. Chr. (WUNT 10), Tübingen ^{3}1988 (1969).

O. Kaiser u. a. (Hg.), Texte aus der Umwelt des Alten Testaments, Gütersloh 1982–2001 (TUAT).